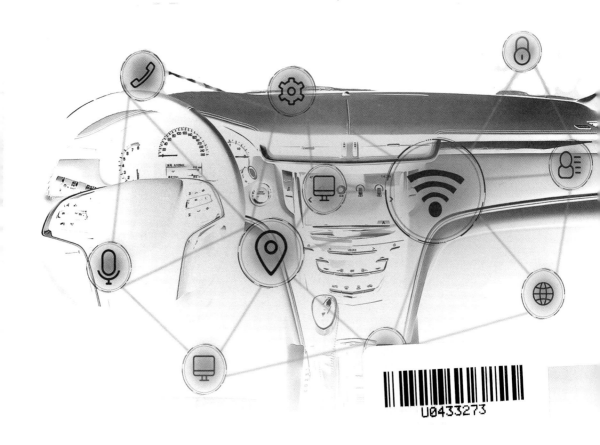

智能车辆
交互行为预测与决策技术

INTERACTIVE BEHAVIOR PREDICTION AND
DECISION-MAKING TECHNOLOGIES FOR
INTELLIGENT VEHICLES

吕　超　龚建伟　李子睿◎著

北京理工大学出版社
BEIJING INSTITUTE OF TECHNOLOGY PRESS

内 容 简 介

本书主要介绍在城市道路环境中对与智能车辆交互的行人、非机动车辆、机动车辆的识别与行为预测技术，以及智能车辆基于识别、预测结果的决策方法。主要包括：行为预测过程中车载传感器数据与路基传感器数据的采集与处理方法，交通参与者行为识别与预测的模型建立以及几种基础建模方法的实验验证和结果分析；在智能车的决策方面，详细介绍了基于规则、基于随机过程和基于机器学习的行为决策方法与相关的实车实验验证过程。本书对涉及的所有实验都提供了详尽的过程描述以及对应的结果分析，并融入了研究团队在本领域的研究成果。

本书可以作为智能交通系统、智能车辆、地面无人车辆及移动机器人等涉及行为预测与决策技术领域的研究参考资料与教学资料。

版权专有　侵权必究

图书在版编目（CIP）数据

智能车辆交互行为预测与决策技术／吕超，龚建伟，李子睿著. -- 北京：北京理工大学出版社，2021.4
　ISBN 978-7-5682-9743-1

Ⅰ.①智… Ⅱ.①吕… ②龚… ③李… Ⅲ.①智能控制 - 汽车 Ⅳ.①U46

中国版本图书馆CIP数据核字（2021）第068036号

出版发行 /	北京理工大学出版社有限责任公司
社　　址 /	北京市海淀区中关村南大街5号
邮　　编 /	100081
电　　话 /	（010）68914775（总编室）
	（010）82562903（教材售后服务热线）
	（010）68944723（其他图书服务热线）
网　　址 /	http://www.bitpress.com.cn
经　　销 /	全国各地新华书店
印　　刷 /	三河市华骏印务包装有限公司
开　　本 /	710毫米×1000毫米　1/16
印　　张 /	16.75
彩　　插 /	18
字　　数 /	246千字
版　　次 /	2021年4月第1版　2021年4月第1次印刷
定　　价 /	98.00元

责任编辑 /	曾　仙
文案编辑 /	曾　仙
责任校对 /	刘亚男
责任印制 /	李志强

图书出现印装质量问题，请拨打售后服务热线，本社负责调换

前 言

对于智能车辆来说,能灵活应对行驶过程中遇到的各种静态与动态障碍物并给出合理的通行决策是实现安全行驶的基本要求。当智能车辆面对静态障碍物时,通常只需要感知障碍物的位置并调整自身的运动轨迹,便可实现安全合理的避障决策。然而,在城市道路环境中,车辆通常需要面对多元复杂的动态交通参与者(如行人、非机动车辆与其他机动车辆等),简单的位置感知已不足以确保行驶安全。在此情景下,智能车辆需要具备正确识别交通参与者意图、预测其与主车的交互行为的能力,并能结合预测结果做出合理决策。因此,了解如何预测交互行为,并结合交互信息生成相应决策,对智能车辆的大规模应用和产业化具有重要的现实意义。

本书的前四章针对智能车辆行为识别与预测展开叙述。人类驾驶员在交通环境里,总是在不断判断周围车辆、行人或其他交通参与者的行为方式,从而做出相应的反应。智能车辆的行为识别与预测,就是智能车辆通过模型与算法来判断机动车驾驶员以及周围交通参与者的意图并预测其未来时刻的运动轨迹。本书从两个方面介绍行为的识别与预测，分别是主车驾驶员和交通参与者。前者关注机动车驾驶员本身对车辆的操作；后者则以主车周围交通参与者为研究对象，对参与者与主车的交互行为进行识别与预测。

本书的后四章介绍智能车辆的行为决策技术。基于识别与预测的结果，智能车辆的行为决策主要关注如何帮助主车做出合理且安全的通行决策。例如，在车辆换道的过程中，需要考虑周围车辆的动态变化、当前环境是否拥堵、自身的行为是否会给其他车辆带来不便等因素，从而选择最佳的换道时间与换道轨迹。在本书中，我们从早期的基于规则的决策方法出发，一步步深入探讨随机过程、强化学习等决策方法，思考如何用更加智能的方法让智能车辆在给出通行决策的同时，也能像人类驾驶员一样思考。

本书旨在探索和展现当智能车辆面对复杂的城市交通环境时，如何理解环境并与交通参与者交互的手段与方法，为课题组形成较为系统的学习资料，方便后续研究；此外，本书可供从事智能交通系统、智能车辆、地面无人车辆及移动机器人等涉及行为预测与决策技术的研究者们参考。

北京理工大学智能车辆研究所研究团队自1990年开始研究无人驾驶车辆，其作为地面无人机动平台国防科技创新团队，以及无人车技术工业和信息化部重点实验室的重要组成团队，为本研究提供了大量的测试和支撑条件，感谢团队陈慧岩、熊光明、吴绍斌、席军强、翟涌、刘海鸥、胡宇辉等在本书相关工作中的付出；团队学科公司北理慧动在其多个产业化项目工作中应用相关成果，推动了成果的应用，为方法的改进提出了需求，公司技术负责人齐建永在无人车辆测试和数据采集过程中开展了大量工作，在此深表感谢。

此外，实验室研究生陈昕、陈雨青、崔格格、杜明明、龚乘、贺先祺、胡风青、侯耀东、曲舫兵、宋威龙、谭颖琦、徐优志、易扬天、尹旻、于洋、臧政、张哲雨、左寅初参与了部分章节的初稿写作和全书校对，北京理工大学出版社的编辑在本书的出版过程中付出了大量心血，在此一并致谢。

本书的研究工作得到了国家自然科学基金项目"智能车辆类人驾驶行为知识迁移原理与在线学习建模方法研究"（61703041）、"城区真实交通环境无人驾驶车辆关键技术与平台研究"（91420203）、"地面移动平台脑机混合操控基础理论与关键技术"（U19A2083）支持，还得到了国防基础研究项目"基于驾驶行为学习的决策规划与运动控制技术"支持，以及上海汽车基金项目"人类驾驶员城区环境下道路交叉口行驶的决策规划模型研究与应用"支持。

由于智能车辆交互行为预测与决策技术仍在不断发展中，加之作者水平与能力有限，书中难免存在不当之处，望广大读者批评指正。

目 录

第1章 智能车辆行为识别、预测与决策概述 ………………………………… 1
  1.1 智能车辆系统构成 ……………………………………………………… 1
  1.2 数据采集与处理 ………………………………………………………… 4
  1.3 驾驶行为识别与预测 …………………………………………………… 5
    1.3.1 主车驾驶行为识别与预测 ………………………………………… 6
    1.3.2 交通参与者行为识别与预测 ……………………………………… 7
  1.4 智能车辆行为决策 ……………………………………………………… 7

第2章 数据采集系统与场景建模 ……………………………………………… 9
  2.1 数据采集系统构成 ……………………………………………………… 9
    2.1.1 仿真传感器数据采集系统 ………………………………………… 9
    2.1.2 车载传感器数据采集系统 ………………………………………… 10
    2.1.3 路基传感器数据采集系统 ………………………………………… 13

2.2 数据处理与特征提取 ·· 14
　　2.2.1 车载传感器数据处理 ······································ 14
　　2.2.2 路基传感器数据处理 ······································ 20
2.3 场景构建 ·· 22

第3章 主车驾驶行为识别与预测 ·· 25
3.1 驾驶行为识别 ·· 25
　　3.1.1 问题定义 ··· 25
　　3.1.2 基于LR的驾驶行为识别方法 ······························ 27
　　3.1.3 基于SVM的驾驶行为识别方法 ····························· 31
3.2 操作轨迹预测 ·· 43
　　3.2.1 问题定义 ··· 43
　　3.2.2 基于GMM–GMR的操作轨迹预测方法 ··················· 44
3.3 基于分布域自适应的模型泛化方法 ····························· 49
　　3.3.1 问题定义 ··· 49
　　3.3.2 分布域自适应 ·· 54
3.4 基于流形对齐的模型自适应方法 ······························· 64
　　3.4.1 问题定义 ··· 64
　　3.4.2 基于SMA和KEMA的驾驶行为识别方法 ················ 65
　　3.4.3 基于DTW–LPA的操作轨迹预测方法 ··················· 80

第4章 交通参与者行为识别与预测 ···································· 95
4.1 周边车辆行为识别与预测 ·· 97
　　4.1.1 周边车辆行为识别与预测问题概述 ······················ 97
　　4.1.2 基于高斯混合模型的目标运动模式识别模型 ··········· 97
　　4.1.3 基于高斯过程回归的轨迹预测模型 ···················· 103
　　4.1.4 预测模型评价指标 ·· 111
　　4.1.5 基于路基数据的试验验证及结果分析 ················· 112
4.2 行人与非机动车行为识别与预测 ······························ 130

		4.2.1 行人行为识别与预测问题概述 …………………… 130
		4.2.2 轨迹预测场景 …………………………………… 130
		4.2.3 地平线相机数据处理 …………………………… 133
		4.2.4 基于 LSTM 的行人轨迹预测模型 ………………… 135
		4.2.5 非机动车行为识别——以自行车为例 …………… 142

第 5 章 智能车辆行为决策概述 ………………………………… 145

5.1 智能车辆行为决策概述 …………………………………… 145

5.2 智能车辆行为决策的常用方法 …………………………… 147

  5.2.1 基于规则的行为决策 …………………………… 148

  5.2.2 基于随机过程的行为决策 ……………………… 150

  5.2.3 基于机器学习的行为决策 ……………………… 154

第 6 章 基于规则的行为决策 …………………………………… 157

6.1 状态机 ……………………………………………………… 158

  6.1.1 状态机原理及概述 ……………………………… 158

  6.1.2 基于有限状态机的横向决策模型 ……………… 159

6.2 基于规则的分层超车决策框架 …………………………… 161

  6.2.1 超车决策过程 …………………………………… 161

  6.2.2 评价指标选取 …………………………………… 161

  6.2.3 超车规则制定 …………………………………… 166

6.3 高速公路场景应用实例 …………………………………… 167

  6.3.1 试验内容 ………………………………………… 167

  6.3.2 试验结果与分析 ………………………………… 168

6.4 城市道路场景应用实例 …………………………………… 172

  6.4.1 周围车辆分布试验 ……………………………… 173

  6.4.2 换道决策模型实车试验 ………………………… 174

  6.4.3 换道决策模型类人分析与评价 ………………… 179

第7章 基于随机过程的行为决策 …… 182
7.1 马尔可夫决策过程 …… 183
7.2 部分可观测马尔可夫决策过程 …… 184
7.2.1 部分可观测马尔可夫决策过程简介 …… 185
7.2.2 基于POMDP的智能车辆纵向决策模型 …… 186
7.3 无信号灯十字交叉口场景仿真试验 …… 190
7.3.1 仿真场景 …… 191
7.3.2 仿真试验结果 …… 192
7.4 交叉口场景应用实例 …… 200

第8章 基于机器学习的行为决策 …… 204
8.1 基于强化学习的行为决策 …… 204
8.1.1 强化学习简介 …… 205
8.1.2 Q学习算法 …… 206
8.1.3 神经网络Q学习算法 …… 208
8.1.4 真实交通长直路路况实车试验及分析 …… 216
8.2 基于逆强化学习的行为决策 …… 222
8.2.1 逆强化学习理论基础 …… 222
8.2.2 基于逆强化学习的评价函数建模及试验分析 …… 231
8.2.3 基于特定驾驶行为的类人驾驶学习系统试验及分析 …… 236

参考文献 …… 242
附录 术语表 …… 253

第 1 章
智能车辆行为识别、预测与决策概述

1.1 智能车辆系统构成

智能车辆是一种能够以较高速度移动的机器人，它能够感知驾驶环境、进行自主决策、规划行驶路径，并控制车辆跟踪期望路径，到达设定的目的地。与机器人类似，智能车辆可以独立地（或协调合作）完成设定任务。随着视觉识别技术的突破性发展，智能车辆面临的环境感知、决策等难题逐渐得以解决，智能车辆也逐渐走入大众的视野。但是智能车辆系统远非只包含感知，其本身就是一个极为复杂的系统，其中车辆平台底层的控制包含电控技术、传感器技术等，控制和规划涉及最优化理论，决策涵盖机器学习理论。无疑，智能车辆系统是人工智能技术的理想验证平台。

根据以上定义，智能车辆系统可以分为感知、决策、路径规划和车辆控制与平台四个模块。

1. 感知模块

智能车辆需要实时获取行驶环境信息和驾驶员信息。获取环境信息的途径一般有两种：其一，通过智能车辆环境感知系统利用车载传感器获取环境，结合环境模型对环境信息进行融合，理解和识别行驶环境；其二，通过通信网络提供的外部环境信息，例如，车联网向智能车辆提供前方道路状况和周围车辆行驶趋势、路基交通设施发送的路口交通状况和变化趋势，驾驶员信息主要通过车载传感器获得。在通过感知系统获得环境信息和驾驶员信息后，结合先验模型，智能车辆可以对行驶环境和驾驶员行为进行识别与预测，为后续的决策与规划提供信息。智能车辆感知模块如图1-1所示。

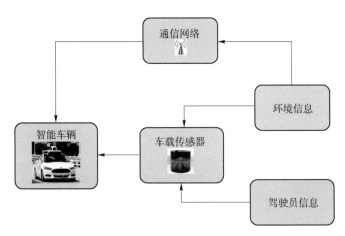

图1-1 智能车辆感知模块

2. 决策模块

智能车辆需要根据任务特性、自身功能条件和已知环境信息进行决策。智能车辆的决策需要根据任务和全局环境信息的变化进行调整，是一种动态过程。以车辆换道过程为例，智能车辆决策系统基于交通场景中其他车辆的行为预测、自身车辆的运动状态，以及对应的交通环境等信息对无人车辆进行行为决策，而这些信息都处于动态变化过程中，因此智能车辆的决策结果可能在"换道"和"保持直行"两种状态中切换，如图1-2所示。

3. 路径规划模块

路径规划是指智能车辆按照一定的评价标准寻找一条从起始点到目标点的无碰撞路径，如图1-3所示。智能车辆的路径规划主要继承了机器人研究领域关于路径规划的成果，一般分为全局路径规划和局部路径规划。全局路径规划是在地图已知的情况下，在存在交通导航路网信息的道路环境中根据拓扑路网连接关系进行规划；在存在障碍物的非结构化环境中，则根据障碍物的位置和道路边界确定可行的最优路径；但当环境发生变化时，若出现未知障碍物，则需要通过局部路径规划生成智能车辆的局部行驶路径。局部路径规划是在全局路径的引导下，依据传感器感知得到的局部环境信息来实时生成车辆所需行驶的路径。在路径规划的过程中，不但要考虑影响当前任务完成的最优原则（如路径最短、能源消耗最少），而且要考虑动态环境带来的约束问题。此外，在智能车辆局部路径规划过程中，还需要考虑运动规划，即局部路径规划要满足智能车辆的运动学和动力学约束条件。

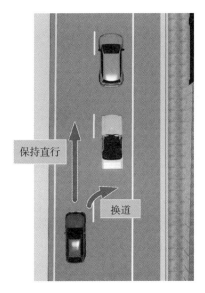

图1-2 智能车辆决策示例

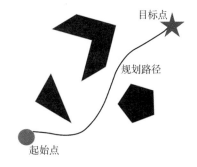

图1-3 智能车辆路径规划

4. 车辆控制与平台

车辆控制是指对车辆进行横向控制和纵向控制，使其跟踪路径规划模块中得到的路径。路径跟踪的实质是通过控制车辆的运动来减少车辆与参考路径在空间上的误差。车辆平台是智能车辆的重要组成部分，环境感知、任务决策及控制必须与车辆平台进行一体化设计。各种智能车辆在行驶过程中，以较高速度行驶时都会与环境发生相互作用，这时车辆的运动学和动力学特性就会影响环境感知、决策规划和控制效果。因此，智能车辆要在运动规划阶段计算出满足车辆运动学和运动学约束的无碰撞运动轨迹，同时要在跟踪阶段生成满足非线性动力学约束和执行机构极限约束的控制量。

本书关注智能车辆的感知模块和决策模块，分别从数据采集与处理、行为识别与预测、行为决策等三个方面对智能车辆进行介绍，如图1-4所示。

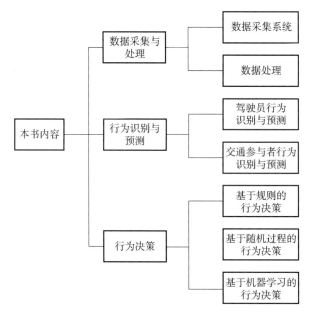

图1-4 本书思路导图

1.2 数据采集与处理

数据采集和处理属于智能车辆感知模块。这一部分的主要任务是通过仿真平台、车载传感器和路基传感器等数据采集系统来采集驾驶员和周围环境的信息，然后将这些信息进行数据处理，生成结构清晰、意义明确的数据文件，用于行为识别与预测、行为决策等研究，如图1-5所示。

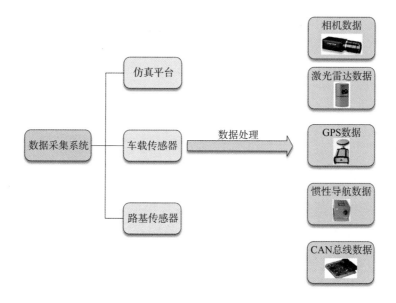

图1-5　数据采集与处理

1.3　驾驶行为识别与预测

对驾驶行为的识别与预测可以从两个方面来研究，即驾驶员方面和交通参与者方面。前者关注主车驾驶员行为；后者则以周围交通参与者为研究对象，对参与者进行建模。

主车驾驶员行为主要指主车驾驶员对智能车辆的操作，如油门开度、制动踏板行程或方向盘转角；交通参与者行为往往由其运动轨迹来体现，因此可以用轨迹来表示周围交通参与者的行为。

1.3.1 主车驾驶行为识别与预测

如果智能车辆能对驾驶员的意图进行准确识别,同时对驾驶员的驾驶操作进行准确预测,结合智能车辆对环境的强大感知能力,就可以对一些潜在的危险驾驶行为进行预警。这对于保障交通安全、提高交通效率都有十分重要的意义。

在传统方法中,常用逻辑斯谛回归(logistical regression, LR)和支持向量机(support vector machine, SVM)进行驾驶员行为识别[1-2],用高斯混合回归(Gaussian mixture regression, GMR)进行驾驶员行为预测[3-4]。但是在实际研究当中,常常遇到自然驾驶数据量不足的情况。为了解决这一问题,可基于传统方法采用迁移学习(transfer learning, TL),将历史数据(即无法直接用于建模的数据)直接迁移至新加入驾驶员对应的数据集,并充分用于新驾驶员的驾驶行为模型建模,如图1-6所示。本书将介绍分布域自适应(distribution adaptation, DA)和流形对齐(manifold alignment, MA)两种迁移学习方法。

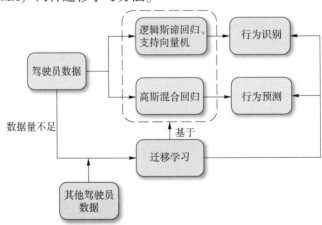

图1-6 驾驶员行为识别与预测

1.3.2 交通参与者行为识别与预测

如图 1-7 所示，交通参与者包括交通环境中存在的机动车辆、非机动车辆和行人等。行为识别和预测的主要任务是以周围交通参与者为研究对象，识别出预先定义的意图或模式，并对其运动趋势做出预测，本书中交通参与者的行为主要是指城市交通参与者中机动车辆的行为。城市交通中的机动车辆受车道、信号灯和交通规则的约束，其行为存在规范性，可以将其建模为分类问题，对其行为方式进行识别，本书中主要采用高斯混合模型（Gaussian mixture model，GMM）对每种运动模式下的车辆行驶轨迹进行建模，基于高斯过程回归（Gaussian process regression，GPR）对机动车辆的运动轨迹进行预测。对于非机动车辆和行人，由于其运动缺乏规范性，难以清晰界定其运动模式之间的界限，因此本书中基于长短期记忆（long short-term memory，LSTM）网络直接对其运动轨迹进行预测。

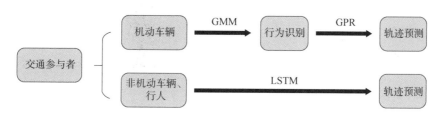

图 1-7 交通参与者行为识别与预测

1.4 智能车辆行为决策

智能车辆行为决策模块的主要功能是对感知模块得到的环境信息进行自主处理，提取对本车状态有影响的因素，做出有效的决策判断。例如，在车辆换道的过程中考虑周围车辆的动态变化，考虑当前环境是否拥堵、自己的行为是否会给其他车辆带来不便等问题，以选择最佳的换道时间和换道轨迹。车辆将决策判断的结果传递给规划模块，规划模块综合考虑车辆的运动学和动力学约束以及环境中动/静障碍物的确切信息，生成无碰撞的运动轨迹，并将运动轨迹的信息发送给控制模块。控制模块处理接收到的横向与纵向的轨迹信息，将其转化为各个执行器的控制量，使智能车辆能够按照设计的轨迹行驶。

智能车辆的行为决策方法主要包括基于规则的行为决策、基于随机过程的行为决策和基于机器学习的行为决策，如图1-8所示。基于规则的行为决策主要依靠人类常识来决定车辆行驶状态，并不依赖于对周围交通参与者运动轨迹的准确预测。本书建立了基于有限状态机（finite state machine，FSM）的横向决策模型[5]。基于随机过程的行为决策可以分为基于马尔可夫决策过程（Markov decision process，MDP）的行为决策和基于部分可观测马尔可夫决策过程（partially observable Markov decision process，POMDP）的行为决策。机器学习作为人工智能的一种，能够实现学习人类决策行为的功能，本书基于强化学习（reinforcement learning，RL）和逆强化学习（inverse reinforcement learning，IRL），分别建立了基于机器学习的行为决策模型。

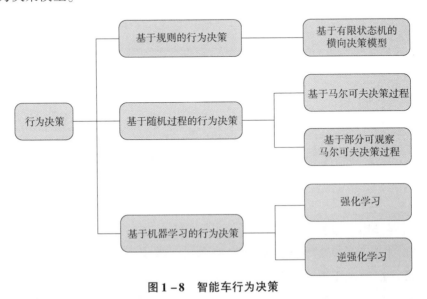

图1-8 智能车行为决策

第 2 章
数据采集系统与场景建模

2.1 数据采集系统构成

数据采集系统主要分为两种，一种是车载传感器数据采集系统，另一种是路基传感器数据采集系统。本节将针对这两种数据采集系统分别举例说明。

2.1.1 仿真传感器数据采集系统

本小节介绍基于 PreScan/SIMULINK 平台构建的仿真环境。为了进行试验，需要对变道场景中的数据进行采集。为了有效地收集驾驶数据进行模型训练，本小节利用 PreScan/SIMULINK 平台构建了一个仿真环境来模拟驾驶环境，如图 2-1 所示。采集频率设定为 100 Hz。驾驶员的操作由罗技 G29 设备采集，并输入模拟的车辆动态系统；可视化的驾驶环境由监视器反馈给驾驶员。

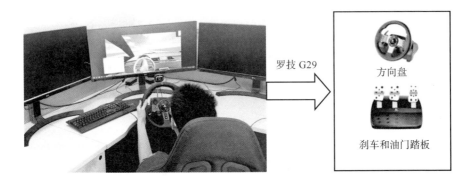

图 2-1 仿真环境下的数据采集

基于 PreScan 的仿真环境数据采集过程如图 2-2 所示。驾驶员通过操作模拟驾驶输入设备，将驾驶行为信号输入 MATLAB/SIMULINK 平台的输入模块。MATLAB/SIMULINK 平台通过从驾驶员操作模块获取驾驶员操作量，进行车辆动力学仿真解算，实现虚拟环境中的仿真车辆的控制。最终将解算结果中本车与周围环境的变化以图像的形式反馈给驾驶员。其中，PreScan 软件可为驾驶员提供较好的视觉反馈，从而保证驾驶员能够正确理解驾驶场景，从而做出尽量接近于真实环境下的驾驶行为。模拟驾驶输入设备为驾驶员提供了力学与触觉反馈，目的是尽量为驾驶员提供较真实的驾驶操作体验。MATLAB/SIMULINK 平台可保证车辆动力学的实时快速解算与数据存储。

2.1.2 车载传感器数据采集系统

本小节以北京理工大学智能车辆研究所比亚迪速锐智能驾驶平台为例，说明车载传感器数据采集系统的配置、数据类型等。该平台于 2013

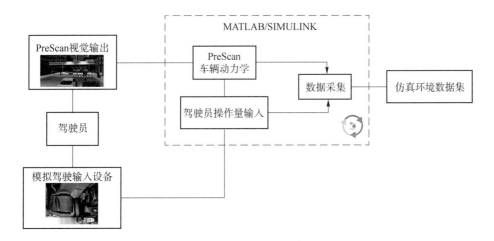

图 2-2 基于 PreScan 的仿真环境中的数据采集

年搭建完成，连续 3 年参加中国智能车未来挑战赛，并取得第五届"中国智能车未来挑战赛"第一名。

比亚迪速锐智能驾驶平台（图 2-3）采用一体化结构设计，底层控制采用速锐汽车线控技术，上层数据处理器以工控机为主，通过 CAN 总线技术实现数据交换；其利用发动机电子控制系统、变速器自动控制系统、制动控制系统等实现车辆纵向速度控制，利用电动助力转向系统实现车辆横向控制；车载工控机性能可靠，满足抗震性、散热性等基本要求，能在真实道路工况下长时间稳定运行。本书提出的高速环境下智能车辆超车行为决策系统嵌入在规划程序中，开发语言为 C++。车载感知传感器为毫米波雷达（车前）、32 线激光雷达（车顶）及单目相机（车顶）。智能车辆采用卫星接收机/惯导（GPS/INS）完成自动定位，允许定位结果存在一定范围的误差。在驾驶室内安装 2 个液晶显示器，用于显示车辆状态信息、规划信息、相机检测信息等。

比亚迪速锐智能驾驶平台的具体配置如下所述。

（1）坐标系定义：本车导航数据的姿态、速度、角速度与加速度和激光雷达点云数据参考坐标系均为车体坐标系，坐标原点为车辆后轴在地面

图 2-3　比亚迪速锐智能驾驶平台

的竖直投影点，x 轴指向车辆正右方，y 轴指向车辆正前方，z 轴指向车辆正上方。

（2）传感器配置：32 线激光雷达（1 个）、双目相机（1 组）、GPS（1 个）、惯导（1 个），如图 2-4 所示。

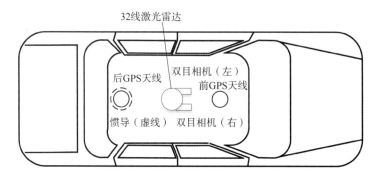

图 2-4　数据集采集车传感器配置

（3）数据类型及内容如表 2-1 所示。

表 2-1　数据类型及内容

数据类型	数据内容
CAN 总线数据	时间戳、车速、挡位、方向盘转角
GPS 输出数据	时间戳、经度、纬度

续表

数据类型	数据内容
惯导输出数据	时间戳、经度、纬度、高度、三姿态角、三轴速度
惯导 IMU 原始数据	时间戳、姿态四元数、三轴角速度、三轴角加速度
32 线激光雷达数据	时间戳、点云数据
双目相机数据	时间戳、左相机图像、右相机图像

2.1.3 路基传感器数据采集系统

本节介绍的路基传感器数据采集系统主要包括在高空架设的摄像头系统。该摄像头系统采集一段时间内城市交叉路口所有运动车辆的轨迹数据后,能够通过内部的图像坐标与大地坐标的转换关系进行多次矩阵的迭代运算,从视频的每一帧中提取车辆在穿越交叉路口过程中的速度、加速度、位置坐标和车辆轨迹的曲率等运动状态信息。路基传感器数据采集系统配置一个高空摄像头,架设于魏公村路口旁理工科技大厦 16 楼,视角如图 2-5 所示。

图 2-5 路基传感器视角

路基传感器数据采集系统的数据采集类型如表 2-2 所示。

表 2-2 路基传感器数据采集系统的数据采集类型

数据类型	数据内容
CAN 总线数据	时间戳、车速、挡位、方向盘转角
GPS 输出数据	时间戳、经度、纬度
惯导输出数据	时间戳、经度、纬度、高度、三姿态角、三轴速度
惯导 IMU 原始数据	时间戳、姿态四元数、三轴角速度、三轴角加速度
32 线激光雷达数据	时间戳、点云数据
双目相机数据	时间戳、左相机图像、右相机图像
车辆轨迹数据	时间戳、车辆的位置、速度、加速度
行人轨迹数据	时间戳、车辆的位置、速度、加速度
非机动车辆运动轨迹数据	时间戳、车辆的位置、速度、加速度

2.2 数据处理与特征提取

2.2.1 车载传感器数据处理

1. 车载传感器数据保存

车载平台上所有传感器数据、车辆底层的数据以及其他数据都在 ROS 框架下进行数据接收和保存。在 ROS 框架下，所有指定话题数据能以 ROSBag 格式文件进行保存，从而满足离线分析的要求。

2. 数据解析及时间同步

为了便于后续分析，并避免 ROSBag 格式数据在回放时因处理时间过长而丢失数据帧，就需要对 ROSBag 数据进行解析，将其保存成离线文件。

其中，将图像保存成.png无损图像格式文件，目前保存两个彩色相机的图像；为了节省空间，将点云数据保存成.bin二进制格式文件。每个传感器保存的数据都统一放置在一个独立的文件夹内，文件存储结构如图2-6所示。其中，文件夹image_02和image_03分别保存左、右彩色相机的图像，文件夹velodyne_points保存32线激光雷达的点云数据。

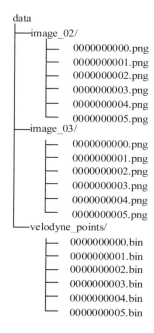

图2-6 车载相机与激光雷达数据的文件存储结构

相机图像数据的采集频率和激光雷达数据的采集频率有所不同，相机采集频率一般设置为25帧/s，而激光雷达受旋转元件的工作限制，一般设置为10帧/s，由此就会涉及相机图像数据和激光雷达数据的时间同步问题。智能车辆中常采用GPS授时的方式来实现多种传感器数据的同步，每个传感器接收来自GPS信号统一时间戳，然后将该时间基准作为同步参考变量。然而，这种方法需要每个传感器设备都接收GPS时间戳，涉及一些硬件改动；另外，正常GPS信号时间频率并不高，还有GPS信号丢失现象，这就会导致时间同步任务无法正常进行。因此，本节采用上位机统一基准时间同步，将所获得的相机图像和点云数据都赋予工控机系统时间戳

(精确到纳秒)。在同步过程中，首先利用多线程和队列缓存技术，将订阅的相机图像和点云话题都压入消息输入队列进行缓存；然后采用时间戳对比方法，以缓存区中帧率最慢消息的时间戳作为消息同步基准时间戳；接着，从其他消息输入队列中比对时间戳的差别情况，从中挑选出最邻近时间戳消息，从而实现时间同步。

然而，不能对同步的消息直接进行保存。这是因为，保存操作涉及硬盘操作，有一定的耗时，如果直接对同步的消息进行保存，那么在下一帧读取同步消息时可能期间已经丢失了一定帧数。因此，同样利用队列缓存机制，将已同步的消息放入同步消息队列进行缓存，循环从同步消息队列中取出数据进行保存操作。保存操作与同步操作多线程运行，以保证同步操作的速度，同步之后的数据基本上保持 10 Hz 的激光雷达采集频率。

3. 动态要素检测与跟踪

利用同步后的相机数据，针对车辆、行人以及非机动车辆这些动态要素进行检测。如果仅通过相机进行多目标检测和跟踪，就会因丢失深度信息而导致无法获得动态要素的三维信息，从而难以获取目标距离甚至深度信息。然而，仅使用激光雷达数据则缺少动态要素类别信息（并且只能利用到激光雷达的几何测量信息），导致容易出现误检、误匹配等情况。因此，本节提出使用基于激光雷达和视觉融合的多动态要素检测与跟踪系统，系统整体架构如图 2-7 所示。

多动态要素检测与跟踪系统主要包括检测模块和跟踪模块。在检测模块中，单目相机获取彩色图像后，经过深度学习网络得到视觉检测的二维动态要素序列；三维激光雷达获取的点云首先经过点云预处理得到障碍物高程点云，经过和视觉检测结果进行关联，对检测框中的点云进行提取，同时完成动态要素三维包围盒的拟合工作，从而得到带时间戳的三维动态要素序列。在跟踪模块中，主要包括多动态要素数据关联（即多动态要素匹配）和动态要素状态估计。其中，多动态要素数据关联得益于视觉信息的输入，其不同于传统利用激光雷达中采用最近邻方法进行匹配，而是利

第 2 章 数据采集系统与场景建模 17

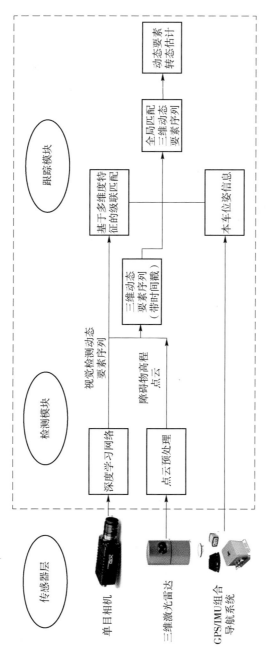

图 2-7 多动态要素检测与跟踪系统的整体架构

用多维度的视觉特征来完成级联匹配,从而大大提高匹配精度。在得到匹配结果上,结合关联的三维动态要素序列加上本车位姿信息的输入,可以得到全局匹配的三维动态要素序列,以此作为测量,来实现动态要素状态估计。部分检测效果如图 2-8 所示。

(a)

(b)

图 2-8　部分检测效果图(附彩图)

图中,检测框左上角的两个数字分别是动态要素 ID 号和跟踪次数。可以看出,跟踪结果基本上保持稳定状态,但在复杂的道路交叉口场景,仍有一定的误匹配现象。

4. 动态要素定位

从相机图像中检测得到的动态要素二维包围框需要将其在激光雷达或车体坐标系下进行动态要素定位,才能真正获得动态要素检测信息,以供驾驶员建模使用。激光雷达和相机数据融合模型如图 2-9 所示,采用激光雷达和视觉融合进行动态要素定位,得到目标在车体坐标系下的局部定位结果。步骤如下:

第 1 步,对相机和激光雷达进行联合标定,获得相机与激光雷达之间的旋转平移矩阵。

第 2 步,将激光雷达点云经过旋转、平移变换投影至图像。

第 3 步,根据目标检测网络获得目标的 bounding boxes 的坐标,然后取出 bounding box 内对应的点云。

第 4 步,为了将非目标上的点云去除,对点云进行聚类,获得在目标上的点云,即可获得目标相对于车辆的 x、y、z 距离信息。

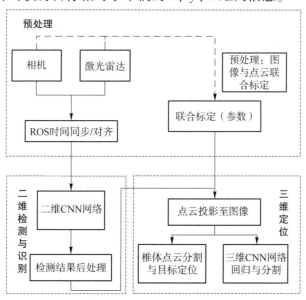

图 2-9 激光雷达和相机数据融合模型

根据以上思路进行处理，得到部分动态要素融合定位效果，如图 2-10 所示。其中，通过激光雷达和相机标定结果将点云投影至图像，不同颜色的点云表示不同的距离，每个点都在车体坐标系下有明确的 X、Y、Z 坐标信息，从而可以通过前期目标检测得到二维包围框提取出目标距离信息。

图 2-10　动态要素融合定位效果（附彩图）

2.2.2　路基传感器数据处理

路基传感器的直接输出结果为视频，记录一段时间内数据采集车通过某路口的行为。本小节采用人工标注方法获取了 10 组采集车穿过交叉路口时的本车及周边动态要素的轨迹数据，其中部分数据如表 2-3 所示。第 1 列是 GlobalTime，是视频录制的系统时间，第 2 列是动态要素在大地坐标系的 X 坐标，第 3 列是动态要素在大地坐标系的 Y 坐标，第 4 列是动态要素在大地坐标系 X 方向的速度，第 5 列是动态要素在大地坐标系 Y 方向的速度,第 6 列是动态要素在大地坐标系 X 方向的加速度,第 7 列是动态要素在大地坐标系 Y 方向的加速度。

表 2-3 路基视频处理数据(部分)

GlobalTime	X 坐标/m	Y 坐标/m	X 速度/ $(m \cdot s^{-1})$	Y 速度/ $(m \cdot s^{-1})$	X 加速度/ $(m \cdot s^{-2})$	Y 加速度/ $(m \cdot s^{-2})$
13:36:35:40	-1.88	8.61	0.20	2.46	-0.01	-0.09
13:36:35:50	-1.86	8.86	0.19	2.45	-0.02	-0.12
13:36:35:60	-1.84	9.11	0.19	2.44	-0.02	-0.15
13:36:35:70	-1.82	9.36	0.19	2.42	-0.03	-0.18
13:36:35:81	-1.80	9.60	0.19	2.40	-0.03	-0.22

如图 2-11 所示,路基数据处理工具一般由四部分组成。第一部分,将视频逐帧转成图像;第二部分,对图像中的初始目标位置进行标注;第三部分,将标注后生成的 .xml 文件转换成 .txt 文件,以便进一步处理;第四部分,根据 .txt 文件中的初始目标的位置信息,对目标动态要素进行逐帧跟踪,直到目标脱离视野范围,同时将每一帧中的位置信息以矩形框的形式输出新的 .txt 文件。

图 2-11 路基数据图像标注与目标跟踪(附彩图)

2.3　场景构建

本节简要介绍构建符合国家标准的十字交叉口场景。常见的场景及交通参与者模型如图 2-12、图 2-13 所示。

图 2-12　仿真场景示意图
(a) 无信号灯控制的十字交叉路口；(b) 有信号灯控制的十字交叉口；
(c) 有信号灯控制的 T 形交叉路口；(d) 无信号灯控制的 T 形交叉路口

关于仿真场景中本车以及其他交通参与者仿真数据的采集，我们可以通过获取存在于世界中的 actor（交通参与者）名称，以代码的形式获取其位置、速度、角速度、加速度、油门和制动控制量、航向等信息，并实时记录为格式化数据。

关于仿真场景中交通参与者的行为设置，有两种方案。其一，根据采集到的实车数据，还原真实世界交通参与者的行为。该方案的实施难度在

(a)

(b)

(c)

图 2-13 交通参与者仿真模型示意图

(a) 机动车模型;(b) 非机动车模型;(c) 行人模型

于实车数据的提取和利用代码对交通参与者进行一对一精确控制。其二，应用 Carla API 模块自带的自动驾驶模块，随机投放交通参与者并随机导航，模拟现实场景。该方案的实施难度在于如何确定该交通参与者在被测交叉口行动，以及如何提取随机参与者的相关数据。

第3章
主车驾驶行为识别与预测

在换道、汇流、转向等复杂的横向驾驶行为中，不当的驾驶行为常常导致交通事故。为了减轻驾驶员负担、降低事故率，有效预测驾驶员的操作并识别驾驶员的意图至关重要，这对高级驾驶员辅助系统（advanced driver assistance systems，ADAS）和智能交通系统（intelligent transportation system，ITS）的研发很有意义。由于换道行为可以避免潜在的碰撞并有助于提高通行效率，本章以换道行为的识别与预测为例，首先介绍常用的基准方法，然后介绍基于迁移学习的泛化与自适应方法。

3.1 驾驶行为识别

3.1.1 问题定义

在使用机器学习[6-8]进行研究之后，可将行为识别定义为数据分类问题。分类问题的目的是训练一个分类器,该分类器可以使用不同的类别标签对训练数据进行分类,例如将行为分类为换道(lane change, LC)或车道保持(lane keep, LK)。使用训练好的分类器,可以对从真实驾驶场景中收集的新测试数据进行分类并为其指定相应的标签。以此方式,可以识别对应于不同标签的行为。

分类器的训练目标是为其分配一个分类标签,如 LC 或 LK。为了实现这一目标,需要将整个训练集划分为两个区域,其边界称为决策边界[9]。因此,分类问题的关键是找到可以成功分离属于不同类别的数据的适当决策边界。这里采用了两个广泛应用的分类器,即逻辑斯谛回归(logistical regression, LR)算法与支持向量机(support vector machine, SVM),以解决驾驶行为识别问题。选择这两个分类器是因为它们易于使用,并已被证明在许多实际分类问题中都是有效的,包括驾驶员行为建模[1-2]。

对驾驶行为进行合理抽象和建模,有助于我们有效研究驾驶行为识别问题。本章考虑的换道场景如图 3-1 所示。

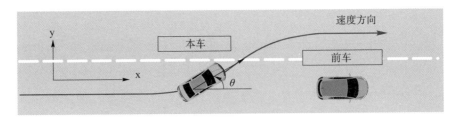

图 3-1 换道场景示意图(附彩图)

为了建立用于换道/车道保持(LC/LK)决策和转向操作的换道驾驶员模型,本章将 t 时刻步长状态作为模型的输入,定义如下:

$$s_t = [x_{h,t}, y_{h,t}, \theta_{h,t}, x_{f,t}, y_{f,t}, v_{h,t}, \alpha_{h,t}] \tag{3-1}$$

式中,$x_{h,t}, y_{h,t}$——本车(host)在 t 时刻的纵向位置、横向位置;

$x_{f,t}, y_{f,t}$——前车(front)在 t 时刻的纵向和横向距离;

$\theta_{h,t}, v_{h,t}, \alpha_{h,t}$——本车在 t 时刻的航向角、速度和方向盘转角。

式（3-1）中的 $x_{h,t}, y_{h,t}, x_{f,t}, y_{f,t}$ 主要影响驾驶员对两车相对位置的认知。

在换道行为的识别与预测中，驾驶员所作的决策是关于是否换道，而进行的操作是旋转方向盘。因此，该模型的输出是根据当前状态得出的 LC/LK 决策和方向盘转角（steering wheel angle，SWA）。我们可以将模型在 t 时刻的驾驶行为定义如下：

$$d_t = \begin{cases} 0, & \text{LK} \\ 1, & \text{LC} \end{cases} \quad (3-2)$$

$$a_t = \alpha_{h,t+1} \quad (3-3)$$

式中，d_t——在 t 时刻的 LC/LK 决策值；

a_t——在 t 时刻的驾驶员操作值。

对于 LC/LK 决策值，由于驾驶员无法准确指示他们的车道变更决策，因此需要为车道变更场景中的驾驶员决策模型手动标记收集的驾驶数据。我们将车道变更数据定义为 SWA 快速变化且潜在位移接近车道宽度的一系列数据。考虑到轨迹可能不平坦以及不平坦的道路条件所具有的复杂性，此处假设换道过程开始时的方向盘角度可能不等于其结束时的方向盘角度。因此，我们将车道变更的开始和结束标记为等于其最接近的稳定值，并且它们之间的距离最小。然后，将车道变更过程的数据标记为换道（LC），将其余数据标记为车道保持（LK）。标记后的结果如图 3-2 所示。

3.1.2 基于 LR 的驾驶行为识别方法

逻辑斯谛回归（LR）是传统机器学习领域中的一种常见的非线性分类模型，可用于解决二分类问题。LR 虽然是非线性模型，但其基础是基于线性回归理论的广义线性模型。逻辑斯谛回归可以根据输入的特征量，基于逻辑斯谛分布（logistic distribution）输出该样本划分为每个类型的概率，从而达到将样本二分类的目的。

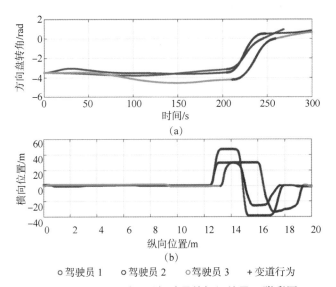

○驾驶员1　　○驾驶员2　　○驾驶员3　　+变道行为

图 3-2　LK/LC 对不同驾驶员的标记结果（附彩图）

(a) 标记结果在方向盘转角维度上的投影；(b) 标记结果在横向位置维度上的投影

首先，定义逻辑斯谛分布。假设 Z 是连续的随机变量，如果 Z 服从逻辑斯谛分布，则 Z 具有的概率分布函数与概率密度函数如下：

$$F(z) = P(Z \leqslant z) = \frac{1}{1 + e^{-(z-\mu)/\gamma}} \quad (3-4)$$

$$f(z) = F'(z) = \frac{e^{-(z-\mu)/\gamma}}{\gamma(1 + e^{-(z-\mu)/\gamma})^2} \quad (3-5)$$

式中，μ——位置参数；

γ——形状参数，$\gamma > 0$。

逻辑斯谛分布的分布函数曲线与密度函数曲线如图 3-3 所示。其中，分布函数称为逻辑斯谛函数，其曲线为 S 型曲线（sigmoid curve, SC），且以 $(\mu, 0.5)$ 为对称中心呈中心对称；密度函数曲线以 $z = \mu$ 为对称轴呈轴对称。

作为一种分类模型，逻辑斯谛回归模型表示为条件概率分布 $P(Y|Z)$。其中，随机变量 Z 为模型输入，表示样本特征；随机变量 Y 为模型输出，可取 0 或 1，表示样本类别。具体模型形式如下：

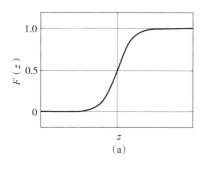 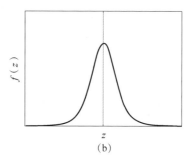

图 3 - 3　逻辑斯谛分布的分布函数曲线与密度函数曲线

（a）分布函数曲线；（b）密度函数曲线

$$P(Y = 0 \mid z) = \frac{\exp(\bm{w}^\mathrm{T}\bm{z} + b)}{1 + \exp(\bm{w}^\mathrm{T}\bm{z} + b)} \quad (3-6)$$

$$P(Y = 1 \mid z) = \frac{1}{1 + \exp(\bm{w}^\mathrm{T}\bm{z} + b)} \quad (3-7)$$

式中，z——D 维的模型输入矢量，也是模型的特征矢量，$z \in \mathbb{R}^D$；

Y——模型输出，$Y \in \{0,1\}$；

$\bm{w}$——权重，$\bm{w} \in \mathbb{R}^D$；

b——偏置，$b \in \mathbb{R}$。

权重与偏置两种参数可通过含模型输入与输出的数据样本，基于监督学习的方式训练得到。

为了描述方便，现将参数中的权重矢量和模型输入矢量扩充，记为

$$\bm{\theta} = \begin{bmatrix} -\bm{w} \\ -b \end{bmatrix}, \quad \bm{x} = \begin{bmatrix} \bm{z} \\ 1 \end{bmatrix} \quad (3-8)$$

此时，逻辑斯谛回归模型可表示为

$$P(Y = 0 \mid \bm{x}) = \frac{\exp(-\bm{\theta}^\mathrm{T}\bm{x})}{1 + \exp(-\bm{\theta}^\mathrm{T}\bm{x})} \quad (3-9)$$

$$P(Y = 1 \mid \bm{x}) = \frac{1}{1 + \exp(-\bm{\theta}^\mathrm{T}\bm{x})} \quad (3-10)$$

综上，$P(Y = 1 \mid \bm{x})$ 可以写为关于 $\bm{\theta}^\mathrm{T}\bm{x}$ 的逻辑斯谛分布函数的形式。

为了进一步说明逻辑斯谛回归的建模原理，现引入几率（odds）这个

概念。一个事件发生的几率定义为该事件发生的概率与此事件不发生的概率的比值。对数几率是对几率取对数,又称 logit 函数,即

$$\operatorname{logit}(p) = \log \frac{p}{1-p} \qquad (3-11)$$

对于逻辑斯谛回归,根据上述推导过程,可以得到对数几率为

$$\frac{P(Y=1\mid \boldsymbol{x})}{1-P(Y=1\mid \boldsymbol{x})} = \boldsymbol{\theta}^{\mathrm{T}}\boldsymbol{x} \qquad (3-12)$$

式(3-12)说明,逻辑斯谛回归模型的意义在于输出 $Y=1$ 的对数几率是模型输入 $\boldsymbol{x}$ 的线性函数。

为了成功训练有效的逻辑斯谛回归模型,在给定了训练数据集 $\boldsymbol{T} = \{(\boldsymbol{x}_i, y_i)\}_{i=1}^{N}$ 后,通过极大似然估计的方法可以估计模型参数,即训练模型,从而得到最优的逻辑斯谛回归模型参数。

现简记

$$h(\boldsymbol{x}) = P(Y=1\mid \boldsymbol{x}) = \frac{1}{1+\exp(-\boldsymbol{\theta}^{\mathrm{T}}\boldsymbol{x})} \qquad (3-13)$$

则由事件的互补性可得

$$P(Y=0\mid \boldsymbol{x}) = 1 - h(\boldsymbol{x}) \qquad (3-14)$$

由极大似然估计的方法流程,可得似然函数为

$$\prod_{i=1}^{N}(h(\boldsymbol{x}_i))^{y_i}(1-h(\boldsymbol{x}_i))^{1-y_i} \qquad (3-15)$$

对数似然函数可以记为

$$\begin{aligned} L(\boldsymbol{\theta}) &= \sum_{i=1}^{N}\left(y_i\ln(h(\boldsymbol{x}_i)) + (1-y_i)\ln(1-h(\boldsymbol{x}_i))\right) \\ &= \sum_{i=1}^{N}\left(y_i\ln\left(\frac{h(\boldsymbol{x}_i)}{1-h(\boldsymbol{x}_i)}\right) + \ln(1-h(\boldsymbol{x}_i))\right) \\ &= \sum_{i=1}^{N}\left((y_i-1)(\boldsymbol{\theta}^{\mathrm{T}}\boldsymbol{x}_i) - \ln(1+\exp(-\boldsymbol{\theta}^{\mathrm{T}}\boldsymbol{x}))\right) \end{aligned} \qquad (3-16)$$

最大化上述对数化似然函数,即可求得最优的逻辑斯谛回归模型参数。也可取相反数,写为损失函数的形式,即 $J(\boldsymbol{\theta}) = -L(\boldsymbol{\theta})$,通过梯度下降法(或拟牛顿法)来求解该最优化问题,实现模型参数估计。

作为横向驾驶行为的分类模型，其目的在于根据输入的特征矢量给出预测量，该预测量为有限的离散量，即有限的类别。以换道行为识别问题为例，该问题的输出量可定义为 LK 行为和 LC 行为两类。逻辑斯谛回归模型的输出量定义如表 3 – 1 所示。

表 3 – 1 逻辑斯谛回归模型的输出量定义

模型算法	输出量
车道保持行为（LK）	0
换道行为（LC）	1

3.1.3 基于 SVM 的驾驶行为识别方法

与上文所述的逻辑斯谛回归（LR）方法类似，支持向量机（SVM）在机器学习领域也是一种常用的二分类模型。支持向量机既可以解决线性分类问题，也可以通过引入核函数（kernel function，KF）来解决非线性的分类问题。

3.1.3.1 线性分类问题

支持向量机（SVM）解决线性分类问题主要有两类方法——线性可分支持向量机、线性支持向量机，这两种线性方法的输入空间域特征空间均为欧氏空间，且一一对应。最基本的支持向量机模型是线性可分支持向量机，该模型可用于解决线性可分问题。

假设有特征空间上的训练数据集 $T = \{(z_i, y_i)\}_{i=1}^{N}$，其中，$z_i$ 为 D 维的模型特征矢量，$z_i \in \mathbb{R}^D$；$y_i \in \{-1, 1\}$，为模型输出，可根据 y_i 的符号正负将特征矢量 z_i 分别称为正例与负例。线性可分的定义是指对于数据集 $T = \{(z_i, y_i)\}_{i=1}^{N}$，如果存在某个超平面 S：

$$\boldsymbol{w}^\mathrm{T} \boldsymbol{z} + b = 0 \tag{3-17}$$

可以将所有实例点完全正确地按照其正负属性划分在超平面的两侧，即对

于 $y_i = 1$ 的实例点有 $\mathbf{w}^T z_i + b > 0$，对于 $y_i = -1$ 的实例点有 $\mathbf{w}^T z_i + b < 0$，则称数据集 T 为线性可分数据集，否则称数据集 T 线性不可分。对于超平面 S 而言，$\mathbf{w}$ 为法向量，b 为截距，二者均为超平面参数。

对于线性可分支持向量机，一个基本假设是训练数据集是线性可分的。在此假设下，线性可分支持向量机可基于间隔最大化原则求得最优分离超平面为

$$\mathbf{w}^{*T} z + b^* = 0 \tag{3-18}$$

对应的分类决策函数为

$$f(z) = \mathrm{sign}(\mathbf{w}^{*T} z + b^*) \tag{3-19}$$

式中，$\mathbf{w}^*, b^*$ ——对应最优超平面参数。

接下来，推导线性可分支持向量机的参数辨识过程，即模型训练过程。记

$$h(z) = \mathbf{w}^T z + b \tag{3-20}$$

则在特征空间中，样本点 z_i 到分离超平面 S 的垂直距离为

$$\frac{|h(z_i)|}{\|\mathbf{w}\|} = \frac{y_i \cdot h(z_i)}{\|\mathbf{w}\|} = \frac{y_i \cdot (\mathbf{w}^T z_i + b)}{\|\mathbf{w}\|} \tag{3-21}$$

在线性可分支持向量机模型中，模型训练的优化目标是找到一个能使不同类别间隔最大化的超平面，即不但要将正负样本点划分开，还要使得最难以区分的样本点（即距超平面最近的样本点）在超平面的法向距离最大。可以表示为如下优化问题：

$$\arg\max_{\mathbf{w},b} \left(\frac{1}{\|\mathbf{w}\|} \min_i (y_i \cdot (\mathbf{w}^T z_i + b)) \right) \tag{3-22}$$

对分离超平面参数 $\mathbf{w}$ 与 b 施加等比例的变换后代入上述间隔，即

$$\left.\begin{array}{c} \mathbf{w} \to k\mathbf{w} \\ b \to kb \end{array}\right\} \Rightarrow \frac{y_i \cdot (\mathbf{w}^T z_i + b)}{\|\mathbf{w}\|} \tag{3-23}$$

可以发现，最大化的间隔不变。因此，可以不妨设

$$y_n \cdot (\mathbf{w}^T z_n + b) = 1 \tag{3-24}$$

其中，

$$n = \arg\min_i (y_i \cdot (\boldsymbol{w}^T \boldsymbol{z}_i + b)) \quad (3-25)$$

由式（3-24）、式（3-25）可知

$$\min_i (y_i \cdot (\boldsymbol{w}^T \boldsymbol{z}_i + b)) = 1 \quad (3-26)$$

将式（3-26）代入式（3-22），得到等价优化问题

$$\max_{\boldsymbol{w},b} \frac{1}{\|\boldsymbol{w}\|} \quad (3-27)$$

$$\text{s.t.} \quad y_i \cdot (\boldsymbol{w}^T \boldsymbol{z}_i + b) \geq 1, \quad i = 1, 2, \cdots, N$$

由于最大化 $1/\|\boldsymbol{w}\|$ 与最小化 $\|\boldsymbol{w}\|^2/2$ 是等价的，于是可以得到如下等效的线性可分支持向量机最优化问题：

$$\min_{\boldsymbol{w},b} \frac{1}{2} \cdot \|\boldsymbol{w}\|^2 \quad (3-28)$$

$$\text{s.t.} \quad y_i \cdot (\boldsymbol{w}^T \boldsymbol{z}_i + b) \geq 1, \quad i = 1, 2, \cdots, N$$

从形式上，式（3-28）所示的最优化问题是一个凸二次规划（convex quadratic programming, CQP）问题。

凸二次规划问题是凸优化问题的一种特例。凸优化问题是指一个如下所示的优化问题

$$\min_{\boldsymbol{\theta}} f(\boldsymbol{\theta}) \quad (3-29)$$

$$\text{s.t.} \quad g_i(\boldsymbol{\theta}) \leq 0, \quad i = 1, 2, \cdots, m$$

$$\quad h_j(\boldsymbol{\theta}) = 0, \quad j = 1, 2, \cdots, l$$

式中，目标函数 $f(\boldsymbol{\theta})$ 和不等式约束函数 $g_i(\boldsymbol{\theta})$ 均为 $\mathbb{R}^n$ 上的连续可微凸函数，等式约束函数 $h_j(\boldsymbol{\theta})$ 为 $\mathbb{R}^n$ 上的仿射函数。如果满足更加严格的条件，当目标函数 $f(\boldsymbol{\theta})$ 为二次函数且不等式约束函数 $g_i(\boldsymbol{\theta})$ 为仿射函数时，该凸优化问题则成为凸二次规划问题。

对于任何一般形式的有约束优化问题，由拉格朗日方法，对应的拉格朗日函数为

$$L(\boldsymbol{\theta}, \boldsymbol{\lambda}, \boldsymbol{\mu}) = f(\boldsymbol{\theta}) + \sum_{i=1}^{m} \lambda_i g_i(\boldsymbol{\theta}) + \sum_{j=1}^{l} \mu_j h_j(\boldsymbol{\theta}) \quad (3-30)$$

式中，λ_i, μ_j——拉格朗日乘数，$\lambda_i \geq 0$，μ_j 可取任意实数。

现定义一个新的函数

$$p(\boldsymbol{\theta}) = \max_{\boldsymbol{\lambda},\boldsymbol{\mu};\lambda_i \geq 0} L(\boldsymbol{\theta},\boldsymbol{\lambda},\boldsymbol{\mu}) \qquad (3-31)$$

讨论式（3-30）中 $g_i(\boldsymbol{\theta})$ 与 $h_j(\boldsymbol{\theta})$ 的取值。可以发现，如果违背了原优化问题的约束条件，若 $g_i(\boldsymbol{\theta}) > 0$，则当 $\lambda_i \to +\infty$ 时，$p(\boldsymbol{\theta}) \to +\infty$；与之类似，当 $h_j(\boldsymbol{\theta}) \neq 0$ 时，有 μ_j 使得 $p(\boldsymbol{\theta}) \to +\infty$。总结如下：

$$p(\boldsymbol{\theta}) = \begin{cases} f(\boldsymbol{\theta}), & g_i(\boldsymbol{\theta}) \leq 0 \text{ 且 } h_j(\boldsymbol{\theta}) = 0 \\ +\infty, & g_i(\boldsymbol{\theta}) > 0 \text{ 或 } h_j(\boldsymbol{\theta}) \neq 0 \end{cases} \qquad (3-32)$$

由式（3-32）可以看出，函数 $p(\boldsymbol{\theta})$ 可以看作对原来的优化问题的约束条件进行了吸纳，将原有的约束优化问题转换为无约束优化问题，即

$$\min_{\boldsymbol{\theta}} p(\boldsymbol{\theta}) = \min_{\boldsymbol{\theta}} \max_{\boldsymbol{\lambda},\boldsymbol{\mu};\lambda_i \geq 0} L(\boldsymbol{\theta},\boldsymbol{\lambda},\boldsymbol{\mu}) \qquad (3-33)$$

式（3-33）所示的优化问题称为原问题（primal problem, PP），其与最原始的约束优化问题等价。对原问题难以直接求解，但我们可应用拉格朗日对偶性，通过求解对偶问题（dual problem, DP）得到原问题的最优解。将原问题求解极小与极大的顺序交换，原来的极小极大问题变为一个新的极大极小问题：

$$\max_{\boldsymbol{\lambda},\boldsymbol{\mu};\lambda_i \geq 0} d(\boldsymbol{\lambda},\boldsymbol{\mu}) = \max_{\boldsymbol{\lambda},\boldsymbol{\mu};\lambda_i \geq 0} \min_{\boldsymbol{\theta}} L(\boldsymbol{\theta},\boldsymbol{\lambda},\boldsymbol{\mu}) \qquad (3-34)$$

该问题即原问题的对偶问题，其中，

$$d(\boldsymbol{\lambda},\boldsymbol{\mu}) = \min_{\boldsymbol{\theta}} L(\boldsymbol{\theta},\boldsymbol{\lambda},\boldsymbol{\mu}) \qquad (3-35)$$

记 p^* 为原问题的最优解，在 $\boldsymbol{\theta}^*$ 处达到最优，即 $p^* = f(\boldsymbol{\theta}^*)$；记 d^* 为对偶问题的最优解，在 $\boldsymbol{\lambda}^*$ 和 $\boldsymbol{\mu}^*$ 处达到最优，即 $d^* = d(\boldsymbol{\lambda}^*,\boldsymbol{\mu}^*)$。存在如下不等关系：

$$\begin{aligned} d(\boldsymbol{\lambda},\boldsymbol{\mu}) &= \min_{\boldsymbol{\theta}} L(\boldsymbol{\theta},\boldsymbol{\lambda},\boldsymbol{\mu}) \\ &\leq L(\boldsymbol{\theta}^*,\boldsymbol{\lambda},\boldsymbol{\mu}) \\ &= f(\boldsymbol{\theta}^*) + \sum_{i=1}^{m} \lambda_i g_i(\boldsymbol{\theta}^*) + \sum_{j=1}^{l} \mu_j h_j(\boldsymbol{\theta}^*) \\ &\leq f(\boldsymbol{\theta}^*) \\ &= p^* \end{aligned} \qquad (3-36)$$

式中，第一个不等号成立是由于对函数取 min 的定义，而第二个不等号成立是由于 $\boldsymbol{\theta}^*$ 为原优化问题的一个可行解，故满足原不等式约束和原等式约束，即 $g_i(\boldsymbol{\theta}) \leq 0$ 且 $h_j(\boldsymbol{\theta}) = 0$，所以有 $\sum_{i=1}^{m} \lambda_i g_i(\boldsymbol{\theta}^*) \leq 0$ 和 $\sum_{j=1}^{l} \mu_j h_j(\boldsymbol{\theta}^*) = 0$。

由于式（3-36）中的 $\boldsymbol{\lambda}$ 和 $\boldsymbol{\mu}$ 可以任意取值，故将 $\boldsymbol{\lambda}^*$ 和 $\boldsymbol{\mu}^*$ 代入式（3-36），可得

$$d^* = d(\boldsymbol{\lambda}^*, \boldsymbol{\mu}^*) \leq p^* \tag{3-37}$$

式（3-37）说明，对偶问题的最优解是原问题最优解的下界，要想通过求解对偶问题得到原问题的最优解，则应将式（3-37）取等。当满足 Slater 条件时，式（3-37）可以取等，对偶问题的最优解为原问题的最优解，又称为强对偶性。

Slater 条件：对于凸优化而言，如果存在 $\boldsymbol{\theta}^*$ 严格可行，即 $g_i(\boldsymbol{\theta}^*) < 0$，$i = 1, 2, \cdots, m$，则强对偶性成立。此外，如果原始问题的不等式约束函数为仿射函数，则条件可以退化为可行点 $\boldsymbol{\theta}^*$ 存在，即满足原不等式约束与等式约束即可。

对于任意一般形式的约束优化问题，Slater 条件是强对偶性成立的充分条件。当强对偶性成立时，代入了 $\boldsymbol{\lambda}^*$ 和 $\boldsymbol{\mu}^*$ 的式（3-36）中的不等号应取等。首先，由于将第一个不等号取等时，$L(\boldsymbol{\theta}, \boldsymbol{\lambda}^*, \boldsymbol{\mu}^*)$ 在 $\boldsymbol{\theta}^*$ 处取得极小，故有

$$\left.\frac{\partial L(\boldsymbol{\theta}, \boldsymbol{\lambda}^*, \boldsymbol{\mu}^*)}{\partial \boldsymbol{\theta}}\right|_{\boldsymbol{\theta}^*} = 0 \tag{3-38}$$

将第二个不等号取等，可得 $\sum_{i=1}^{m} \lambda_i^* g_i(\boldsymbol{\theta}^*) + \sum_{j=1}^{l} \mu_j^* h_j(\boldsymbol{\theta}^*) = 0$，由于 $\boldsymbol{\theta}^*$ 为可行解，故需要满足原优化问题的不等式约束和等式约束，因此该式后半部分为 0，得到

$$\sum_{i=1}^{m} \lambda_i^* g_i(\boldsymbol{\theta}^*) = 0 \tag{3-39}$$

其次，由于 $\lambda_i^* \geq 0$ 且 $g_i(\boldsymbol{\theta}^*) \leq 0$，因此结合式（3-39），通过反证法可以得到式（3-39）在原约束下的一个等价形式：

$$\lambda_i^* g_i(\boldsymbol{\theta}^*) = 0, \quad i = 1, 2, \cdots, m \tag{3-40}$$

将式（3-38）与式（3-40）这两个条件与原约束优化问题的约束条件相结合，得到一组条件如下：

$$\begin{cases} \dfrac{\partial L(\boldsymbol{\theta}, \boldsymbol{\lambda}^*, \boldsymbol{\mu}^*)}{\partial \boldsymbol{\theta}} \bigg|_{\boldsymbol{\theta}^*} = 0 \\ \lambda_i^* g_i(\boldsymbol{\theta}^*) = 0, \quad i = 1, 2, \cdots, m \\ \lambda_i^* \geq 0 \\ g_i(\boldsymbol{\theta}^*) \leq 0 \\ h_j(\boldsymbol{\theta}^*) = 0, \quad j = 1, 2, \cdots, l \end{cases} \tag{3-41}$$

这组条件称为 KKT 条件（Karush – Kuhn – Tucker conditions，KKTC）。由以上推导过程可以看出，对于任意标准形式的约束优化问题，KKT 条件是强对偶性成立的必要条件。进一步，如果原问题是凸优化问题，则 KKT 条件是强对偶性成立的充要条件。对于线性可分支持向量机模型，训练模型的过程是一个凸优化问题，且满足 Slater 条件，故 SVM 满足 KKT 条件，SVM 的原问题与对偶问题有相同解。

由以上推导可知，线性可分支持向量机的对偶问题与原问题有相同的解，故满足 KKT 条件。下面通过 KKT 条件来求解对偶问题，从而得到原问题的解。

线性可分支持向量机最优化问题（式（3-28））对应的拉格朗日函数为

$$L(\boldsymbol{w}, b, \boldsymbol{\lambda}) = \frac{1}{2} \cdot \|\boldsymbol{w}\|^2 - \sum_{i=1}^{N} \lambda_i (y_i \cdot (\boldsymbol{w}^\mathrm{T} \boldsymbol{z}_i + b) - 1) \tag{3-42}$$

式中，$\lambda_i \geq 0, \quad i = 1, 2, \cdots, N$。

由拉格朗日对偶性，先对拉格朗日函数关于 w 和 b 求极小。拉格朗日函数分别对 w 和 b 求偏导得

$$\begin{cases} \dfrac{\partial L(\boldsymbol{w},b,\boldsymbol{\lambda})}{\partial \boldsymbol{w}} = \boldsymbol{w} - \sum_{i=1}^{N} \lambda_i y_i \boldsymbol{z}_i = 0 \\ \dfrac{\partial L(\boldsymbol{w},b,\boldsymbol{\lambda})}{\partial b} = -\sum_{i=1}^{N} \lambda_i y_i = 0 \end{cases} \quad (3-43)$$

整理得

$$\begin{cases} \boldsymbol{w} = \sum_{i=1}^{N} \lambda_i y_i \boldsymbol{z}_i \\ \sum_{i=1}^{N} \lambda_i y_i = 0 \end{cases} \quad (3-44)$$

将式（3-44）代入对偶问题之后，变成了对关于 $\boldsymbol{\lambda}$ 的新目标函数求极大的优化问题：

$$\max_{\boldsymbol{\lambda}} \tilde{L}(\boldsymbol{\lambda}) = \max_{\boldsymbol{\lambda}} \left\{ \sum_{i=1}^{N} \lambda_i - \frac{1}{2} \sum_{i=1}^{N} \sum_{j=1}^{N} \lambda_i \lambda_j y_i y_j \boldsymbol{z}_i^{\mathrm{T}} \boldsymbol{z}_j \right\} \quad (3-45)$$

$$\text{s.t.} \sum_{i=1}^{N} \lambda_i y_i = 0$$

由于该约束优化问题的目标函数与不等式约束均为凸函数，等式约束为仿射函数，故该问题为凸优化问题。进一步，该优化问题为凸二次规划问题，可用常见的优化算法求解，但通常在 SVM 中使用的是后文所述的序列最小优化（sequential minimal optimization, SMO）算法。

求解上述关于 $\boldsymbol{\lambda}$ 的凸二次规划问题，得到最优解

$$\boldsymbol{\lambda}^* = [\lambda_1^*, \lambda_2^*, \cdots, \lambda_N^*]^{\mathrm{T}} \quad (3-46)$$

根据式（3-41）所示的 KKT 条件中的第一项，可以求解得到

$$\boldsymbol{w}^* = \sum_{i=1}^{N} \lambda_i^* y_i \boldsymbol{z}_i \quad (3-47)$$

至此，参数中仅剩 b 还待求解。首先，证明最优解 $\boldsymbol{\lambda}^*$ 中一定存在 n 使得 $\lambda_n^* > 0$。假设上述结论不成立，即对任意 i 有 $\lambda_i^* \leq 0$；而根据 KKT 条件的第三项，即对任意 i 有 $\lambda_i^* \geq 0$，故对任意 i 有 $\lambda_i^* = 0$；代入式（3-47），可得 $\boldsymbol{w}^* = 0$；显然，分离超平面的法向量 $\boldsymbol{w}^*$ 与样本无关恒等于 0 是不可能的，矛盾。因此，$\boldsymbol{\lambda}^*$ 中一定存在 n 使得 $\lambda_n^* > 0$。

根据 KKT 条件的第二项，对任意 i 有 $\lambda_i^* g_i(\boldsymbol{\theta}^*) = 0$，而 $\lambda_n^* > 0$，故 $g_n(\boldsymbol{\theta}^*) = 0$。替换为线性可分支持向量机的不等式约束函数，可得

$$1 - y_n \cdot (\boldsymbol{w}^{*\mathrm{T}} \boldsymbol{z}_n + b^*) = 0 \quad (3-48)$$

故线性可分支持向量机的参数 b 可估计为

$$b^* = y_n - \boldsymbol{w}^{*\mathrm{T}} \boldsymbol{z}_n$$

$$= y_n - \sum_{i=1}^{N} \lambda_i^* y_i \boldsymbol{z}_i^{\mathrm{T}} \boldsymbol{z}_n \quad (3-49)$$

最后将训练得到的最优参数 $\boldsymbol{w}^*$ 与 b^* 分别代入式（3-18）与式（3-19），即可得到最优的分离超平面与决策函数。通过反证法，易证线性可分支持向量机的解 $\boldsymbol{w}^*$ 是唯一的。由式（3-47）、式（3-49）可以看出，线性可分支持向量机的参数只与 $\lambda_i^* > 0$ 的样本点 $(\boldsymbol{z}_i, y_i)$ 有关，与其余的样本点无关。因此，称 $\lambda_i^* > 0$ 对应的实例点 $\boldsymbol{z}_i$ 为支持向量。

上述线性可分支持向量机模型只能在线性可分数据集上训练模型。假设数据集中有一些特异点破坏了线性可分条件，当去掉这些少量点后，其余的大部分样本是线性可分的。这种情况下不能直接应用线性可分支持向量机模型，因为特异点不满足不等式约束条件。为了解决该问题，通常的做法是对每一个样本点 $(\boldsymbol{z}_i, y_i)$ 添加一个非负的松弛变量 ξ_i，其意义在于给每个样本点一定程度的容错量，此时的不等式约束为

$$y_i \cdot (\boldsymbol{w}^{\mathrm{T}} \boldsymbol{z}_i + b) \geq 1 - \xi_i, \quad i = 1, 2, \cdots, N \quad (3-50)$$

同时，为了使得整体错误量尽量小，将松弛变量加入优化的目标函数，此时目标函数变为

$$\frac{1}{2} \cdot \|\boldsymbol{w}\|^2 + C \sum_{i=1}^{N} \xi_i \quad (3-51)$$

式中，C——惩罚因子，$C > 0$。

上述目标函数的意义在于让间隔尽量大的同时保证误分类尽量少。当 C 较大时，对误分类的惩罚较大，误分类较少，但模型容易过拟合；当 C 较小时，对误分类的惩罚较小，误分类较多，模型有可能欠拟合。通常 C 的取值为 10 或 100。

由此，线性不可分支持向量机的训练问题可以写为如下最优化问题：

$$\min_{w,b,\xi} \frac{1}{2} \cdot \|w\|^2 + C\sum_{i=1}^{N}\xi_i \quad (3-52)$$

$$\text{s.t.} \quad y_i \cdot (w^T z_i + b) \geq 1 - \xi_i, \quad \xi_i \geq 0$$

根据定义，该最优化问题也是凸二次规划问题，在线性不可分支持向量机训练过程中称为原始问题。

与线性可分支持向量机类似，线性不可分支持向量机的模型训练问题也可以通过拉格朗日对偶性求解。接下来，介绍其基本求解步骤。首先，写出原问题的拉格朗日函数：

$$L(w,b,\xi,\lambda,\mu) = \frac{1}{2} \cdot \|w\|^2 + C\sum_{i=1}^{N}\xi_i - \sum_{i=1}^{N}\lambda_i(y_i \cdot (w^T z_i + b) - 1 + \xi_i) - \sum_{i=1}^{N}\mu_i\xi_i \quad (3-53)$$

式中，$\lambda_i \geq 0$，$\mu_i \geq 0$，$i = 1, 2, \cdots, N$。

根据拉格朗日对偶性，原问题的对偶问题为极大极小问题，先求极小。拉格朗日函数分别对 w、b 和 ξ 求偏导，得

$$\begin{cases} \dfrac{\partial L(w,b,\xi,\lambda,\mu)}{\partial w} = w - \sum_{i=1}^{N}\lambda_i y_i z_i = 0 \\ \dfrac{\partial L(w,b,\xi,\lambda,\mu)}{\partial b} = -\sum_{i=1}^{N}\lambda_i y_i = 0 \\ \dfrac{\partial L(w,b,\xi,\lambda,\mu)}{\partial \xi_i} = C - \lambda_i - \mu_i = 0 \end{cases} \quad (3-54)$$

经整理，得

$$\begin{cases} w = \sum_{i=1}^{N}\lambda_i y_i z_i \\ \sum_{i=1}^{N}\lambda_i y_i = 0 \\ C - \lambda_i - \mu_i = 0 \end{cases} \quad (3-55)$$

将式（3-55）所展示的求解结果代入线性不可分支持向量机的极大极小问题，可得

$$\max_{\boldsymbol{\lambda}} \tilde{L}(\boldsymbol{\lambda}) = \max_{\boldsymbol{\lambda}} \left\{ \sum_{i=1}^{N} \lambda_i - \frac{1}{2} \sum_{i=1}^{N} \sum_{j=1}^{N} \lambda_i \lambda_j y_i y_j \boldsymbol{z}_i^{\mathrm{T}} \boldsymbol{z}_j \right\} \quad (3-56)$$

$$\text{s.t.} \quad \lambda_i \geq 0, \quad i = 1, 2, \cdots, N$$

$$\mu_i \geq 0$$

$$C - \lambda_i - \mu_i = 0$$

$$\sum_{i=1}^{N} \lambda_i y_i = 0$$

将约束条件中的第二、三项合并，消去 μ_i 即可得到线性不可分支持向量机的对偶问题：

$$\max_{\boldsymbol{\lambda}} \tilde{L}(\boldsymbol{\lambda}) = \max_{\boldsymbol{\lambda}} \left(\sum_{i=1}^{N} \lambda_i - \frac{1}{2} \sum_{i=1}^{N} \sum_{j=1}^{N} \lambda_i \lambda_j y_i y_j \boldsymbol{z}_i^{\mathrm{T}} \boldsymbol{z}_j \right) \quad (3-57)$$

$$\text{s.t.} \quad 0 \leq \lambda_i \leq C, \quad i = 1, 2, \cdots, N$$

$$\sum_{i=1}^{N} \lambda_i y_i = 0$$

该对偶问题形式与线性可分支持向量机的对偶问题基本一致，依然是凸二次规划问题，采用与线性可分支持向量机相同的求解方法，可得

$$\begin{cases} \boldsymbol{\lambda}^* = [\lambda_1^*, \lambda_2^*, \cdots, \lambda_N^*]^{\mathrm{T}} \\ \boldsymbol{w}^* = \sum_{i=1}^{N} \lambda_i^* y_i \boldsymbol{z}_i \\ b^* = y_n - \sum_{i=1}^{N} \lambda_i^* y_i \boldsymbol{z}_i^{\mathrm{T}} \boldsymbol{z}_n \end{cases} \quad (3-58)$$

式中，n ——任意一个满足条件 $0 < \lambda_n^* < C$ 的点的索引值。

于是，可得到线性不可分支持向量机的分离超平面与决策函数为

$$\begin{cases} \sum_{i=1}^{N} \lambda_i^* y_i \boldsymbol{z}_i^{\mathrm{T}} \boldsymbol{z} + b^* = 0 \\ f(\boldsymbol{z}) = \operatorname{sign} \left(\sum_{i=1}^{N} \lambda_i^* y_i \boldsymbol{z}_i^{\mathrm{T}} \boldsymbol{z} + b^* \right) \end{cases} \quad (3-59)$$

式中，b^* 的解不唯一。

3.1.3.2 非线性分类问题

线性支持向量机一般只能用于解决线性分类问题。然而,在应用于常见的驾驶员驾驶行为模型建模的过程中,数据集往往呈现较强的非线性。面对这样的非线性问题,使用非线性支持向量机是一种有效的解决方案。

非线性支持向量机的核心思想是利用核技巧,其基本原理是使用一个非线性变换,将原非线性问题转换成一个线性问题,用求解线性问题的方法求解转换后的线性问题,从而实现原非线性问题的求解。具体而言,核技巧就是通过一个映射函数,将输入空间 χ (欧氏空间子集或离散集合)映射到一个特征空间 $\mathcal{H}$ (希尔伯特空间),从而可使输入空间 χ 中的超曲面对应于特征空间 $\mathcal{H}$ 中的一个超平面。如此,可以通过特征空间中的线性支持向量机模型来解决输入空间中的非线性问题。在实际建模过程中,为了简化计算,通常不直接显式定义从输入空间 χ 到特征空间 $\mathcal{H}$ 的映射函数,而是显式定义一个核函数来完成所有与映射函数相关的计算,这种思想称为核技巧。

核函数:假设有输入空间 χ (欧氏空间子集或离散集合)、特征空间 $\mathcal{H}$ (希尔伯特空间),若存在一个从输入空间到特征空间的映射函数

$$\Phi(x):\chi \to \mathcal{H} \tag{3-60}$$

使得对任意 $x,z \in \chi$,函数 $K(x,z)$ 都满足

$$K(x,z) = (\Phi(x))^\mathrm{T}\Phi(z) \tag{3-61}$$

则称 $K(x,z)$ 为核函数,其中映射函数 $\Phi(x)$ 的输入为 D 维矢量,输出可以为任意维度的矢量,甚至可以达到无穷维。

非线性支持向量机的求解过程与线性不可分支持向量机类似,整个过程只需将矢量 z_i 与 z_j 的内积替换为 $\Phi(z_i)$ 与 $\Phi(z_j)$ 的内积,即替换为核函数 $K(z_i,z_j)$。当选择了合适的核函数 $K(z_i,z_j)$ 与惩罚因子 C 后,通过拉格朗日对偶性,可得到非线性支持向量机的对偶问题:

$$\max_{\boldsymbol{\lambda}} \tilde{L}(\boldsymbol{\lambda}) = \max_{\boldsymbol{\lambda}} \left(\sum_{i=1}^{N} \lambda_i - \frac{1}{2} \sum_{i=1}^{N} \sum_{j=1}^{N} \lambda_i \lambda_j y_i y_j K(z_i, z_j) \right) \quad (3-62)$$

$$\text{s.t.} \quad 0 \leq \lambda_i \leq C, \quad i = 1, 2, \cdots, N$$

$$\sum_{i=1}^{N} \lambda_i y_i = 0$$

求解该最优化问题，得到最优解 $\boldsymbol{\lambda}^* = [\lambda_1^*, \lambda_2^*, \cdots, \lambda_N^*]^{\mathrm{T}}$，取其中一个满足条件 $0 \leq \lambda_n^* \leq C$ 的分量计算

$$b^* = y_n - \sum_{i=1}^{N} \lambda_i^* y_i K(z_i, z_n) \quad (3-63)$$

最终得到非线性支持向量机的分离超曲面与决策函数为

$$\begin{cases} \sum_{i=1}^{N} \lambda_i^* y_i K(z_i, z) + b^* = 0 \\ f(z) = \mathrm{sign} \left(\sum_{i=1}^{N} \lambda_i^* y_i K(z_i, z) + b^* \right) \end{cases} \quad (3-64)$$

不论是线性支持向量机还是非线性支持向量机，都需要求解对偶问题。当核函数为线性核时，非线性支持向量机可退化为线性支持向量机。因此，为了保证形式的一般性，不妨设所需求解的对偶问题为形如式（3-62）所示的非线性支持向量机的对偶问题。由于该问题为凸二次规划问题，故可以通过一般的数值优化方法求解，如梯度下降法、牛顿法等。但当数据样本点数量较多时，所需优化的变量数相应变多，传统的数值优化方法计算量太大，以至于无法使用，故在使用支持向量机进行基于大量数据样本的驾驶员驾驶行为模型建模过程中，通常使用的优化方法是一种更快速的方法——序列最小最优化（SMO）算法。

SMO 算法的思想：由于 KKT 条件是对偶问题的充要条件，故该凸二次规划问题的解必须满足 KKT 条件。SMO 在每一轮只选择两个变量，其余变量固定不动，形成了一个同为凸二次规划的子问题，优化这两个变量的过程就是解该子问题的过程。每次选择这两个待优化变量时，首先选择违反 KKT 条件最严重的变量，另一个变量由约束条件相应确定。经过子问题求解，优化后的变量数值更加接近于满足 KKT 条件，即更加接近于最优解。反复迭代上述过程，将对偶问题分解为一个又一个子问题求解，最终

可得到满足 KKT 条件的最优解。相较于传统数值优化方法，SMO 算法的优点在于：每一次求解只有两个变量的子问题时，可以很方便地得到该问题的解析解，从而避免大量的数值计算，可大大提高算法速度。

针对模型的输出量，由于 SVM 和 LR 这两种算法对输出量的设定不同，因此在实际应用时赋予 LK 和 LC 的数值也相应地有所区别，具体取值如表 3–2 所示。

表 3–2　SVM 与 LR 对模型输出量的定义

模型算法	SVM	LR
车道保持行为（LK）	-1	0
换道行为（LC）	1	1

3.2　操作轨迹预测

3.2.1　问题定义

具体地预测驾驶员的操作并识别驾驶员的意图对于人类驾驶员行为建模相关研究至关重要，并且对高级驾驶员辅助系统（ADAS）和智能交通系统（ITS）的发展很有意义。现在已经有几种类型的驾驶员模型被提出并得到了应用，它们通过在各种驾驶场景（如换道场景[1,10-11]、跟随汽车[12-13]、路径跟踪[14-15]）中应用 ADAS 来协助驾驶员并提高驾驶的安全性和车辆的性能。

考虑到不同驾驶员之间的行为特性存在区别，如果需要为每位参与建模的驾驶员建立驾驶行为模型，则应该为每位参与建模的驾驶员准备充足的个人驾驶行为数据。当参与建模的驾驶员数量增加时，所需准备的个人驾驶行为数据量也随之快速增长[16]。为此，则需要对每位参与的个体驾驶员进行大量重复的数据采集工作，这将大大降低建模效率，且在真实环境中进行实车采集会造成大量人力物力消耗与道路交通安全风险。为了解决个性化驾驶行为建模中所面临的数据需求问题，一种可行的方法是根据已有的少量数据，对现有的驾驶行为模型参数进行微调，从而适应新加入建模的驾驶员的驾驶行为特性。这一类方法通常称为驾驶行为模型自适应[3]。在现有的驾驶行为模型自适应框架下，已针对多种驾驶行为模型展开模型自适应相关方法研究，包括自适应预测控制（adaptive predictive control，APC）[17]、高斯混合模型（Gaussian mixture model，GMM）[3-4]和强化学习（reinforcement learning，RL）[18]等，并已成功应用于各种驾驶场景。

针对基于 GMM 的驾驶行为回归模型，可结合高斯混合回归（Gaussian mixture regression，GMR）得到基于高斯混合回归的高斯混合模型（GMM - GMR），解决驾驶车辆过程中驾驶员转向操作量的预测问题。GMM - GMR 是一种常用的回归建模方法，在之前的驾驶员行为建模过程中已经有过相关的研究，已证明其有效性[3-4]。

3.2.2 基于 GMM - GMR 的操作轨迹预测方法

3.2.2.1 高斯混合模型的数学表示

基于 GMM - GMR 的驾驶行为回归模型的基础是高斯混合模型（GMM）。高斯混合模型是一种用于描述数据在数学空间中分布规律的数学模型，是对数据在数学空间中的概率密度进行建模得到的。在一维空间中，观测变量的概率密度可以由一个概率密度函数描述，如高斯分布的概率密度函数可以表示为

$$\mathcal{N}(z \mid \mu, \sigma^2) = \frac{1}{\sqrt{2\pi}\sigma} \exp\left(-\frac{(z-\mu)^2}{2\sigma^2}\right) \qquad (3-65)$$

式中，z——高斯分布概率密度函数的观测变量，$z \in \mathbb{R}$；

μ——高斯分布的均值，$\mu \in \mathbb{R}$；

σ^2——高斯分布的方差，$\sigma^2 \in \mathbb{R}$。

在有多个随机变量的多维空间中，多维高斯分布的概率密度函数形式变为

$$\mathcal{N}(z \mid \boldsymbol{\mu}, \boldsymbol{\Sigma}) = \frac{1}{(2\pi)^{D/2} |\boldsymbol{\Sigma}|^{1/2}} \exp\left(-\frac{1}{2}(z-\boldsymbol{\mu})^{\mathrm{T}} \boldsymbol{\Sigma}^{-1}(z-\boldsymbol{\mu})\right)$$

(3-66)

式中，D——观测变量的维度，$D \in \mathbb{R}$；

z——概率密度函数的观测变量矢量，$z \in \mathbb{R}^D$；

$\boldsymbol{\mu}$——多维高斯分布的均值矢量，$\boldsymbol{\mu} \in \mathbb{R}^D$；

$\boldsymbol{\Sigma}$——多维高斯分布的协方差矩阵，$\boldsymbol{\Sigma} \in \mathbb{R}^{D \times D}$。

考虑到模型的一般性，可以使用多维高斯分布定义高斯混合模型。对于任意一个 D 维的观测变量 z，若其服从高斯混合分布，则其概率密度可以由如下形式的概率密度函数描述：

$$\begin{aligned} p(z \mid \pi_{1 \sim K}, \boldsymbol{\mu}_{1 \sim K}, \boldsymbol{\Sigma}_{1 \sim K}) &= \sum_{k=1}^{K} \pi_k N(z \mid \boldsymbol{\mu}_k, \boldsymbol{\Sigma}_k) \\ &= \sum_{k=1}^{K} \frac{\pi_k}{(2\pi)^{D/2} |\boldsymbol{\Sigma}_k|^{1/2}} \cdot \\ &\quad \exp\left(-\frac{1}{2}(z-\boldsymbol{\mu}_k)^{\mathrm{T}} \boldsymbol{\Sigma}_k^{-1}(z-\boldsymbol{\mu}_k)\right) \end{aligned}$$ (3-67)

式中，K——高斯混合分布中高斯成分的数量，$K \in \mathbb{R}$；

$\boldsymbol{\mu}$——第 k 个高斯成分的均值矢量，$\boldsymbol{\mu}_k \in \mathbb{R}^D$；

$\boldsymbol{\Sigma}$——第 k 个高斯成分的协方差矩阵，$\boldsymbol{\Sigma}_k \in \mathbb{R}^{D \times D}$；

π_k——第 k 个高斯成分的权重，$\pi_k \in (0,1)$ 且满足 $\sum_{k=1}^{K} \pi_k = 1$ 的条件。

在式（3-67）中，每个高斯分布称为一个高斯成分。

3.2.2.2 高斯混合模型的参数辨识

为了从观测样本数据中学习到有效的模型参数，一种常用的模型参数

估计方法是最大似然估计（maximum likelihood estimation，MLE）。然而，由于高斯混合模型的似然函数具有高度的非线性特性，难以直接通过最大化似然函数求得最优的参数解析解，因此通常不使用最大似然估计方法实现高斯混合模型的参数辨识，而使用期望最大化算法（expectation - maximization algorithm，EM），即 EM 算法。

EM 算法是一种含有隐含变量的概率模型参数的极大似然估计方法。通过引入隐含变量，将原本难以求得解析最优参数的对数似然函数以迭代的形式逐步更新，使得每一次更新参数数值后，似然函数的数值均会增大，参数数值逐渐接近最优解，最终收敛时的参数即被认为是最优参数。其中的每一次迭代过程都可以得到解析解，这是 EM 算法在解决高斯混合模型参数辨识问题中相较于 MLE 方法的优势所在。

具体而言，EM 算法的迭代过程主要包含两个步骤：E 步；M 步。其中，E 步主要完成期望估计，M 步主要求极大化。假设有样本数量为 N 的观测样本 $Z = \{z_t\}_{t=1}^N$；为了便于描述，现简记高斯混合模型参数为 $\boldsymbol{\theta} = \{\pi_k, \boldsymbol{\mu}_k, \boldsymbol{\Sigma}_k\}_{k=1}^K$，且用上标表示迭代次数。EM 算法的整体详细步骤可描述如下。

第 1 步，参数初始化。选择初始参数 $\hat{\boldsymbol{\theta}}^0$，开始进入迭代步骤。

第 2 步，E 步。记 $\hat{\boldsymbol{\theta}}^i$ 为第 i 次迭代中参数 $\boldsymbol{\theta}$ 的估计值，记隐含变量 $\gamma_{t,k}$ 表示观测样本 z_t 是由第 k 个高斯成分产生的概率，则在第 $i+1$ 次迭代中 $\gamma_{t,k}$ 的估计值可以由上一步迭代估计的参数计算得到，即

$$\hat{\gamma}_{t,k}^{i+1} = \frac{\pi_k \mathcal{N}(z_t \mid \hat{\boldsymbol{\mu}}_k^i, \hat{\boldsymbol{\Sigma}}_k^i)}{\sum_{j=1}^K \pi_j \mathcal{N}(z_t \mid \hat{\boldsymbol{\mu}}_j^i, \hat{\boldsymbol{\Sigma}}_j^i)} \qquad (3-68)$$

第 3 步，M 步。通过以下公式更新第 $i+1$ 次迭代中的高斯混合模型参数：

$$\hat{\pi}_k^{i+1} = \frac{\sum_{t=1}^N \hat{\gamma}_{t,k}^{i+1}}{N} \qquad (3-69)$$

$$\hat{\boldsymbol{\mu}}_k^{i+1} = \frac{\sum_{t=1}^{N} \hat{\gamma}_{t,k}^{i+1} \boldsymbol{z}_t}{\sum_{t=1}^{N} \hat{\gamma}_{t,k}^{i+1}} \qquad (3-70)$$

$$\hat{\boldsymbol{\Sigma}}_k^{i+1} = \frac{\sum_{t=1}^{N} \hat{\gamma}_{t,k}^{i+1} (\boldsymbol{z}_t - \hat{\boldsymbol{\mu}}_k^{i+1})(\boldsymbol{z}_t - \hat{\boldsymbol{\mu}}_k^{i+1})^{\mathrm{T}}}{\sum_{t=1}^{N} \hat{\gamma}_{t,k}^{i+1}} \qquad (3-71)$$

第4步，收敛判断。通过以下公式更新第 $i+1$ 次迭代后的对数似然函数值：

$$L(\hat{\boldsymbol{\theta}}^{i+1}) = \sum_{t=1}^{N} \ln(p(\boldsymbol{z}_t \mid \hat{\boldsymbol{\theta}}^{i+1})) \qquad (3-72)$$

如果对数似然函数值满足收敛条件，即存在一个大于零的小常数 ε，使得

$$L(\hat{\boldsymbol{\theta}}^{i+1}) - L(\hat{\boldsymbol{\theta}}^i) < \varepsilon \qquad (3-73)$$

则认为算法收敛，且将此时的模型参数记为最优参数 $\boldsymbol{\theta}^* = \hat{\boldsymbol{\theta}}^{i+1}$，结束迭代；如果对数似然函数不满足收敛条件，则重新回到 E 步继续迭代，直至收敛。

在上述推导中，小常数 ε 的取值对算法存在一定的影响。当 ε 取值较大时，EM 算法会允许较大的误差，从而有可能降低高斯混合模型的参数辨识精度，但迭代次数较少，计算速度较快；当 ε 取值较小时，EM 算法对误差要求较高，参数辨识精度相应提高，但迭代次数增加，计算速度较慢。在本书中，权衡了模型精度与计算速度，在保证参数辨识精度的情况下，将常数 ε 设置为 10^{-10}。

3.2.2.3 基于高斯混合模型的 GMR 预测

高斯混合回归是一种基于高斯混合模型的算法，常用于解决各种回归问题。作为一种回归模型，需要定义模型的输入与输出。对于本章研究的驾驶员驾驶行为建模问题，在时刻 t，模型输入定义为当前时刻的状态矢量 $\boldsymbol{s}_t$，模型输出定义为当前时刻的行为矢量 $\boldsymbol{a}_t$。将模型输入与模型输出合

并为一个矢量,即时刻 t 处的特征矢量 z_t 可表示为

$$z_t = [s_t^T, a_t^T]^T \quad (3-74)$$

将每一时刻的特征矢量信息作为观测样本采集记录,可以通过前文所述的 EM 算法训练,得到有效的高斯混合模型。EM 算法的参数辨识结果记为

$$\boldsymbol{\theta} = \{\pi_k, \boldsymbol{\mu}_k^z, \boldsymbol{\Sigma}_k^{zz}\}_{k=1}^K \quad (3-75)$$

式中,均值矢量与协方差矩阵的上标表示是整个特征矢量的均值与协方差,以便与后文中状态矢量和行为矢量的协方差进行区分。

由观测样本训练得到的高斯混合模型记为

$$p(z_t \mid \boldsymbol{\theta}) = \sum_{k=1}^K \pi_k \mathcal{N}(z_t \mid \boldsymbol{\mu}_k^z, \boldsymbol{\Sigma}_k^{zz}) \quad (3-76)$$

类似于特征矢量的维度可以划分为状态矢量和行为矢量,按照相似的维度划分规则,高斯混合模型的均值矢量与协方差矩阵可进行如下分割:

$$\boldsymbol{\mu}_k^z = \begin{bmatrix} \boldsymbol{\mu}_k^s \\ \boldsymbol{\mu}_k^a \end{bmatrix}, \quad \boldsymbol{\Sigma}_k^{zz} = \begin{bmatrix} \boldsymbol{\Sigma}_k^{ss} & \boldsymbol{\Sigma}_k^{sa} \\ \boldsymbol{\Sigma}_k^{as} & \boldsymbol{\Sigma}_k^{aa} \end{bmatrix} \quad (3-77)$$

式中,$\boldsymbol{\Sigma}_k^{ss}, \boldsymbol{\Sigma}_k^{aa}$ ——状态矢量与行为矢量的协方差矩阵;

$\boldsymbol{\Sigma}_k^{sa}, \boldsymbol{\Sigma}_k^{as}$ ——交叉协方差矩阵;

$\boldsymbol{\mu}_k^s, \boldsymbol{\mu}_k^a$ ——状态矢量与行为矢量的均值矢量。

在给出需要预测的状态矢量 s_{t_0} 的情况下,GMR 可根据训练得到的高斯混合模型参数计算预测模型输出,即对应的行为矢量 a_{t_0}。具体过程如下:

$$\hat{\boldsymbol{\mu}}_k^a(s_{t_0}) = \boldsymbol{\mu}_k^a + \boldsymbol{\Sigma}_k^{as}(\boldsymbol{\Sigma}_k^{ss})^{-1}(s_{t_0} - \boldsymbol{\mu}_k^s) \quad (3-78)$$

$$h_k(s_{t_0}) = \frac{\pi_k \mathcal{N}(s_{t_0} \mid \boldsymbol{\mu}_k^s, \boldsymbol{\Sigma}_k^{ss})}{\sum_{j=1}^K \pi_j \mathcal{N}(s_{t_0} \mid \boldsymbol{\mu}_j^s, \boldsymbol{\Sigma}_j^{ss})} \quad (3-79)$$

$$a_{t_0} = \sum_{k=1}^K h_k(s_{t_0}) \hat{\boldsymbol{\mu}}_k^a(s_{t_0}) \quad (3-80)$$

3.2.2.4 基于高斯混合回归的横向驾驶行为模型

有了以上理论基础,可将上述建模与预测方法应用于智能驾驶领域,

建立基于 GMR 的横向驾驶行为模型。由 GMM 的模型训练过程可以看出，特征矢量的确定对于建模十分重要。特征矢量包含状态矢量与行为矢量。对于横向驾驶行为模型，模型的输出量为当前时刻方向盘转角或前轮转角一个量，故行为矢量退化为标量，即

$$\boldsymbol{a}_t = [\delta_t] \tag{3-81}$$

式中，δ_t——t 时刻的方向盘转角或前轮转角。

在机器学习模型相关算法里，合理的特征选择对模型的有效性有十分重要的作用。在建立基于 GMR 的横向驾驶行为模型时，需要综合考虑模型效果与现有数据采集能力，在本章中定义模型在 t 时刻的状态矢量为

$$\boldsymbol{s}_t = [x_{h,t}, y_{h,t}, v_{h,t}, \theta_{h,t}, a_{h,t}, x_{o,t}, y_{o,t}, v_{o,t}]^T \tag{3-82}$$

式中，$x_{h,t}, y_{h,t}$——本车的纵向位移与横向位移；

$\theta_{h,t}$——本车的航向角；

$v_{h,t}$——本车速度；

$a_{h,t}$——本车纵向加速度；

$x_{o,t}, y_{o,t}, v_{o,t}$——他车的纵向位移、横向位移、速度。

根据上述状态矢量与行为矢量定义，通过相应的观测样本训练 GMM 模型，将辨识得到的模型参数应用于 GMR 算法，即可完成横向驾驶行为模型构建，并基于实时输入的状态矢量预测驾驶员的横向驾驶行为。

3.3 基于分布域自适应的模型泛化方法

3.3.1 问题定义

在前两节中已介绍了驾驶行为识别和操作轨迹预测中的一些基准方

法。对于这些基准方法，若想建立有效的驾驶行为模型，通常需要用大量数据来训练模型。然而，实际驾驶场景中的自然驾驶数据的收集过程通常成本较高、效率低，且自然数据的数据处理可能耗时很长。为解决这一问题，可采用模型自适应方法。传统驾驶行为模型自适应方法考虑到微调模型参数，所需的数据量少于从零开始训练模型所需的数据量，从而可以减少对数据的依赖。然而，这种做法会导致数据信息被多次压缩，折损最终的驾驶行为模型效果。仅依靠少量数据无法建立有效的驾驶行为模型，若要拓宽建模所用的数据来源，则可采用迁移学习方法，从数据层面解决驾驶行为模型自适应问题。迁移学习使用历史数据（即无法直接用于建模的数据），将其直接迁移至新加入驾驶员对应的数据集，并充分用于新驾驶员的驾驶行为模型建模，从而降低数据收集和处理的成本。

迁移学习的定义如下：将先验知识从源域迁移到目标域并解决在目标域中出现的建模问题[19]。我们研究迁移学习的目的是加速和提升目标域模型的效果。作为机器学习方法中一个全新的重要分支，迁移学习在分类问题[20]、图像识别问题[21]、WiFi定位问题[22]、机器人建模问题[23]、深度强化学习问题[24]中都取得了较好的效果。在智能车辆（intelligent vehicle，IV）[25]领域，基于流形学习（manifold learning）提出了一种改进的迁移学习方法——改进的本地普式分析法（MLPA），并对人类驾驶员的车辆换道过程中横向控制行为进行建模。这个改进的模型成功地实现了在目标域中使用小样本数据量建模。文献［13］利用对卷积神经网络（CNN）进行微调的方法，实现了利用小样本数据对驾驶员的次级隐式驾驶任务进行辨识。文献［16］提出利用迁移强化学习来更新目标域中的驾驶策略，该模型在车道保持、车辆换道、车辆避障三个场景中相较于传统的强化学习方法都取得了更优的效果。

如图3-4所示，以基于迁移学习的操作行为预测为例，对于其他驾驶员数据，既可以将一位驾驶员的数据迁移至新驾驶员，也可以将多位驾驶员的历史数据迁移至新驾驶员。通过数据迁移，新驾驶员数据量得到了

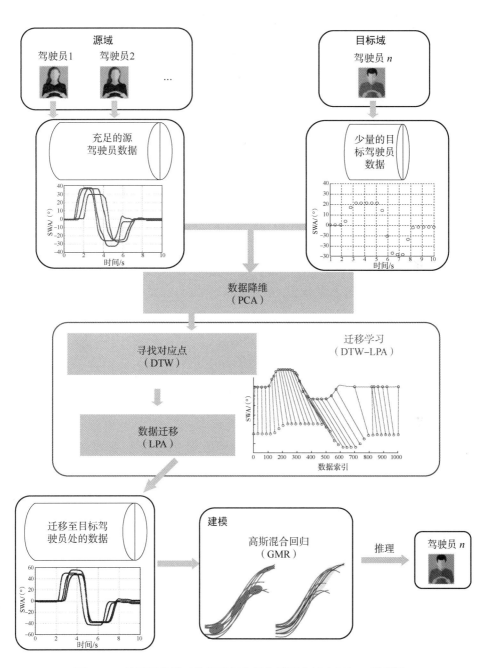

图 3-4 基于迁移学习的驾驶行为回归模型自适应框架（附彩图）

补充，从而可以进行驾驶行为建模。在整个过程中，与传统驾驶行为模型自适应方法类似的是只需要用到少量的新驾驶员数据，而不同之处是整个过程不需要预先训练其他驾驶行为模型。这些特点表明，迁移学习可能是一种新的且更加高效合理的驾驶行为模型自适应方法。事实上，迁移学习作为一种有效的模型自适应方法，已用于解决各种问题，如图像分类[26]、机器人控制[27-31]、自然语言处理[30]、智能驾驶[31-33]和初步的驾驶行为建模[34-37]问题。本章为了实现不同驾驶员间的数据迁移，将基于迁移学习方法提出一种新的驾驶行为模型自适应框架，并提出一种新的迁移学习方法用于解决不同驾驶员间的驾驶行为模型自适应问题。

对于仿真环境数据，迁移学习依然可以做到历史数据重用，并应用于真实环境的驾驶行为建模问题。事实上，目前的许多研究是在真实环境下通过多种传感器采集数据进行驾驶行为建模的。文献[38]、[39]通过相机和激光雷达等车载传感器建立了一种基于GMM的驾驶行为模型，用于对真实道路上的换道行为进行识别。与之类似，基于车载相机和激光雷达数据，文献[6]提出了一种HMM-BF框架，以实现换道场景下的驾驶行为分类。文献[7]基于车辆CAN总线信息建立了两种分类器，用于实现驾驶员换道行为的检测。与上述基于车载传感器的研究不同，文献[40]基于真实驾驶环境下的驾驶员生理信号数据训练了一种深度神经网络模型，从而基于驾驶员生理信号实现驾驶员的驾驶行为预测。

为了建立有效的驾驶行为模型，考虑到在真实环境中进行大量实车数据采集会消耗大量人力物力，而且存在道路交通安全风险，有不少研究在仿真环境下基于驾驶模拟器完成数据采集。文献[1]通过基于PreScan的驾驶模拟器采集了驾驶行为数据，并训练了一种基于SVM算法的分类器，实现了换道行为识别。同样使用基于PreScan的驾驶模拟器，文献[41]提出了一种强化学习方法，用于预测超车环境下的驾驶行为。文献[42]使用了一种高度仿真的驾驶模拟器采集驾驶行为数据训练人工神经网络，用于换道行为预测。

尽管使用驾驶模拟器采集驾驶行为数据相对安全且便捷，但使用仿真场景下采集到的驾驶行为数据训练出的模型并不能很好地在真实场景下使用，其主要原因在于虚拟世界和真实世界之间的差异性，如车辆行为差异、环境差异、传感器差异、交互性差异等。为了能够有效利用驾驶模拟器下采集到的数据，文献［43］提出了一种解决办法，即尽量将模拟器下的仿真场景搭建得更加真实。这一问题将在3.3.3节详细阐述。

针对驾驶员驾驶行为识别与操作轨迹预测问题，可采用迁移学习方法中的分布域自适应（distribution adaptation，DA）和流形对齐（manifold alignment，MA）方法解决，如图3－5所示。

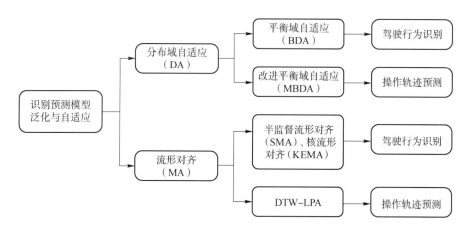

图3－5　识别预测模型的泛化与自适应流程图

分布域自适应（DB）方法调整域之间的边缘概率分布和条件概率分布，并利用平衡因子 μ 对分布的重要性进行加权，从而缩短域与域之间的距离，使先验知识从源域迁移到目标域成为可能。

流形对齐（MA）方法将源域数据与目标域数据映射到同一个隐藏空间，使得源域与目标域数据中标签相同的样本点尽量聚集在一起，且特征分布的形状和大小尽量接近。这样，源域与目标域数据样本在这个隐藏空间中按照特征和标签的分布进行了对齐，这些对齐的部分也就是在之前对迁移学习的介绍中提及的相似性。既然源域数据与目标域数据都映射到了这个隐藏空间中,则该空间中已有大量有标签的数据样本,根据这些样本可在隐藏空间中训练分类器,从而建立有效的驾驶行为分类模型。对于目标域中的无标签数据或新采集的数据样本,可映射到该隐藏空间,并根据隐藏空间中建立的驾驶行为分类模型进行分类,从而实现驾驶行为识别或预测。在上述隐藏空间中进行驾驶行为分类模型建模时,与直接对源域数据建模时一样,可根据数据的特点选择任意合适的驾驶行为分类模型,如逻辑斯谛回归(LR)、支持向量机(SVM)等。

3.3.2　分布域自适应

3.3.2.1　基于平衡域自适应的驾驶行为识别方法

1. 平衡域自适应方法原理

针对仿真环境和真实环境驾驶员模型之间分布的差异,可采用迁移学习方法对两个驾驶员驾驶数据的域进行自适应,即域自适应。域自适应通常是通过调整边缘分布(或条件概率分布)来缩短两个域之间的距离,以适应不同的域。为了最小化模型转移带来的误差,考虑了驾驶员模型之间的边界分布和条件概率分布的差异。因此,我们引入平衡域自适应(balanced distribution adaptation,BDA)[44]作为迁移学习方法来训练分类器。BDA 对域之间的边缘概率分布和条件概率分布都进行了调整,并利用平衡因子 μ 对分布的重要性进行加权,从而缩短域与域之间的距离:

$$D(\mathcal{D}_s, \mathcal{D}_t) \approx (1-\mu) D(P(s_s), P(s_t)) + \mu D(P(y_s \mid s_s), P(y_t \mid s_t))$$

(3-83)

采用最大平均偏差(MMD)来计算概率距离,则式(3-83)可改写为

$$D(\mathcal{D}_s, \mathcal{D}_t) \approx (1-\mu) \left\| \frac{1}{n} \sum_{i=1}^{n} s_{s_i} - \frac{1}{m} \sum_{j=1}^{n} s_{t_j} \right\|_H^2 +$$

$$\mu \sum_{c=1}^{C} \left\| \frac{1}{n_c} \sum_{s_{s_i} \in \mathcal{D}_s^{(c)}} s_{s_i} - \frac{1}{m_c} \sum_{s_{t_j} \in \mathcal{D}_t^{(c)}} s_{t_j} \right\|_H^2$$

(3-84)

式中，C——所有类别的总数；

n,m——$\mathcal{D}_s$、$\mathcal{D}_t$ 的大小；

$\mathcal{D}_s^{(c)}$——源域中属于 c 类的实例集，$\mathcal{D}_s^{(c)} = \{s_i : s_i \in \mathcal{D}_s \wedge d(s_i) = c\}$，$d(s_i)$ 为根据当前状态 s_i 的决策值，$n_c = |\mathcal{D}_s^{(c)}|$；

$\mathcal{D}_t^{(c)}$——目标数据中属于 c 类的一组实例，$\mathcal{D}_t^{(c)} = \{s_j : s_j \in \mathcal{D}_t \wedge \hat{d}(s_j) = c\}$，$\hat{d}(s_j)$ 为使用 k 近邻（KNN）方法通过源数据训练的对应状态 s_j 的软标签，$m_c = |\mathcal{D}_t^{(c)}|$。

该问题可以被描述为优化问题：

$$\min \mathrm{tr}(A^\mathrm{T} S((1-\mu)M_0 + \mu \sum_{c=1}^{C} M_c) S^\mathrm{T} A) + \lambda \|A\|_\mathrm{F}^2 \quad (3-85)$$

$$\mathrm{s.t.} \ A^\mathrm{T} S H S^\mathrm{T} A = I, 0 \leq \mu \leq 1$$

式中，$S = [s_s, s_t]$；

λ——正则化参数；

I——单位矩阵，$I \in \mathbb{R}^{(n+m) \times (n+m)}$；

H——中心矩阵，$H = I - \left(\dfrac{1}{n}\right)\mathbf{1}$；

M_0, M_c——边缘概率分布和条件概率分布的 MMD 矩阵，可计算如下：

$$(M_0)_{ij} = \begin{cases} \dfrac{1}{n^2}, & s_i, s_j \in \mathcal{D}_s \\ \dfrac{1}{m^2}, & s_i, s_j \in \mathcal{D}_t \\ -\dfrac{1}{mn}, & \text{其他} \end{cases} \quad (3-86)$$

$$(M_c)_{ij} = \begin{cases} \dfrac{1}{n_c^2}, & s_i, s_j \in \mathcal{D}_s^{(c)} \\ \dfrac{1}{m^2}, & s_i, s_j \in \mathcal{D}_t^{(c)} \\ -\dfrac{1}{m_c n_c}, & \begin{cases} s_i \in \mathcal{D}_s^{(c)}, s_j \in \mathcal{D}_t^{(c)} \\ s_i \in \mathcal{D}_t^{(c)}, s_j \in \mathcal{D}_s^{(c)} \end{cases} \\ 0, & \text{其他} \end{cases} \quad (3-87)$$

用拉格朗日乘子法，将拉格朗日乘子定义为 $\Phi = (\phi_1, \phi_2, \cdots, \phi_d)$。可得拉格朗日函数为

$$L = \mathrm{tr}(A^\mathrm{T} S((1-\mu)M_0 + \mu \sum_{c=1}^{C} M_c) S^\mathrm{T} A) +$$

$$\lambda \|A\|_\mathrm{F}^2 + \mathrm{tr}((A^\mathrm{T} S H S^\mathrm{T} A - I)\Phi) \qquad (3-88)$$

当 $\dfrac{\partial L}{\partial A} = 0$ 时，可将优化过程推导为广义特征分解问题：

$$\left(\left(S((1-\mu)M_0 + \mu \sum_{c=1}^{C} M_c) S^\mathrm{T}\right) + \lambda I\right) A = S H S^\mathrm{T} A \Phi \qquad (3-89)$$

求解上述方程，得到变换矩阵 A。利用该变换矩阵 A，可将自适应状态表示为 $S_\mathrm{new} = A^\mathrm{T} S$，并且可将其作为下一次迭代的输入。在每个迭代中，$A$ 以及软标签都被更新。随着迭代的进行，软标签将越来越接近目标值。迭代完成后，无须进一步计算即可输出最新的软标签，将其作为驾驶员程序 LK/LC 模型的决策。

2. 应用 BDA 的实例分析

为了进行试验，需要对换道场景中的数据进行采集。为了有效地收集驾驶数据进行模型训练，我们利用 PreScan/SIMULINK 平台构建了一个仿真环境来模拟驾驶环境。采集频率被设定为 100 Hz。驾驶员的操作由罗技 G29 设备采集，并输入模拟的车辆动态系统。可视化的驾驶环境由监视器反馈给驾驶员。在仿真环境下，针对不同驾驶员，设计了相同的场景供其进行换道。在数据采集过程中，要求三个不同驾驶年龄的驾驶员根据自己的驾驶风格和驾驶经验，以接近恒定的速度进行换道操作。

本试验中使用了自然数据以验证 BDA 模型的准确性，并测试模型将知识从虚拟转移到真实的能力。本试验使用的自然数据来自公开数据集 UAH DriverSet[45-46]。通过回放软件，我们从整个数据集中手工提取了三个不同状态的驾驶员的 LC 行为。

我们的目标是建立一个驾驶员模型，使其能够有效地帮助驾驶员在换道场景中做出更好的决策。要构建个性化的驾驶员决策模型就需要大量数

据，我们可以为驾驶员程序收集足够的数据，也可以使用其他驾驶员程序的数据，但是这两种方法都不易实现。本章提出了基于迁移学习的 LK/LC 决策模型，以避免大规模数据采集的高成本，在目标驾驶员驾驶数据不足的情况下获得较高的精度。在第一个试验中，我们使用模拟驾驶数据（驾驶员 1、驾驶员 2 和驾驶员 3）和自然驾驶数据（驾驶员 R）来验证 LC/LK 决策模型。

训练集由充足的源驾驶员数据和不足的目标数据组成，将目标集剩余数据作为测试集，利用 CV 选择最优模型参数。μ 选自 $\{0, 0.1, 0.2, \cdots, 1.0\}$，$\lambda$ 选自 $\{0.01, 0.05, 0.1, 0.5, 1, 5, 10, 50, 100\}$。

该模型除了基于模拟驾驶数据识别 LK/LC 决策外，还基于自然驾驶数据识别 LK/LC 决策。使用仿真数据建立的驾驶员 LC/LK 模型间的试验结果如表 3-3 所示。注意到真实环境与虚拟环境之间的差距，将使用仿真数据建立的驾驶员 LC/LK 模型对真实数据预测的试验结果列于表 3-4。

表 3-3 使用仿真数据建立的驾驶员 LC/LK 模型间的试验结果

	目标驾驶员样本数		10	20	30	40	50	60	70	80	90
试验 1	驾驶员 1 到 驾驶员 2	BDA/%	99.65	99.73	99.60	99.30	99.70	99.61	99.71	99.53	99.13
		SVM/%	90.68	95.09	95.50	94.04	96.24	98.88	98.91	99.23	98.30
试验 2	驾驶员 1 到 驾驶员 3	BDA/%	98.03	97.78	97.09	98.34	97.61	98.26	98.24	97.89	98.30
		SVM/%	84.39	84.58	87.14	83.91	86.81	85.95	87.54	86.07	87.31
试验 3	驾驶员 2 到 驾驶员 1	BDA/%	99.37	98.95	99.82	99.39	99.80	99.29	99.54	99.29	99.49
		SVM/%	97.79	98.20	97.64	98.36	97.83	99.13	98.33	99.03	99.22
试验 4	驾驶员 2 到 驾驶员 3	BDA/%	98.58	98.61	98.66	98.63	97.84	98.37	98.71	98.61	98.86
		SVM/%	88.36	89.42	90.74	90.56	89.90	91.61	91.09	92.46	94.03
试验 5	驾驶员 3 到 驾驶员 1	BDA/%	90.29	93.23	94.95	91.66	96.35	94.79	95.49	97.22	97.10
		SVM/%	79.81	80.20	81.60	84.08	77.82	81.55	82.61	83.11	84.05
试验 6	驾驶员 3 到 驾驶员 2	BDA/%	93.06	95.17	97.45	95.20	94.17	97.95	98.01	97.95	97.55
		SVM/%	84.17	87.15	88.05	91.59	88.42	89.89	92.23	91.85	91.64

表 3-4 使用仿真数据建立的驾驶员 LC/LK 模型对真实数据预测的试验结果

	目标驾驶员样本数		10	20	30	40	50	60	70	80	90
试验1	驾驶员1到驾驶员R	BDA/%	78.37	84.00	96.17	93.39	95.91	97.00	97.02	96.38	97.95
		SVM/%	70.53	82.50	84.77	87.13	83.11	88.91	89.40	90.48	89.95
试验2	驾驶员2到驾驶员R	BDA/%	82.45	84.92	94.72	94.96	97.42	96.27	97.21	97.43	95.41
		SVM/%	76.33	82.50	84.09	88.17	87.47	89.45	90.05	90.57	89.07
试验3	驾驶员3到驾驶员R	BDA/%	83.35	93.58	91.15	95.65	94.93	98.27	96.93	96.48	97.37
		SVM/%	74.69	86.33	82.13	85.83	87.11	92.09	90.70	89.14	90.05
试验4	驾驶员R到驾驶员1	BDA/%	78.90	82.12	89.37	96.69	95.99	96.18	97.72	97.64	96.55
		SVM/%	82.47	81.76	85.19	89.89	92.41	91.86	91.78	95.04	94.08
试验5	驾驶员R到驾驶员2	BDA/%	77.65	86.46	93.02	95.12	97.02	97.05	96.45	95.16	97.95
		SVM/%	75.37	83.17	87.91	89.93	91.72	92.18	94.36	93.11	95.46
试验6	驾驶员R到驾驶员3	BDA/%	74.41	94.00	93.63	94.71	94.11	97.43	97.14	95.63	97.24
		SVM/%	77.75	90.36	91.57	93.75	93.42	92.71	93.20	94.00	95.84

由表 3-4 可知，尽管 SVM 和 BDA 可以在目标驾驶员的标记数据数量 M 较大时达到较高的精度，但是在目标驾驶员数据不足的情况下（$M \leq 30$），BDA 的效果很容易超过 SVM。当训练集中只使用少量目标驾驶员的标记数据时（$M \leq 30$），BDA 的性能明显优于 SVM。BDA 的性能可以稳定在很高的水平，即使只考虑来自目标驾驶员程序的少量数据，其精度也超过 99%；SVM 的性能依赖于来自目标驾驶员程序的标记数据量。总体而言，基于迁移学习的驾驶员决策模型在减少驾驶员差异和模型差异引起的误差方面具有更好的性能。

与模拟驾驶数据进行的试验相比，虚拟驾驶数据到真实驾驶数据的试验误差较大。如图 3-6（a）所示，当 $M = 10 \sim 30$ 时，对于相同的 M，BDA 和 SVM 的精度都相对较低，在 70%~80% 左右，而在图 3-6（b）中，两者的精度都高于 90%。随着 M 的增加，BDA 和 SVM 的精度都有所

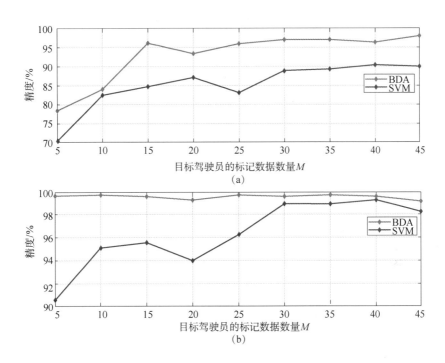

图3-6 BDA与SVM的比较（附彩图）
(a) 从仿真到真实的迁移；(b) 仿真驾驶数据之间的迁移

提高，但均不能达到99%的高水平。此外，在虚拟学习与真实学习的转换问题上，当 $M > 30$ 时，BDA 比 SVM（90%）具有更高的学习精度（95%），这表明 BDA 可以减小虚拟学习与真实学习之间的误差。图3-7、图3-8展示了不同 M 下连续时间序列驾驶员数据的识别结果，图3-7、图3-8中的 Ground Truth 分别是驾驶员1、驾驶员R的LK/LC标签。

3.3.2.2 基于改进平衡域自适应的操作轨迹预测方法

1. 改进平衡域自适应方法原理

为了根据目标驾驶员 t 时刻的驾驶状态 s_t 预测其SWA，需要建立基于迁移学习的回归模型。然而，BDA是为分类而开发的，并不能解决回归问题。回归问题中的作用值（标号）很大，导致 $\mathcal{D}_s^{(c)} \mathcal{D}$ 过度拟合。式（3-85）中

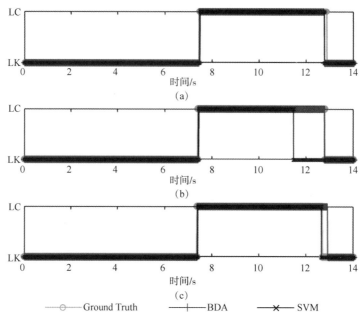

图 3-7 在模拟驾驶数据下，SVM 和 BDA 在不同 M 下对 LC/LK 的识别结果（附彩图）

(a) $M=10$；(b) $M=20$；(c) $M=30$

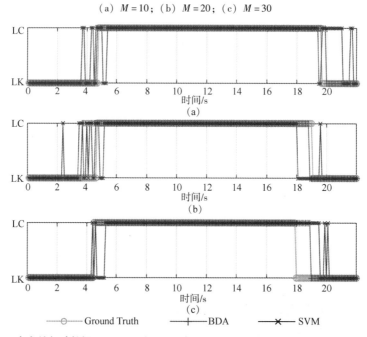

图 3-8 在自然驾驶数据下，SVM 和 BDA 在不同 M 下对 LC/LK 的识别结果（附彩图）

(a) $M=10$；(b) $M=20$；(c) $M=30$

的条件概率分布部分 $\mu \sum_{c=1}^{C} M_c$ 计算困难，导致不准确。因此，我们提出了改进平衡域自适应（modified balanced distribution adaptation，MBDA），通过生成伪标签来代替 BDA 中的回归值，建立迁移学习回归模型，解决了计算和过拟合问题。利用 MBDA 技术，通过形成一个新的目标域，利用源域的标记数据对源域和目标域的数据进行扩展，从而实现对源域和目标域数据的自适应。在此基础上，引入传统的回归模型 GMR 来学习目标域扩大下的驾驶员转向模型。

为了生成源数据的伪标签，我们采用了高斯混合模型（GMM），这是一种无监督分类模型。GMM 可以表示为

$$p(\boldsymbol{\xi}_j) = \sum_{k=1}^{K} \pi_k N(\xi_j; \boldsymbol{\mu}_k, \boldsymbol{\Sigma}_k) \qquad (3-90)$$

式中，$\boldsymbol{\xi}_j$——特征矩阵，$\boldsymbol{\xi}_j = [s_j, a_j, d_j]^{\mathrm{T}}$；

K——混合模型的分量；

$\pi_k, \boldsymbol{\mu}_k, \boldsymbol{\Sigma}_k$——高斯分量 $\boldsymbol{\theta}_k$ 的参数，其中 π_k 为先验概率，$\boldsymbol{\mu}_k$ 为均值向量，$\boldsymbol{\Sigma}_k$ 为协方差矩阵。

GMM 参数的估计采用标准期望极大化（EM）算法，同时利用 k-均值进行初始估计，避免陷入局部极小值。然后，用 GMM 生成源数据的伪标签 $\hat{\boldsymbol{a}}_s$：

$$\hat{\boldsymbol{a}}_s = \arg \max_{1 \leqslant l \leqslant k} \{\Pr(l \mid \boldsymbol{\xi}_s)\} \qquad (3-91)$$

新域中的状态可以表示为 $\boldsymbol{S}_{\mathrm{new}} = \boldsymbol{A}^{\mathrm{T}} \boldsymbol{S} = \boldsymbol{A}^{\mathrm{T}}[\boldsymbol{s}_s, \boldsymbol{s}_t] = [\boldsymbol{s}_{\mathrm{snew}}, \boldsymbol{s}_{\mathrm{tnew}}]$。将此新域作为新的目标域，可以在此新域下应用传统的回归模型 GMR 与迁移后的源数据来训练求解回归问题。

在使用伪标签 $\hat{\boldsymbol{a}}_s$ 代替 SWA $\boldsymbol{a}_s$ 后，可以应用 BDA 来适应两种驾驶员模型的域。域间距离可以用式（3-84）计算，其中，对于两个模型的域有 $\mathcal{D}_s^{(c)} = \{s_i : s_i \in \mathcal{D}_s \wedge \hat{\boldsymbol{a}}(s_i) = c\}$，$\mathcal{D}_t^{(c)} = \{s_j : s_j \in \mathcal{D}_t \wedge \hat{\boldsymbol{a}}(s_j) = c\}$。在得到 MMD 矩阵后，可通过求解式（3-89）来得到转移矩阵 $\boldsymbol{A}$。新域中的状态可以表示为 $\boldsymbol{S}_{\mathrm{new}} = \boldsymbol{A}^{\mathrm{T}} \boldsymbol{S} = \boldsymbol{A}^{\mathrm{T}}[\boldsymbol{s}_s, \boldsymbol{s}_t] = [\boldsymbol{s}_{\mathrm{snew}}, \boldsymbol{s}_{\mathrm{tnew}}]$。然后，将此新域作

为新的目标域,并在此新域下应用传统的回归模型 GMR 来求解回归问题。对于每个 GMM 模型,时间维度与空间维度的分量(输入和输出参数)是分离的,即第 k 个高斯模型的均值和协方差矩阵可以定义为

$$\begin{cases} \boldsymbol{\mu}_k = \{\boldsymbol{\mu}_k^{\text{in}}, \boldsymbol{\mu}_k^{\text{es}}\} \\ \boldsymbol{\Sigma}_k = \begin{pmatrix} \boldsymbol{\Sigma}_k^{\text{in}} & \boldsymbol{\Sigma}_k^{\text{in,es}} \\ \boldsymbol{\Sigma}_k^{\text{es,in}} & \boldsymbol{\Sigma}_k^{\text{es}} \end{pmatrix} \end{cases} \quad (3-92)$$

式中,上标 in 表示输入的参量,上标 es 表示输出的参量。

对于每个高斯模型 k,由给定的输入 $\boldsymbol{\xi}_j^{\text{in}} = [s_i]$,目标驾驶员模型在时刻步长 i 的 SWA 期望 $\boldsymbol{a}_{\text{te},i}$ 可由迭代计算得到:

$$\hat{\boldsymbol{\xi}}_k^{\text{es}} = (\boldsymbol{\mu}_k^{\text{es}} + \boldsymbol{\Sigma}_k^{\text{es,in}}(\boldsymbol{\Sigma}_k^{\text{in}})^{-1}(\hat{\boldsymbol{\xi}}_i^{\text{in}} - \boldsymbol{\mu}_k^{\text{in}})) \quad (3-93)$$

$$h_k = \frac{\pi_k \mathcal{N}(\boldsymbol{\xi}_i^{\text{in}}; \boldsymbol{\mu}_k, \boldsymbol{\Sigma}_k)}{\sum_{k'=1}^{K} \pi_k \mathcal{N}(\boldsymbol{\xi}_i^{\text{in}}; \boldsymbol{\mu}_k, \boldsymbol{\Sigma}_k)} \quad (3-94)$$

$$\boldsymbol{a}_{\text{te},i} = \sum_{k=1}^{K} h_k \hat{\boldsymbol{\xi}}_k^{\text{es}} \quad (3-95)$$

2. 应用 MBDA 的实例分析

我们的目标是建立基于迁移学习方法的驾驶员转向模型,这是一个在只有不足的目标驾驶员驾驶数据条件下的回归问题。因此,我们提出了基于 BDA 的 MBDA 来解决回归问题。该模型的训练过程类似于 LK/LC 决策模型的训练过程。驾驶员转向模型使用 CVMS 来选择最优模型参数,模型参数范围为 $\mu \in \{0,0.1,0.2,\cdots,1.0\}$,$K \in \{3,4,5,6\}$,$\lambda \in \{0.01,0.05, 0.1,0.5,1,5,10,50,100\}$。

驾驶员转向模型预测试验结果如表 3-5 所示。试验中 CVMS 选择的模型参数为 $\mu = 0.2$、$K = 5$、$\lambda = 10$。如图 3-9 所示,在 $M < 30$ 条件下,MBDA-GMR 的学习性能优于无条件下的 GMR,说明了迁移学习的优越性。只有从目标驾驶员程序获得足够的数据($M > 30$),GMR 才能实现相对较低的误差(0.2°),超过 MBDA(0.8°)。图 3-10 展现了表 3-5 的试验 1 中 $M = 10$ 时的 SWA 预测结果,即使用充分驾驶员 1 和不充分驾驶

表3-5 驾驶员转向模型预测试验结果（RMSE/（°））

目标驾驶员样本数			10	20	30	40	50	60	70	80	90
试验1	驾驶员1到驾驶员2	MBDA-GMR	0.95	0.98	0.79	0.81	0.74	0.79	0.73	0.86	0.79
		GMR	6.35	6.26	0.29	0.28	0.29	0.25	0.25	0.22	0.22
试验2	驾驶员1到驾驶员3	MBDA-GMR	1.85	1.63	1.21	1.19	1.15	1.30	1.17	1.08	1.06
		GMR	3.54	0.30	0.29	0.23	0.23	0.18	0.17	0.16	0.19
试验3	驾驶员2到驾驶员1	MBDA-GMR	1.12	1.03	0.97	1.00	1.00	0.94	1.00	0.92	0.91
		GMR	9.91	4.29	0.27	2.77	0.27	0.21	0.18	0.18	0.20
试验4	驾驶员2到驾驶员3	MBDA-GMR	1.11	1.01	0.96	0.92	0.79	0.95	0.83	0.79	0.82
		GMR	14.41	2.61	3.90	3.18	1.12	0.34	1.23	0.47	0.26
试验5	驾驶员3到驾驶员1	MBDA-GMR	0.60	0.51	0.61	0.47	0.50	0.49	0.39	0.50	0.46
		GMR	9.12	4.18	3.75	1.89	1.33	1.79	0.22	1.10	0.24
试验6	驾驶员3到驾驶员2	MBDA-GMR	17.58	5.11	5.30	2.61	5.40	2.37	1.22	2.10	0.27
		GMR	0.96	0.94	0.96	0.96	0.92	0.90	0.88	0.87	0.87

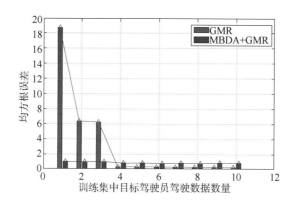

图3-9 两种方法在不同 M 下的预测结果（驾驶员1和驾驶员2）比较

（附彩图）

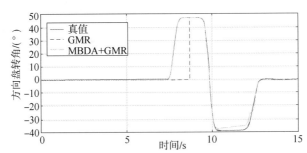

图 3-10　在 $M=10$ 时的方向盘操控量的预测结果（驾驶员 1 到驾驶员 2）

（附彩图）

员 2 的数据预测驾驶员 2 的 SWA。在本试验中，MBDA 对驾驶员 2 的 SWA 进行了预测，其误差（RMSE）低于未进行迁移学习的 GMR。即使在训练集中使用的目标驾驶员驾驶数据很少的情况下，驾驶员转向模型也具有良好的性能，并且随着模型训练过程中使用的目标驾驶员数据量的增加，驾驶员转向模型的误差减小。虽然仅使用 GMR 模型就可以在目标驾驶员驾驶数据充足的情况下取得非常好的性能，但其对应数据采集成本较高，RMSE 在 0.6°左右得到改善。

即使在训练集中使用的目标驾驶员驾驶数据很少的情况下，驾驶员转向模型也具有良好的性能，并且随着模型训练过程中使用的目标驾驶员数据量的增加，驾驶员转向模型的误差减小。虽然仅使用 GMR 模型就可以在目标驾驶员驾驶数据充足的情况下取得非常好的性能，并且与迁移学习方法相比有 0.6°误差（RMSE）的优势，但所需的数据采集成本高昂。

3.4　基于流形对齐的模型自适应方法

3.4.1　问题定义

流形对齐（MA）算法从两个域中收集了两个数据集，分别是模拟域

(记为 $D^s = \{d_i^s\}_{i=1}^{N_s}$) 和现实域 (记为 $D^r = \{d_j^r\}_{j=1}^{N_r}$)。令 $d_i^s \in \mathbb{R}^{N_{d,s} \times 1}$ 和 $d_j^r \in \mathbb{R}^{N_{d,r} \times 1}$，具有维度 $(N_{d,s} + N_{d,r}) \times (N_s + N_r)$ 的联合数据集 D 可按下式列出：

$$D = \begin{bmatrix} D^s & 0 \\ 0 & D^r \end{bmatrix} \tag{3-96}$$

本节采用半监督流形对齐和核流形对齐两种方法进行知识的转移。然后，使用传输的数据对三个分类器进行训练，并将其应用于解决真实领域中的换道行为识别问题。以下小节将介绍两种流形对齐方法和分类器训练过程的详细信息。

3.4.2 基于 SMA 和 KEMA 的驾驶行为识别方法

3.4.2.1 基于半监督流形对齐的知识迁移方法

半监督流形对齐（semi-supervised manifold alignment，SMA）方法是流形对齐方法中的一种。该方法可以同时使用从一个或多个数据域中已采集的有标签数据和无标签数据，应用前文所述的迁移学习思路，实现不同驾驶员间数据共用，虚拟与现实间数据共用，实现驾驶模型的迁移。SMA 的整体流程可归纳为如图 3-11 所示的流程图。

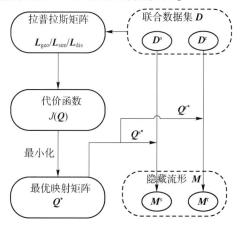

图 3-11 SMA 流程图

通过流形对齐方法，不同数据域中的数据将被映射到一个共同的隐藏空间，即黎曼几何中的流形。在本章所提出的基于迁移学习的驾驶行为分类模型自适应框架下，由仿真域和真实域数据映射到隐藏流形后流形中的数据可记为

$$M = [M^s, M^r] \tag{3-97}$$

式中，M^s，M^r——从原仿真域和真实域中映射后的数据。

这种映射关系可以由两个映射矩阵表示，对应于仿真域和真实域分别记为 Q^s 和 Q^r。将仿真域和真实域的映射矩阵 Q^s 和 Q^r 组合为一个联合映射矩阵，记为

$$Q = \begin{bmatrix} Q^s \\ Q^r \end{bmatrix} \tag{3-98}$$

SMA 算法的优化目标是找到一个最优的映射矩阵，使得如下所示的损失函数达到最小化：

$$J(Q) = \frac{\mu J_{geo}(Q) + J_{sim}(Q)}{J_{dis}(Q)} \tag{3-99}$$

式中，μ——用于调整各子损失函数权重占比的权重参数；

$J_{geo}(Q)$，$J_{sim}(Q)$，$J_{dis}(Q)$——子损失函数。

在 SMA 的子损失函数中，$J_{geo}(Q)$ 称为几何损失函数，其主要作用是使得在数据映射前后，同一个数据域中数据的局部几何关系尽量保持一致。换句话说，就是原来在同一个数据域中相邻的数据，在映射到隐藏的流形后依然是互相接近的。$J_{sim}(Q)$ 称为相似损失函数，可通过最小化相似损失函数来使得从相同（或不同）数据域中映射到流形的数据按照标签对齐，即使得流形中有相同标签的数据尽量接近。类比于相似损失函数 $J_{sim}(Q)$，$J_{dis}(Q)$ 称为差异损失函数，其可通过最大化差异损失函数来使得从相同（或不同）数据域中映射到流形的数据按照不同标签分开，即使得流形中有不同标签的数据尽量相互远离。

结合 $J_{geo}(Q)$、$J_{sim}(Q)$ 与 $J_{dis}(Q)$ 的表达式，SMA 的损失函数可表示为

$$Q^* = \arg\min_Q J(Q)$$
$$= \arg\min_Q \left(\frac{\mathrm{tr}(Q^T D(\mu L_{\mathrm{geo}} + L_{\mathrm{sim}})D^T Q)}{\mathrm{tr}(Q^T D L_{\mathrm{dis}} D^T Q)} \right) \quad (3-100)$$

通常求解上述最优化问题的方法是将 $J(Q)$ 对 Q 求导，并令导数为0。然而由于该损失函数 $J(Q)$ 的特殊形式，上述最优化问题等价于一个广义特征值分解问题：

$$D(\mu L_{\mathrm{geo}} + L_{\mathrm{sim}})D^T q_i = \lambda_i D L_{\mathrm{dis}} D^T q_i \quad (3-101)$$

式中，q_i——对应于特征值 λ_i 的特征矢量。

求解上述特征值问题，即要找到 N_d 个最小的非零特征值及其对应的 N_d 个特征矢量。假设 $\lambda_1, \lambda_2, \cdots, \lambda_{N_d}$ 是前 N_d 个最小的特征值，则可根据其对应的特征矢量构建最优映射矩阵如下：

$$Q^* = [q_1, q_2, \cdots, q_{N_d}]$$

$$= \begin{bmatrix} q_{1,1} & \cdots & q_{N_d,1} \\ \vdots & & \vdots \\ q_{1,N_{d,s}} & \cdots & q_{N_d,N_{d,s}} \\ \hline q_{1,N_{d,s}+1} & \cdots & q_{N_d,N_{d,s}+1} \\ \vdots & & \vdots \\ q_{1,N_{d,s}+N_{d,r}} & \cdots & q_{N_d,N_{d,s}+N_{d,r}} \end{bmatrix}$$

$$= \begin{bmatrix} Q^{s*} \\ Q^{r*} \end{bmatrix} \quad (3-102)$$

式中，N_d——隐藏流形中的数据维度。N_d 可以根据分类需求进行设置，但须满足条件 $1 \leq N_d \leq N_{d,s} + N_{d,r}$。

当以上过程完成后，就得到了最优映射矩阵 Q^*，即可将仿真域的数据与真实域的数据直接映射到同一个隐藏流形中，方法如下：

$$M = [M^s, M^r] = (Q^*)^T D \quad (3-103)$$

如此，SMA 已完成，即可使用流形 M 进行后续的分类器训练过程。

3.4.2.2 基于核流形对齐的知识迁移方法

在应用于分类问题的迁移学习时，SMA 对于线性可分的数据效果较好。然而在实际应用中，数据线性可分的情况十分少见。因此，当应用于非线性的分类问题时，需要由非线性的方法去解决，而核流形对齐（KEMA）就是这样的方法。

KEMA 流程示意如图 3-12 所示。作为一种核方法，KEMA 可以将原始数据非线性地变换到一个高维的特征空间（希尔伯特空间）使得源非线性数据转换为线性可分的数据；之后，通过一个线性变换，将不同数据域的数据从特征空间中线性地映射到同一个隐藏流形，从而保留高维空间中的线性性质。在隐藏流形中建立驾驶行为分类模型，即可实现驾驶行为分类模型自适应。

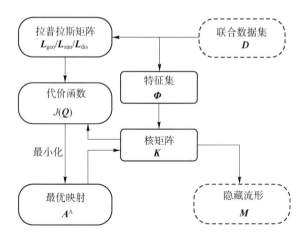

图 3-12 KEMA 流程示意

具体而言，KEMA 中可定义一个函数 $\phi_k(\cdot): d_i^k \to \phi_k(d_i^k)$，其中 $k \in \{s, r\}$，该函数用于将原始空间中的维度为 $N_{D,k} \times 1$ 的数据转换到维度为 $N_{H,k} \times 1$ 的特征空间中。假设分别对仿真域数据和真实域数据进行上述转换过程，可以得到以下两个特征矩阵：

$$\begin{cases} \boldsymbol{\Phi}^s = [\phi_s(\boldsymbol{d}_1^s), \cdots, \phi_s(\boldsymbol{d}_{N_s}^s)] \in \mathbb{R}^{N_{H,s} \times N_s} \\ \boldsymbol{\Phi}^r = [\phi_r(\boldsymbol{d}_1^r), \cdots, \phi_r(\boldsymbol{d}_{N_r}^r)] \in \mathbb{R}^{N_{H,r} \times N_r} \end{cases} \quad (3-104)$$

可将其组成一个联合特征集,如下:

$$\boldsymbol{\Phi} = \begin{bmatrix} \boldsymbol{\Phi}^s & \boldsymbol{0} \\ \boldsymbol{0} & \boldsymbol{\Phi}^r \end{bmatrix} \quad (3-105)$$

假设在高维的特征空间中对特征集进行流形对齐,其目标与 SMA 类似,也是找到一个最优的映射矩阵,从特征空间映射到隐藏流形,其他条件不变。于是,可以通过将 SMA 损失函数中的 $\boldsymbol{D}$ 和 $\boldsymbol{Q}$ 直接替换为 $\boldsymbol{\Phi}$ 和 $\boldsymbol{G}$,即可得到新的最优映射矩阵求解方法:

$$\begin{aligned} \boldsymbol{G}^* &= \arg\min_{\boldsymbol{G}} J(\boldsymbol{G}) \\ &= \arg\min_{\boldsymbol{G}} \left\{ \frac{\mathrm{tr}(\boldsymbol{G}^T \boldsymbol{\Phi}(\mu \boldsymbol{L}_{\mathrm{geo}} + \boldsymbol{L}_{\mathrm{sim}}) \boldsymbol{\Phi}^T \boldsymbol{G})}{\mathrm{tr}(\boldsymbol{G}^T \boldsymbol{\Phi} \boldsymbol{L}_{\mathrm{dis}} \boldsymbol{\Phi}^T \boldsymbol{G})} \right\} \end{aligned} \quad (3-106)$$

与 SMA 类似,上述最优化问题等价于如下广义特征值分解问题:

$$\boldsymbol{\Phi}(\mu \boldsymbol{L}_{\mathrm{geo}} + \boldsymbol{L}_{\mathrm{sim}}) \boldsymbol{\Phi}^T \boldsymbol{g}_i = \lambda_i \boldsymbol{\Phi} \boldsymbol{L}_{\mathrm{dis}} \boldsymbol{\Phi}^T \boldsymbol{g}_i \quad (3-107)$$

式中,λ_i——上述广义特征值分解问题的第 i 个特征值;

$\boldsymbol{g}_i$——λ_i 对应的特征矢量。

将以上求解所得的特征矢量组合为一个矩阵,即可得到新的最优映射矩阵,即

$$\boldsymbol{G}^* = [\boldsymbol{g}_1, \boldsymbol{g}_2, \cdots, \boldsymbol{g}_{N_H}] \quad (3-108)$$

式中,N_H——所选取的特征值最小的非零特征值个数,也是隐藏流形中的数据维度。

与 SMA 类似,$\boldsymbol{G}^*$ 中的特征矢量是与所选择的特征值对应的特征矢量。同样,N_H 可以根据分类需求自行设置,须满足条件 $1 \leqslant N_H \leqslant N_{H,s} + N_{H,r}$。

将全部 N_H 个特征值整合为一个矩阵

$$\boldsymbol{\Lambda} = \mathrm{diag}[\lambda_1, \lambda_2, \cdots, \lambda_{N_H}] \quad (3-109)$$

将式 (3-109) 代入式 (3-107),整理得到

$$\boldsymbol{\Phi}(\mu L_{\text{geo}} + L_{\text{sim}})\boldsymbol{\Phi}^{\text{T}} G^* = \boldsymbol{\Phi} L_{\text{dis}} \boldsymbol{\Phi}^{\text{T}} G^* \Lambda \qquad (3-110)$$

如果直接求解上述广义特征值分解问题，则需要事先显式给出特征矩阵 $\boldsymbol{\Phi}$。然而，特征空间的维度通常较高，直接计算会带来十分巨大的计算量，消耗大量的时间以及资源，甚至对于某些映射函数，特征空间维度可以达到无穷维，理论上无法直接计算出结果。为了解决此问题，通常采用一种名为"核技巧"的方法，以避免直接对特征空间中的高维样本进行计算。核技巧的思想在于通过一些矩阵变换，将原本显式的特征空间矢量变为矢量内积的形式，从而将高维的矢量变为一维的标量形式，以隐式的表示方式避免显式的计算，从而大大提高计算效率。

在 KEMA 中，核矩阵定义为

$$\boldsymbol{K} = \boldsymbol{\Phi}^{\text{T}} \boldsymbol{\Phi} \qquad (3-111)$$

将核矩阵代入损失函数，得到一个新的形式：

$$\boldsymbol{\Phi}^{\text{T}} \boldsymbol{\Phi} (\mu L_{\text{geo}} + L_{\text{sim}}) \boldsymbol{\Phi}^{\text{T}} \boldsymbol{\Phi} A^*$$
$$= \boldsymbol{\Phi}^{\text{T}} \boldsymbol{\Phi} L_{\text{dis}} \boldsymbol{\Phi}^{\text{T}} \boldsymbol{\Phi} A^* \Lambda$$
$$\Rightarrow \boldsymbol{K}(\mu L_{\text{geo}} + L_{\text{sim}}) \boldsymbol{K} A^* = \boldsymbol{K} L_{\text{dis}} \boldsymbol{K} A^* \Lambda \qquad (3-112)$$

现在，通过核函数定义得到了核矩阵 $\boldsymbol{K}$，通过广义特征值分解得到了 A^*，原始数据即可通过下式映射到隐藏流形中：

$$\boldsymbol{M} = (G^*)^{\text{T}} \boldsymbol{\Phi} = (A^*)^{\text{T}} \boldsymbol{\Phi}^{\text{T}} \boldsymbol{\Phi} = (A^*)^{\text{T}} \boldsymbol{K} \qquad (3-113)$$

如此，KEMA 已完成。与 SMA 类似，映射到隐藏流形中的数据是根据相似性对齐后的数据，可直接用于训练分类器，从而建立驾驶行为分类模型。

3.4.2.3 分类器训练方法

本书所提出的基于迁移学习的驾驶行为分类模型自适应框架用于解决分类问题，以换道行为识别问题中仿真到真实场景迁移为例。不论是通过 SMA 还是通过 KEMA 完成迁移，原来的仿真域数据与真实域数据均已映射至隐藏流形 $\boldsymbol{M}$。

根据之前 SMA 与 KEMA 的方法介绍，隐藏流形 $\boldsymbol{M}$ 包含仿真域数据与真实域数据。由于已经过流形对齐，数据分布已经针对分类问题进行了相应的处理，故隐藏流形中的数据已可以直接用于分类器训练。此处，常用的分类器均可直接使用，包括但不限于 SVM、LR 等。

3.4.2.4 基于 SMA 和 KEMA 的驾驶行为识别实例分析

与驾驶行为回归模型自适应方法类似，为了对本章所提出的基于迁移学习的驾驶行为分类模型自适应方法进行充分验证，接下来将基于第 2 章所介绍的数据采集方法，分别在仿真环境与真实环境下进行试验数据采集与处理。为了验证所提出的框架，在此以仿真环境到真实环境下的模型自适应问题为例，主要选择有较多横向驾驶行为的换道场景，针对换道场景设计仿真试验，采集多位驾驶员的驾驶行为数据；同时，在真实环境下采集多位驾驶员的实车数据，结合公开数据集中的真实数据，对不同驾驶员间的驾驶行为模型自适应问题进行研究。

本节将使用 2.2 节中所介绍的两种分类器，对本节所提出的基于迁移学习的驾驶行为分类模型自适应框架进行验证；所使用的真实环境数据集采集自公开数据集 UAH – DriveSet，仿真环境数据集采集自驾驶模拟器；在仿真数据集与真实数据集中，只包含与如图 3.1 所示的左换道场景相关数据。图 3 – 13 为整个换道过程中车辆航向角与车辆轨迹变化示意图，其中车道保持（LK）行为与换道（LC）行为在图中进行了标注。由图中信息可知，当换道开始时，车辆的航向角迅速减小（车头向左偏），车辆驶入左边的车道。当车辆航向角重新回到 0 后，换道过程结束，车辆切换到原车道左边的车道。在整个过程中，换道阶段所采集的数据被标记为 LC，其余阶段所采集的数据被标记为 LK。

本节中所使用的仿真数据集中包含 3 位驾驶员，每位驾驶员采集 4 组数据，每组数据有 1000 个样本点，共计 12 000 个样本点；而真实数据集仅有 2800 个与换道相关的数据样本点。在使用所采集的数据进行试验前，为了使得数据样本 d_t 的所有特征量有相同的权重，对每个特征分别进行了归一化处理。本节中所进行的归一化过程是将每个特征按照如下方法转换为 $-1 \sim 1$ 之间：

$$\text{norm}(\boldsymbol{d}_t) = \frac{2(\boldsymbol{d}_t - 0.5(\boldsymbol{d}_{\max} + \boldsymbol{d}_{\min}))}{\boldsymbol{d}_{\max} - \boldsymbol{d}_{\min}} \quad (3-114)$$

式中，$\boldsymbol{d}_{\max}$，$\boldsymbol{d}_{\min}$ ——特征中的最大值和最小值。

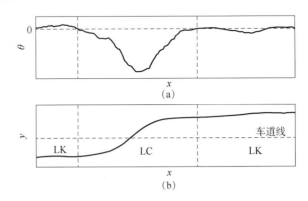

图 3 – 13　车辆航向角与车辆轨迹示意图
(a) 车辆航向角；(b) 车辆轨迹

在接下来的试验中，$\text{norm}(\boldsymbol{d}_t)$ 将用来代替 $\boldsymbol{d}_t$。经过归一化后的原始数据如图 3 – 14 所示。x_h 和 y_h 表示本车的纵向和横向位置，x_f 为前车的纵向距离。θ_h、v_h 分别表示本车的航向角和速度。

3.4.2.5　仿真环境到真实环境的数据迁移试验验证与分析

为了构成节中所提出的基于迁移学习的驾驶行为分类模型自适应框架应用场景，本试验选择的所有仿真环境数据都是有标签的，而只选择一部分真实场景数据保留其标签，将另一部分真实场景数据在迁移与建模阶段去掉其标签作为无标签数据使用。为了测试本节提出的基于迁移学习的驾驶行为分类模型自适应框架的知识迁移能力，本试验选择了四种测试用例，其真实环境下的有标签数据量分别为 30、60、100、200 个样本。

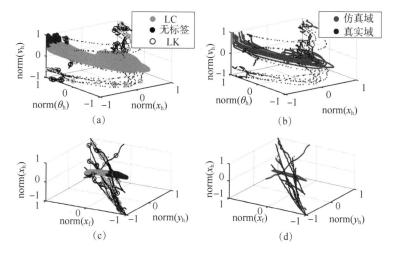

图 3-14 归一化后的原始数据示意图（附彩图）

（a）原始数据标签示意图（前三维度）；（b）原始数据域示意图（前三维度）；
（c）原始数据标签示意图（后三维度）；（d）原始数据域示意图（后三维度）

框架中，对于 KEMA 方法，可以选择不同的核函数。为了测试不同核函数对方法效果的影响，本试验选择了三种常用的核函数进行比较，定义如下：

$$k_{\text{linear}}(\bm{d}_i, \bm{d}_j) = \bm{d}_i^{\text{T}} \bm{d}_j \tag{3-115}$$

$$k_{\text{polynomial}}(\bm{d}_i, \bm{d}_j) = (\bm{d}_i^{\text{T}} \bm{d}_j + b)^2 \tag{3-116}$$

$$k_{\text{RBF}}(\bm{d}_i, \bm{d}_j) = \exp\left(-\frac{\|\bm{d}_i - \bm{d}_j\|^2}{2\sigma^2}\right) \tag{3-117}$$

式中，$k_{\text{linear}}(\cdot), k_{\text{polynomial}}(\cdot), k_{\text{RBF}}(\cdot)$——核函数，分别为线性（linear）核、多项式（polynomial）核和径向基（radial basis function, RBF）核。

核函数的数值构成核矩阵 $\bm{K}$ 的对应位置元素。当 KEMA 使用线性核时，其算法本质上和 SMA 相同。

在本试验中，对核函数参数 b、σ 的取值参见文献[47]的取值方法，将其设定为默认数值。完成数据迁移后，仿真环境数据集和真实环境数据集被映射到一个共同的隐藏流形。在此隐藏流形里,这些数据基于 KEMA 或 SMA 算法按照特征和标签进行对齐,从而使所有现存标签得到共享。上述基于 SMA 和 KEMA 的数据迁移结果如图 3-15 所示,该结果以 60 个有标签真实数据样本为例,展示了数据在隐藏流形中的对齐情况。相较于图 3-14 中所示原始数据,迁移后的数据中仿真域与真实域数据有类似的几何分布,并且按照这些分布特点进行对齐。此外,不同标签数据被一定程度地分开,标签相同的数据相对接近,为训练分类器打下基础。注意,映射到隐藏空间中的数据维度较高,对于 KEMA-linear(或 SMA)理论上可到 10 维,甚至对 KEMA-polynomial 和 KEMA-RBF 而言维度会更高。此处,为了便于展示,图中只取了其中的前三个维度。

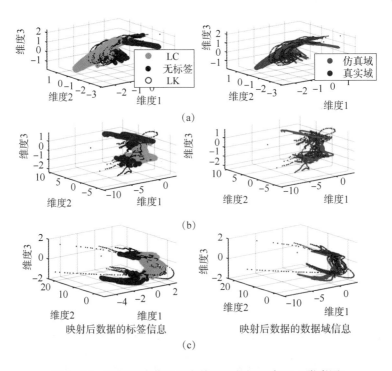

图 3-15 映射到隐藏空间中的迁移数据示意图(附彩图)

(a) SMA, KEMA-linear;(b) KEMA-polynomial;(c) KEMA-RBF

3.4.2.6 驾驶行为分类模型建模试验验证与分析

在完成数据迁移过程后,将隐藏流形中仿真环境数据的标签共享给真实环境数据,原本只有少量标签的真实环境数据集就得到了补充,足以完成后续的分类建模过程。基于本节提出的基于迁移学习的驾驶行为分类模型自适应框架,分类器将在隐藏流形中进行训练,且可以根据应用场景灵活选用合适的分类器。

本试验选用 LR 和 SVM 两种分类器进行数据分类。在完成分类器训练过程后,可使用未用于训练模型的真实环境数据对训练好的分类器进行测试,从而验证本节提出的基于迁移学习的驾驶行为分类模型自适应框架的有效性。对于每种测试用例,本试验分别进行 10 次重复试验,并取 10 次试验结果的平均值作为最终结果,以排除偶然误差造成的影响。在每次试验中,所使用的已知真实环境数据是从完整的真实环境数据集中随机采样得到的,样本点约有 2800 个,其余数据用于对训练好的分类器进行测试。

以 60 个真实环境下的数据样本为例,通过驾驶行为分类模型自适应得到的分类器的分类结果如图 3-16 所示,图中每个方法的分类结果表示为沿着时间轴上的二值序列,其中 0 表示标签 LK,1 表示标签 LC。为了更好地展现本节提出的框架中数据迁移的作用,本试验加入了两种无迁移的情况进行对比:WT-SR 表示仅使用仿真环境数据进行分类建模,用该模型对真实环境的驾驶行为进行分类;WT-RR 表示仅使用已有的少量真实环境数据进行分类建模,用该模型对真实环境的驾驶行为进行分类。从图中展示的分类结果可以看出,数据迁移过程对本试验所使用的两种分类器的分类效果均有提升作用。与 WT-SR 和 WT-RR 这两种无迁移方法相比,经过迁移学习过程的各个非线性方法预测结果在多数情况下更加接近真实的驾驶员驾驶行为。相比之下,KEMA-linear(即 SMA)的效果较差,但 KEMA-poly 和 KENA-RBF 对两种分类器的分类效果提升较大,尤其是对 LR 的提升十分明显。

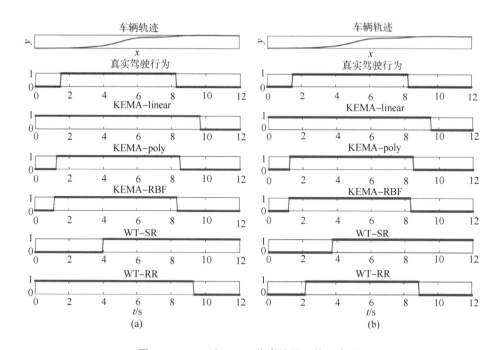

图 3-16 LR 和 SVM 分类结果二值示意图

(a) LR 分类结果二值示意图;(b) SVM 分类结果二值示意图

至此,本试验已在一定程度上验证了基于迁移学习的驾驶行为分类模型自适应框架的有效性,但仍缺乏对框架形成的不同迁移方法和传统无迁移方法的系统对比。为了详细了解各方法的特性,本试验对多种情况进行组合,以进行对比。对于每种分类器,本试验考虑了 3 种迁移学习方法——SMA、KEMA - polynomial 和 KEMA - RBF,将其与 3 种无迁移方法进行对比。其中,WT - SR 和 WT - RR 这两种无迁移方法已在前文中介绍,此处新增的无迁移情况记为 WT - SS,表示使用大量仿真环境数据进行分类器训练,并根据此分类器在仿真环境下进行驾驶行为识别的情况。

驾驶行为识别问题中,错误率是指错误识别的样本占总识别样本的百分比。KEMA 的超参数 N_H(核函数为线性核时退化为 SMA,超参数为 N_d)决定了隐藏流形的维度,且可以根据实际问题需求进行手动调整。其中，N_d 最大可取原始数据维度的 2 倍，在本试验中最大可取 10；N_H 在使用非线性核函数方法时没有取值限制。由于只能展示有限维度的结果，且在更高维度下错误率无法下降，因此本试验只选择前 15 个维度的试验结果进行展示。为了保证试验结果的有效性，避免偶然误差产生的影响，本试验中每个错误率结果的计算均为 10 次重复试验的均值。

WT – SS 和 WT – SR 同样基于仿真环境数据训练，其中 WT – SS 在仿真环境下测试，而 WT – SR 在真实环境下测试。如图 3 – 17、图 3 – 18 所示，WT – SR 的错误率在所有情况下均在 60% 左右，为效果最差的方法；相比之下，WT – SS 的错误率非常低，在 15% 左右。上述结果表明，虽然用仿真环境数据训练的分类器在仿真环境下的分类效果较好，但无法在真实环境下使用，这也是本节提出需要进行知识迁移的原因。

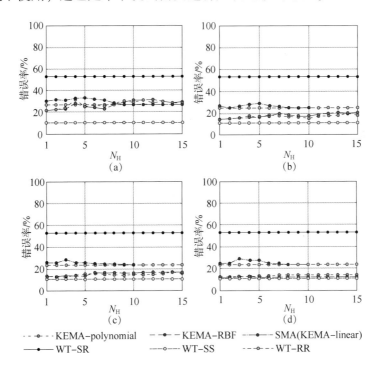

图 3 – 17　LR 分类结果对比（附彩图）

(a) 30 样本点；(b) 60 样本点；(c) 100 样本点；(d) 200 样本点

在迁移学习的帮助下,知识可以从仿真环境迁移到真实环境。正因如此,相较于 WT–RR,KEMA–polynomial 和 KEMA–RBF 方法均可以通过迁移学习来降低真实环境下驾驶行为识别的错误率。然而,根据本试验结果,SMA(KEMA–linear)在大多数情况下的分类效果并不好。这主要是因为,本试验所用的原始驾驶行为数据是线性不可分的,这导致采用线性方法的分类效果较差;而非线性的核函数(如多项式核和 RBF 核)可以将原始数据映射到高维的希尔伯特空间,从而提高数据的可分性。由图 3–17 和图 3–18 所示的结果可以看出,随着分类建模所使用的维度升高,各分类器的最终效果并没有提升。实际上,效果最好的维度在前 3 个(或更少)维度中。

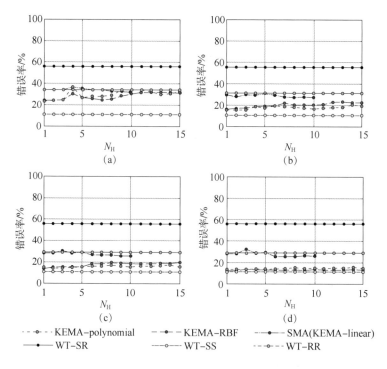

图 3–18 SVM 分类结果对比(附彩图)

(a) 30 个样本点;(b) 60 个样本点;(c) 100 个样本点;(d) 200 个样本点

在不同情况下，各分类器的分类错误率如表 3-6 所示。可以看到，随着有标签真实数据数量的提升（30，60，100，200），所有基于迁移学习算法的方法分类结果错误率均显著下降。这是因为，随着迁移学习所使用的有标签真实数据数量上升，数据中所包含的几何分布信息量也提高。这一类几何分布信息可用于隐藏流形中的数据对齐，因此更多的几何分布信息意味着更好的流形对齐结果，也就意味着可以提升真实环境下分类器的分类效果。在所有的测试用例中，KEMA – RBF 和分类器 LR 的组合表现均最佳，且在 200 个有标签真实环境数据下可以将用于测试的真实环境数据错误率下降至最低（11.49%），甚至当真实环境数据量极少（如 30 个）时，上述组合的错误率还能保持在 21% 左右，依然低于 WT – RR 的 27%。

表 3-6 各方法分类结果错误率   %

方法	30		60		100		200	
	SVM	LR	SVM	LR	SVM	LR	SVM	LR
SMA	31.90	27.14	27.83	24.79	26.64	23.76	25.59	23.60
KEMA – RBF	24.39	21.89	16.24	14.70	14.76	13.03	12.40	11.49
KEMA – polynomial	23.78	21.97	16.06	15.05	14.70	13.16	13.41	12.32
WT – SR	56.09	53.20	55.98	53.17	56.02	53.16	56.02	53.15
WT – RR	34.19	27.09	31.29	25.01	29.79	23.76	28.63	23.89

本试验显示出了 LR 优秀的分类能力，这主要与 LR 与 SVM 分类原理不同有关。两种方法的具体原理如 3.1 节所述，其中 LR 是一种通过拟合有标签数据来找到决策边界的模型，而 SVM 是通过最大化间隔来找到决策边界的模型。驾驶行为数据通常是连续的时间序列，不同标签的特征点之间间隔较小且非线性较强，这对于假设去掉一部分误分类点后线性可分的软间隔最大化 SVM 来说较难处理。相比 SVM 而言，LR 是通过拟合数据实现的，受决策边界附近的混杂的不同标签样本影响较小。本试验中在数据边界处 LC 和 LK 的区分不够明显，且有可能受噪声（或扰动）影响，更加适于用 LR 分类，故 LR 的分类效果比 SVM 更好。

综合以上试验结果可知,虽然 SMA 的效果不够好,但有非线性核函数的 KEMA 方法确实可以提高真实环境下的分类器效果,且优于仅由仿真环境数据训练的分类器和仅由少量真实环境数据训练的分类器。因此,迁移学习提供了一种新的充分利用仿真环境数据的思路,有望进一步填补仿真环境与真实环境之间的沟壑。

3.4.3 基于 DTW – LPA 的操作轨迹预测方法

如图 3 – 4 所示,基于迁移学习的驾驶行为回归模型自适应框架是从数据层面实现源域到目标域迁移的。在本节中,与前文的框架介绍部分保持一致,以换道场景中不同驾驶员间驾驶行为模型迁移为例,对基于迁移学习的驾驶行为回归模型自适应框架中的各种方法进行详细介绍,主要包括数据降维方法、基于动态时间规整(dynamic time warping,DTW)的对应点获取方法、基于局部普氏分析(local Procrustes analysis,LPA)的数据迁移方法和基于 GMM – GMR 的驾驶行为回归模型建模方法。

1. 数据降维方法

首先是数据降维方法。如第 2.1 节所述,本书中对于换道场景所建立的模型是一种状态 – 行为模型,故对于所有驾驶员的驾驶行为数据采集需要分别对系统状态和驾驶员驾驶行为同时进行采集。其中,在换道场景中,系统状态各维度定义如下:

$$s_t = [x_{h,t}, y_{h,t}, v_{h,t}, \theta_{h,t}, a_{h,t}, x_{o,t}, y_{o,t}, v_{o,t}]^T \quad (3-118)$$

式中,$x_{h,t}, y_{h,t}$ ——本车的纵向位移与横向位移;

$\theta_{h,t}$ ——本车的航向角;

$v_{h,t}$ ——本车速度;

$a_{h,t}$ ——本车纵向加速度;

$x_{o,t}, y_{o,t}, v_{o,t}$ ——他车的纵向位移、横向位移、速度。

系统状态是 2.1 节中所述的驾驶行为回归模型的输入。由于涉及数据层面的迁移,在基于迁移学习的驾驶行为回归模型自适应框架里,系统状态需要进行降维处理,故降维后的系统状态才是本节中驾驶行为模型的直接输入。

驾驶员的驾驶行为是驾驶行为模型的直接输出,在换道场景中,由于驾驶员对方向盘的操控量对于能否成功换道有着重要影响,故本节中的驾驶行为量定义为当前时刻 t 的方向盘转角,即

$$\boldsymbol{a}_t = [\delta_t] \quad (3-119)$$

根据上述定义,可以看到系统的状态量有较高的维度。如果将这样的数据直接用于数据迁移并建模,会存在两个问题:其一,原始高维数据没有经过特征提取和选择,可能存在无关特征使得在后续迁移和建模中产生奇异问题,还可能对最终模型预测的精度造成负面影响;其二,数据维度过高会大大增加迁移与建模过程的计算量,使得时间成本过高。另外,3.3.1 中提出的基于迁移学习的驾驶行为回归模型自适应框架并不要求源域数据与目标域数据中系统特征的维度相同,当源域数据与目标域数据维度不同时不能直接进行数据迁移,而降维过程可以从源域数据和目标域数据中提取相同维度的特征。考虑到上述因素,本方法在进行数据迁移前需要对源驾驶员和目标驾驶员数据进行数据降维。

目前,已有许多方法可以实现数据降维与特征提取,本节所提出的基于迁移学习的驾驶行为回归模型自适应框架也并未对方法类型有特别限制。作为示例,本节选择主成分分析(principal component analysis, PCA)。PCA 是一种标准的高维数据降维方法,已广泛应用于图像处理和时序信号处理。求解 PCA 算法的优化目标是方差最大化,通过原特征空间中的数据分布情况找到方差最大的几个方向作为新的特征。具体而言,首先定义自协方差矩阵为

$$\boldsymbol{\Sigma} = \frac{1}{N} \sum_{t=1}^{N} (\boldsymbol{s}_t - \bar{\boldsymbol{s}})(\boldsymbol{s}_t - \bar{\boldsymbol{s}})^{\mathrm{T}} \quad (3-120)$$

式中,N——数据集样本数量;

$\bar{\boldsymbol{s}}$——数据集所有状态矢量的均值矢量,通过下式计算:

$$\bar{s} = \frac{1}{N} \sum_{t=1}^{N} s_t \qquad (3-121)$$

在已有协方差矩阵的情况下，可以通过计算协方差矩阵的特征矢量来求解 PCA 问题，且协方差矩阵的特征矢量满足下式：

$$\boldsymbol{\Sigma} \boldsymbol{u}_d = \lambda_d \boldsymbol{u}_d \qquad (3-122)$$

式中，$\boldsymbol{u}_d$——协方差矩阵 $\boldsymbol{\Sigma}$ 的第 d 个特征矢量，对应于协方差矩阵 $\boldsymbol{\Sigma}$ 的第 d 个特征值 λ_d。

由式（3-15）可知，协方差矩阵的特征矢量与特征值可以通过矩阵的特征值分解方法计算得到。综合考虑建模需求与数据情况，选择 D 个最大的特征值，可以按大小降序排列为 $\lambda_1, \lambda_2, \cdots, \lambda_D$。相应地，按照此顺序将特征值对应的特征矢量排列为一个矩阵：

$$\boldsymbol{U} = [\boldsymbol{u}_1, \boldsymbol{u}_2, \cdots, \boldsymbol{u}_D]^\mathrm{T} \qquad (3-123)$$

基于此矩阵，可以对原状态矢量进行如下变换：

$$\hat{\boldsymbol{s}}_t = \boldsymbol{U}(\boldsymbol{s}_t - \bar{\boldsymbol{s}}) \qquad (3-124)$$

如此，可以将原维度的状态矢量 $\boldsymbol{s}_t$ 变换到 D 维度的新状态矢量 $\hat{\boldsymbol{s}}_t$。通常，原状态矢量 $\boldsymbol{s}_t$ 的维度会大大低于新状态矢量 $\hat{\boldsymbol{s}}_t$，即可成功实现降维。

将降维后的新状态矢量 $\hat{\boldsymbol{s}}_t$ 作为驾驶行为模型输入，并与驾驶行为模型输出相结合，可得到增广特征矢量，用于后续的数据迁移和驾驶行为建模工作：

$$\boldsymbol{z}_t = [(\hat{\boldsymbol{s}}_t)^\mathrm{T} \boldsymbol{a}_{t+1}]^\mathrm{T} \qquad (3-125)$$

在本书提出的基于迁移学习的驾驶行为回归模型自适应方法中，数据分别采集自源域和目标域。因此，需要分别对源域和目标域使用上述方法进行数据降维，降维后的增广特征矢量在后面所述的迁移学习方法中分别记为 $\boldsymbol{z}_t^{\mathrm{so}}$ 和 $\boldsymbol{z}_t^{\mathrm{ta}}$。

2. 基于动态时间规整的对应点获取方法

动态时间规整（DTW）方法最初提出时是用于衡量两条时序轨迹的相似性的，并且可以将其在时间轴上互相对应。在 DTW 方法中，最重要的步骤就是找到一条的"规整路径"。在此规整路径上的点，通过最小化事先定义的损失函数，基于动态规划（dynamic programming，DP）方法求解此最优化问题，可以找到一条轨迹上相对于另一条轨迹对应的部分。DTW在定义损失函数时，是基于所有对应样本点间的距离定义的，而两点间的距离有多种衡量方法，本节所使用的欧氏距离是最常用的一种距离衡量方法。

本书在研究不同驾驶员间驾驶行为回归模型自适应时，上述的规整路径即用于寻找两位驾驶员间方向盘转角数值变化轨迹的对应点。如前文所述，对于迁移学习问题，源域的一个源驾驶员可采集到足够的数据用于建模，然而目标域的一个目标驾驶员只有少量数据。DTW 问题中，每个目标域的样本点至少对应一个源域样本点。当得到一个源驾驶员和一个目标驾驶员的规整路径后，沿规整路径的对应点也就明确了。为了求解 DTW 问题，从而得到源驾驶员与目标驾驶员的对应点，首先定义一个大小为 $N^{so} \times N^{ta}$ 的矩阵：

$$\boldsymbol{W} = \begin{bmatrix} w_{11} & \cdots & w_{1N^{ta}} \\ \vdots & & \vdots \\ w_{N^{so}1} & \cdots & w_{N^{so}N^{ta}} \end{bmatrix} \tag{3-126}$$

式中，每一个元素 $w \in \boldsymbol{W}$ 都是一个源驾驶员数据样本 z_i^{so} 和目标驾驶员数据样本 z_j^{ta} 的索引对，即

$$w = (i, j) \tag{3-127}$$

于是，DTW 的规整路径可以形式化地定义为

$$\boldsymbol{w} = (w_1, w_2, \cdots, w_L) \tag{3-128}$$

其中，同样有 $w_l \in \boldsymbol{W}$，且 $l = 1, 2, \cdots, L$。

为了得到规整路径，一种常用的方法是最小化相似性损失函数。本书中，DTW 所使用的相似性损失函数是基于欧氏距离定义的，定义为

$$J(w_l) = \sum_{t=l}^{L} \| z_{w_t}^{ta} - z_{w_t}^{so} \|^2 \tag{3-129}$$

式中，符号 $\|\cdot\|$ 表示欧几里得范数；当 $w=(i,j)$ 时，$z_{w_l}^{so}$ 与 $z_{w_l}^{ta}$ 分别定义为 z_i^{so} 与 z_j^{ta}。一个有效的 DTW 问题需满足以下 3 个条件：

- 连续条件：两个相邻索引对之差 $w_{l+1} - w_l \in \{(1,0),(0,1),(1,1)\}$。
- 边界条件：起点索引对 $w_1 = (1,1)$ 且终点索引对 $w_L = (N^{so}, N^{ta})$。
- 单调条件：对任意两个索引对 $w_l = (i,j)$ 和 $w_{l'} = (i',j')$，如果有 $l \geqslant l'$，则满足 $i \geqslant i'$ 且 $j \geqslant j'$。

在上述约束条件下，可以通过动态规划（DP）方法来迭代求解最优规整路径，动态规划方法所使用的贝尔曼公式如下：

$$\begin{aligned}
w_l^* &= \arg\min_{w \in W} \sum_{t=l}^{L} \| z_{w_t}^{ta} - z_{w_t}^{so} \|^2 \\
&= \arg\min_{w \in W} \left(\| z_{w_l}^{ta} - z_{w_l}^{so} \|^2 + \sum_{t'=l+1}^{L} \| z_{w_{t'}}^{ta} - z_{w_{t'}}^{so} \|^2 \right) \\
&= \arg\min_{w \in W} \left(\| z_{w_l}^{ta} - z_{w_l}^{so} \|^2 + J(w_{l+1}) \right)
\end{aligned} \quad (3-130)$$

求解上述动态规划问题所得到的规整路径中保留了源域数据与目标域数据的对应点信息。但这些对应点信息存在一个问题，就是 DTW 方法的直接所得的规整路径中，由于源驾驶员数据与目标驾驶员数据局部样本数量的差异，可能存在多个样本点对应一个样本点的情况。然而，后续数据迁移过程的启动条件要求所提供的对应点满足一一对应的关系，因此需要对 DTW 方法结果进行处理。

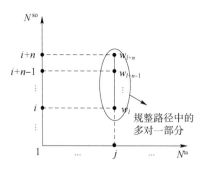

图 3-19 DTW 规整路径中的多对一情况示意图

由于源域中的源驾驶员数据量远大于目标域中的目标驾驶员数据量，即 $N^{so} \gg N^{ta}$，故在 DTW 的结果中，一个目标域数据点对应多个源域数据点的情况非常常见，如图 3-19 所示。

当出现该情况时，本书选取多个对应点的中间点（若为偶数个对应点，则选择两个中间点索引值较大的那个），用索引对的方式形式化地描述前文所述

关系为

$$w_l = (\lceil i + n/2 \rceil, j) \quad (3-131)$$

式中，符号「·⌉表示上取整。

当选取该中间点后，即可将其余对应于同一点的数据点从规整路径中删除。由于存在局部目标域数据点多于局部源域数据点的情况，故可能有多个目标域数据点对应于一个源域数据点的情况。这种情况较少见，也可以用上述方法进行处理。经过这样改造，规整路径可满足数据迁移所需的一对一条件。

假设经过改造的规整路径上有 N^{tr} 个索引对，则提取这些索引对对应的源驾驶员数据点和目标驾驶员数据点，对数据点重新编号，组成新的源域数据集 $\mathbf{Z}^{so} = \{z_i^{so}\}_{i=1}^{N^{tr}}$ 和目标域数据集 $\mathbf{Z}^{ta} = \{z_j^{ta}\}_{j=1}^{N^{tr}}$。此时由于经过了重新编号，因此当满足 $i=j$ 时，样本 z_i^{so} 与 z_j^{ta} 是对应点。

3. 基于局部普氏分析的数据迁移方法

经过上述 DTW 步骤，基于迁移学习的驾驶行为回归模型自适应框架中的下一步就是基于 DTW 得到的对应点将源域数据迁移至目标域。假设有源域数据集 $\mathbf{Z}^{so}$ 和目标域数据集 $\mathbf{Z}^{ta}$，为了将源域数据迁移至目标域处，本书提出的框架使用了一种流形对齐方法——局部普氏分析（LPA）。LPA 是以普氏分析（PA）方法为基础的拓展方法。PA 可以通过源域与目标域数据之间的关系，通过线性变换实现迁移；而 LPA 是一种非线性方法，可以找到源域数据与目标域数据间的非线性关系，并基于此关系实现源域到目标域的数据迁移。

通常，对于数据驱动的模型，想要从数据的整体分布上描述数据间的非线性关系是困难且低效的。为了实现非线性数据的高效迁移，LPA 采用了一种分段线性的思想：假设数据分布是局部线性的，并多次应用线性的 PA 算法进行局部线性迁移，从而逼近源域与目标域数据之间的整体非线性关系。在这种思想的指导下，LPA 需要将整体的源域划分为多个小区域，并且找到每个小区域的线性映射关系。如图 3-20 所示，通过高斯混

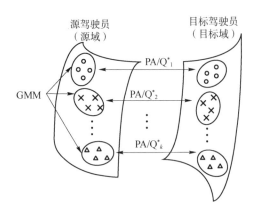

图 3-20 LPA 数据迁移示意图

合模型对源域数据聚类,可以将源域数据分为多个小区域。在第 2 章中已介绍过 GMM,但前文中只用于配合 GMR 进行驾驶行为回归模型建模。用于聚类时,GMM 根据训练得到的参数将每一个高斯成分对应一个聚类。GMM 对源域数据进行聚类时数学描述为

$$p(z_i^{so}) = \sum_{k=1}^{K} \pi_k \mathcal{N}(z_i^{so} \mid \boldsymbol{\mu}_k^{so}, \boldsymbol{\Sigma}_k^{so}) \qquad (3-132)$$

式中,$p(z_i^{so})$ ——点 z_i^{so} 处的概率密度;

$\mathcal{N}(\cdot)$ ——高斯分布的概率密度函数;

K ——GMM 的高斯成分数量;

$\pi_k, \boldsymbol{\mu}_k^{so}, \boldsymbol{\Sigma}_k^{so}$ ——GMM 中第 k 个高斯成分的混合系数、均值矢量和协方差矩阵。

为了对源域数据进行聚类,需要基于源域数据训练参数,拟合上述 GMM 模型。本书中使用常用的 EM 算法进行 GMM 的模型训练,算法过程已在第 2 章中详细介绍,此处不再赘述。由训练好的 GMM 模型对源域数据进行聚类时,所依据的是每个高斯成分在一个样本处所占比重,计算方法如下:

$$h_k(z_i^{so}) = \frac{\pi_k \mathcal{N}(z_i^{so} \mid \boldsymbol{\mu}_k^{so}, \boldsymbol{\Sigma}_k^{so})}{\sum_{m=1}^{K} \pi_m \mathcal{N}(z_i^{so} \mid \boldsymbol{\mu}_m^{so}, \boldsymbol{\Sigma}_m^{so})} \qquad (3-133)$$

式中，$h_k(z_i^{so})$——样本点 z_i^{so} 处第 k 个高斯成分所占的比重。该样本点归属于占比最高的高斯成分所对应的聚类。

另外，为了高效地训练 GMM 模型以实现源域数据聚类，需要事先对模型参数进行初始化，因此一个好的 EM 算法初始化方法是必不可少的。综合考虑计算速度与精度，本书所使用的初始化算法是常用的 K – means 算法。

当源域数据聚类过程完成后，源域数据被分为 K 个组。对于每个源域样本点，赋予其在之前的寻找对应点过程中所对应的目标域样本点相同的聚类信息。换言之，如果样本 z_i^{so} 与 z_j^{ta} 是对应点，则它们处于同一个聚类中。

对于每一个聚类 $k \in [1, K]$，其中包含的源域数据与目标域数据都是用于训练 LPA 的训练数据。在单个聚类中，为了进行数据迁移，源域数据与目标域数据需要分别映射到各自的流形中，本书使用 PCA 实现此映射过程。注意到在基于迁移学习的驾驶行为回归模型自适应框架中，获取源驾驶员与目标域驾驶员数据对定点前已进行过数据降维，且使用的方法也是 PCA，但此处再次使用 PCA 的目的与之前不同。一方面，PCA 算法的数据对象不同，获取对应点前进行的 PCA 需要对所有源域数据和所有目标域数据分别进行；而 LPA 过程中的 PCA 只对同一个聚类中的源域数据和目标域数据分别进行。另一方面，PCA 算法的目的不同，获取对应点前进行 PCA 的主要目的是通过数据降维从而减小计算量且避免奇异问题；而 LPA 过程中的 PCA 主要是考虑到每个聚类中数据分布不同，需要映射到的流形维度也不一定相同，且局部数据可能存在一些无效特征，若不分别进行聚类则存在算法奇异的风险。

对于第 k 个聚类，其中的源域数据与目标域数据可以通过以下方式进行预处理：

$$\hat{z}_{k,i}^{so} = \boldsymbol{U}_k^{so}(z_{k,i}^{so} - \bar{z}_k^{so}) \tag{3-134}$$

$$\hat{z}_{k,j}^{ta} = \boldsymbol{U}_k^{ta}(z_{k,j}^{ta} - \bar{z}_k^{ta}) \tag{3-135}$$

式中，各矩阵与矢量均在 PCA 方法中定义，具体计算方法可参考本小节前文所述。

当源域和目标域的对应点信息与聚类信息准备完成后，即可在每个聚类范围内启动 PA 算法寻找两个数据域间的局部线性映射关系。这种局部线性映射关系可以形式化地描述为一个从源域到目标域的转换矩阵。于是，PA 过程可以建模为如下最小化问题：

$$\boldsymbol{Q}_k^* = \arg\min_{\boldsymbol{Q}_k} \| \boldsymbol{Z}_k^{\text{ta}} - \boldsymbol{Q}_k \boldsymbol{Z}_k^{\text{so}} \| \tag{3-136}$$

式中，$\boldsymbol{Q}_k$——第 k 个聚类的转换矩阵；

$\boldsymbol{Z}_k^{\text{so}}, \boldsymbol{Z}_k^{\text{ta}}$——第 k 个聚类中源域与目标域数据集。

如文献 [5] 所述，该最小化问题可以求得解析解，且最优转换矩阵可以按照下式计算得到：

$$\boldsymbol{Q}_k^* = (\boldsymbol{\Sigma}_k^{\text{ss}})^{-1} \boldsymbol{\Sigma}_k^{\text{ts}} \tag{3-137}$$

式中，$\boldsymbol{\Sigma}_k^{\text{ss}}, \boldsymbol{\Sigma}_k^{\text{ts}}$——协方差矩阵，按下式计算：

$$\boldsymbol{\Sigma}_k^{\text{ss}} = \frac{1}{N_k^{\text{tr}}} \sum_{i=1}^{N_k^{\text{tr}}} (z_{k,i}^{\text{so}} - \bar{z}_k^{\text{so}})(z_{k,i}^{\text{so}} - \bar{z}_k^{\text{so}})^{\text{T}} \tag{3-138}$$

$$\boldsymbol{\Sigma}_k^{\text{ts}} = \frac{1}{N_k^{\text{tr}}} \sum_{j=1}^{N_k^{\text{tr}}} (z_{k,j}^{\text{ta}} - \bar{z}_k^{\text{ta}})(z_{k,j}^{\text{so}} - \bar{z}_k^{\text{so}})^{\text{T}} \tag{3-139}$$

式中，N_k^{tr}——第 k 个聚类中所包含的源域与目标域样本对的数量。

在求解得到最优转换矩阵后，可执行最终的数据迁移步骤。对于未参与上述转换矩阵计算过程的源驾驶员样本点 $z_i^{\text{so}} \notin \boldsymbol{Z}^{\text{so}}$，可结合式（3-134）~式（3-136）完成源域到目标域的数据迁移，最终的数据迁移结果可表示为

$$z_{j'}^{\text{ta}} = \sum_{k=1}^{K} h_k(z_{i'}^{\text{so}})((\boldsymbol{U}_k^{\text{ta}})^{-1} \boldsymbol{Q}_k^* \boldsymbol{U}_k^{\text{so}}(z_{i'}^{\text{so}} - \bar{z}_k^{\text{so}}) + \bar{z}_k^{\text{ta}}) \tag{3-140}$$

式中，$z_{j'}^{\text{ta}}$——源域样本点 $z_{i'}^{\text{so}}$ 迁移至目标域中得到的迁移点，$j' = N^{\text{tr}} + 1, N^{\text{tr}} + 2, \cdots, N^{\text{so}}$。

所有迁移后的数据样本可以组成一个新的数据集 $\hat{\boldsymbol{Z}}^{\text{ta}} = \{z_{j'}^{\text{ta}}\}_{j' = N^{\text{tr}} + 1}^{N^{\text{so}}}$。至此，基于 LPA 的数据迁移过程结束。

4. 基于高斯混合模型-高斯混合回归（GMM-GMR）的建模方法

当完成基于 LPA 的数据迁移过程后，得到了含有大量数据的新数据集 $\hat{Z}^{ta}$。此时，目标驾驶员处已有两类数据集：迁移得到的数据集 $\hat{Z}^{ta}$ 和原来的目标域数据集 Z^{ta}。由于这两类数据集均在目标驾驶员处，均可用于目标驾驶员驾驶行为建模，故将其合并为一个有大量数据的增广数据集 $\bar{Z}^{ta} = \{\hat{Z}^{ta}, Z^{ta}\}$。基于该增广数据集 $\bar{Z}^{ta}$，可对目标驾驶员驾驶行为进行充分建模，得到目标驾驶员模型，最终实现驾驶行为模型自适应。

5. 基于 DTW-LPA 的操作轨迹预测实例分析

为了采集仿真环境下的驾驶行为数据，我们利用第 2 章介绍的 PreScan/SIMULINK 平台构建了一个仿真环境来模拟驾驶环境。项目所用的真实环境数据采集平台如图 3-21 所示。该数据采集平台使用比亚迪唐作为基本车辆平台，通过加装车载传感器以及车辆 CAN 总线协议解析实现所需信息的采集。

图 3-21 基于车载传感器的真实环境数据采集平台（附彩图）

首先，进行仿真环境下的驾驶行为模型自适应方法试验。不同驾驶员间驾驶行为模型自适应问题中，源驾驶员数据量一般远远多于目标驾驶员。故每次试验时，仅从原有目标驾驶员的 4 000 个样本数据中随机采样得到 $N^{ta} \in \{30, 40, 50, 60, 80, 100, 150, 200\}$ 个样本数据作为目标驾驶员的已知数据，其余数据仅作为测试验证数据使用，用于对模型输出结果进行对照测试。对于 N^{ta} 的每一个取值，将进行 10 次试验并对 10 次试验所得的结果取平均值作为最终结果，避免偶然因素造成的干扰。

在进行基于 LPA 的数据迁移前,需要基于 DTW 寻找源驾驶员与目标驾驶员数据的对应点。从目标驾驶员数据采样 40 个点,从源驾驶员数据中寻找对应点,得到的结果如图 3-22 所示。由于 $N^{so} \gg N^{ta}$,大多数目标样本点对应着多个源样本点。去掉多余样本索引对后,得到图 3-22(b)所示的结果。

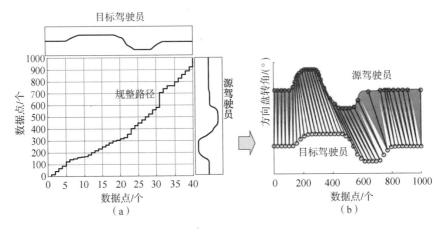

图 3-22 DTW-LPA 对应点结果示意图(附彩图)

(a)源驾驶员迁移至目标驾驶员的规划路径;(b)去除多余样本索引对后的对应点

本书基于高斯混合回归(GMR)算法,作为对照方法,建立驾驶员回归模型。基于 GMM-GMR 的驾驶行为回归模型的基础是高斯混合模型。高斯混合模型是一种用于描述数据在数学空间中分布规律的数学模型,是对数据在数学空间中的概率密度进行建模得到的。在一维空间中,观测变量的概率密度可以由一个概率密度函数描述,如高斯分布的概率密度函数可以表示为

$$P(z \mid \mu, \sigma^2) = \frac{1}{\sqrt{2\pi}\sigma} \exp\left(-\frac{(z-\mu)^2}{2\sigma^2}\right) \qquad (3-141)$$

式中,z——高斯分布概率密度函数的观测变量,$z \in \mathbb{R}$;

μ——高斯分布的均值,$\mu \in \mathbb{R}$;

σ^2——高斯分布的方差,$\sigma^2 \in \mathbb{R}$。

在有多个随机变量的多维空间中,多维高斯分布的概率密度函数形式转换为

$$P(z|\boldsymbol{\mu},\boldsymbol{\Sigma}) = \frac{1}{(\sqrt{2\pi})^{D/2}|\boldsymbol{\Sigma}|^{1/2}}\exp(-\frac{1}{2}(z-\boldsymbol{\mu})^{\mathrm{T}}\boldsymbol{\Sigma}^{-1}(z-\boldsymbol{\mu}))$$

(3-142)

式中，D——观测变量的维度，$D \in \mathbb{R}$；

z——概率密度函数的观测变量矢量，$z \in \mathbb{R}^D$；

$\boldsymbol{\mu}$——多维高斯分布的均值矢量，$\boldsymbol{\mu} \in \mathbb{R}^D$；

$\boldsymbol{\Sigma}$——多维高斯分布的协方差矩阵，$\boldsymbol{\Sigma} \in \mathbb{R}^{D \times D}$。

接下来，对比 DTW-LPA 和 GMM-GMR 的效果。以驾驶员 A 到驾驶员 B 的数据迁移为例，如图 3-23 所示，该示例中用于建模的目标驾驶员数据只有 40 个样本点。蓝色的点表示目标驾驶员完整的驾驶行为数据，仅用于对模型预测结果进行参照。目标驾驶员数据随机采样得到的 40 个样本点，用红色的圈表示，这部分样本用于数据迁移与建模；DTW-LPA

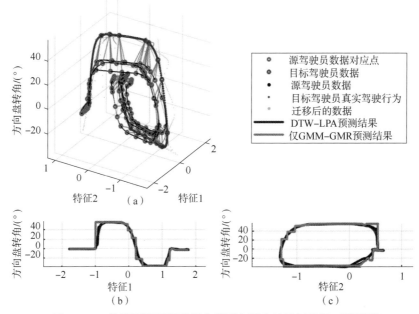

图 3-23 仿真环境下驾驶行为模型自适应结果示意图（附彩图）

(a) 仿真环境下 DTW-LPA 与仅 GMM-GMR 预测结果比较；

(b) 仿真环境下投影到特征 1 上的预测结果比较；(c) 仿真环境下投影到特征 2 上的预测结果比较

所找到的源驾驶员数据中的对应点用绿色的圈表示。通过数据迁移,所有的源驾驶员数据迁移至目标驾驶员处,迁移后的数据表示为灰色的点。通过 DTW – LPA 迁移的数据进行建模,模型预测的驾驶员方向盘转角用红色的线表示;不经过迁移,只用少量样本进行 GMM – GMR 建模,模型预测的驾驶员方向盘转角用绿色的线表示。可以看出,本节提出的 DTW – LPA 方法预测结果更加接近真实的目标驾驶员驾驶行为。

前一个试验证明了仿真环境下本章所提出的 DTW – LPA 方法的有效性,由于真实环境下数据特性可能存在不同,因此还需要在真实环境下进行验证。为了更进一步测试 DTW – LPA 的泛化能力,第二个试验选择了一个含有 3 位真实驾驶员驾驶行为数据的数据集。

基于 PCA 算法对真实数据集进行数据降维后,原来的真实数据集被处理成与仿真数据集相同的维度,即两个特征量(模型输入)和一个行为量(模型输出)。以驾驶员 1 到驾驶员 2 的迁移为例,数据迁移过程如图 3 – 24

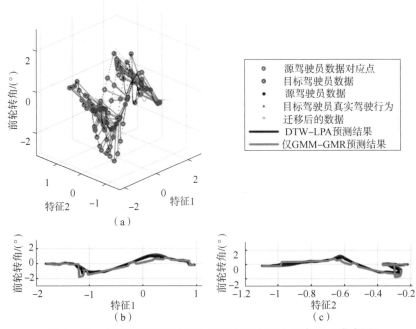

图 3 – 24　真实环境下驾驶行为模型自适应结果示意图(附彩图)
(a) 真实环境下 DTW – LPA 与仅 GMM – GMR 预测结果比较;
(b) 真实环境下投影到特征 1 上的预测结果比较;(c) 真实环境下投影到特征 2 上的预测结果比较

所示，其中目标驾驶员样本数为 25 个。由本试验结果可以看出，本章提出的 DTW – LPA 方法有较强的模型泛化能力，可在不进行任何修改的情况下直接用于真实环境下的驾驶行为数据迁移与建模，与传统驾驶行为模型自适应方法 GMM – GMR 相比，具备更好的性能。

最后，进行与传统驾驶行为模型自适应方法的对比试验与分析。以 40 个目标驾驶员样本数据为例，DTW – LPA 与 GMR – MAP 的预测结果如图 3 – 25 所示。在同样的目标驾驶员样本数量下，通过 DTW – LPA 建模预测得到的结果与真正的目标驾驶员方向盘转角数据十分接近。如图 3 – 26 所示，随着目标驾驶员的样本数量增加，GMR – MAP 的预测效果有较明显的提升，但始终与 DTW – LPA 的效果有很大差距。各情况下，DTW – LPA 均保持着更低的 MSE 与更高的 SDR，模型效果相比 GMR – MAP 有着明显的优势，使预测的 SDR 精度提升了 5.82 dB 以上，使 MSE 误差下降了 37.44 $(°)^2$ 以上。

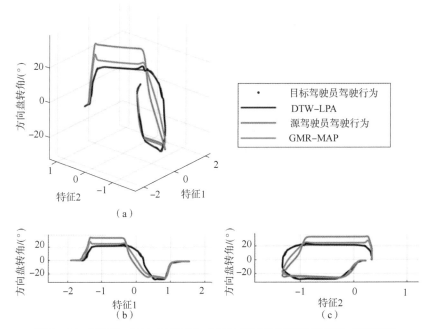

图 3 – 25　**DTW – LPA 与 GMR – MAP 测试数据结果示意图**（附彩图）

(a) DTW – LPA 与 GMM – MAP 预测结果比较；(b) 投影到特征 1 上的预测结果比较；
(c) 投影到特征 2 上的预测结果比较

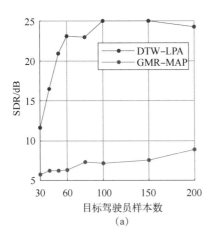
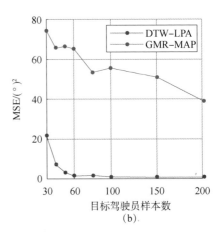

图 3-26 DTW-LPA 与 GMR-MAP 预测结果量化对比（附彩图）

(a) DTW-LPA 与 GMM-MAP 预测结果与真值的 SDR；

(b) DTW-LPA 与 GMM-MAP 预测结果与真值的 MSE

第4章
交通参与者行为识别与预测

　　无人驾驶车辆城市交叉口通行决策是制约智能交通系统快速发展的关键问题之一[6]。相较于一般道路通行，受出行目的、交叉口形式、交通流量等因素的影响，城市交叉口通行具有复杂与多变的特性。同时，在交叉路口处，交通参与者组成也呈现一定复杂性，表现为机动车辆、行人和非机动车辆并存的情形。

　　步行是城市居民出行的主要交通方式之一，行人是城市交通的重要组成部分。一方面，行人与汽车之间常发生让路、占道、过人行横道等交互行为[7]；另一方面，与遵守交通规则的周边车辆相比，行人行为因为存在更多的不确定性，往往更加难以预测。同时，受我国人口基数的影响，城市道路上的行人数量相当可观。因此，研究道路中行人的行为识别与预测，对辅助智能车辆规避行人、减少行人伤亡具有现实意义。此外，在我国城市居民的交通出行构成中，以自行车为主的非机动车辆作为主要出行交通工具仍然占有相当大的比重。因此，在城市交通系统中常形成大量非机动车与机动车共同行驶的现象,导致以自行车为主的非机动车群对我国城市道路交通状况和道路通行能力产生很大的影响。非机动车具有体积小、运动灵活的特点[8],其行驶特性与汽车不相同,存在闯灯、逆行、超速、超载等问题,研究针对其的行为识别方法具有重要意义。

综上所述,非机动车和行人的行为特性变化较大且本身灵活机动,有多种不当行为会对车辆的行驶产生严重影响[9]。例如:自行车不遵守交通规则;摩托车、行人抢占机动车道;在信号控制的非通行周期内,从机动车间隙强行插入造成机动车人为减速或停车;非机动车辆在交叉口强行左转,与直行机动车流形成冲突区域;等等。如何保证行驶安全,一直是智能车辆研究重点关注的问题之一。面对环境中的障碍物,多数智能车辆通过规划一条安全路径来避开这些障碍物。智能车辆规划的路径往往能够避开静止的障碍物,但对于周边机动车及上述行人和非机动车这一类动态障碍物,仅通过传感器得到的位置信息来规划安全路径是明显不可行的。基于这种考虑,在行驶过程中(特别是在通过交叉口时),智能车辆应当具备与周边动态障碍物进行合理交互的能力,并能有效预测其周围动态障碍物的运动模式,获得动态障碍物在未来一段时间的轨迹,进而规划一条时空上不会产生冲突的安全路径,从而保证智能车辆行驶的安全性。

因此,解决城市交叉口通行决策问题的一个重要途径就是对路口场景准确建模,其中对动态障碍物(机动车、行人和非机动车)的建模将影响城市交叉口通行决策的安全性和效率。

本章将首先介绍周边车辆行为识别与预测的方法,以城市交叉口周边车辆轨迹预测问题为例进行深入分析,详细阐释基于高斯混合模型的目标运动模式识别模型和基于高斯过程回归的轨迹预测模型及其试验验证;其次,介绍行人行为识别与预测的方法,以预测行人的行走轨迹为例介绍数据采集与处理方法,对基于 LSTM 的行人轨迹预测模型做出阐释;最后,以自行车的行为识别为例,介绍非机动车行为识别的基本研究思路和可用方法。

4.1　周边车辆行为识别与预测

4.1.1　周边车辆行为识别与预测问题概述

动态障碍物长时轨迹预测是智能车辆行为决策领域的关键技术,是智能车辆安全行驶、避让动态障碍物的基本条件。研究表明[1],可以采用机器学习方法解决城市交叉口车辆运动模式的识别和长时轨迹预测问题。

本节将具体介绍通过机器学习方法来解决城市交叉口环境中在任意位置处、不同运动模式下的车辆轨迹预测问题的方法。首先,选取典型城市交叉口,通过路基平台和实车采集平台采集大量真实城市交叉口车辆穿行的轨迹数据,分析得到特征运动参数;其次,根据特征参数建立运动状态向量,采用高斯混合模型建立了目标运动模式识别模型,并采用高斯过程回归算法针对每种运动模式建立对应的轨迹预测模型;最后,在不同验证场景下给出目标车辆在不同运动状态下的长时轨迹预测。

4.1.2　基于高斯混合模型的目标运动模式识别模型

与其他城市交通场景相比,城市交叉口的环境更加复杂、动态变化因素更多、车流密度更大,发生危险的可能性更大,亟需设计准确而高效的位置预测方法。本章采用高斯混合模型(Gaussian mixture model,GMM)对不同运动模式进行划分,从而缩短轨迹预测模型训练和预测的时间,提高预测模型的精度。

考虑到实际交叉口车辆行驶的不确定性因素,本章将通过高斯过程回归模型(Gaussian process regression,GPR)对每种运动模式下的车辆行驶轨迹进行建模,从而保证预测的有效性和准确性。

不同运动模式的目标运动状态的估计方法是不同的。对于有信号灯的交叉口,车辆在直行时有两种状态——左转车辆先行、直行车辆先行,左转车辆同样是两种状态——直行车辆先行、左转车辆先行。对于右转车辆，由于无法从数据中得到特别明显的车辆交互模式，且其与行人的交互关系较为复杂，往往持续时间较长，难以通过轨迹数据进行描述，因此本章将右转行为当作一种独立的运动模式进行分析。

根据不同运动模式下的运动轨迹重要参数变化，本节采用机器学习中的高斯混合模型训练轨迹样本，对刚刚进入交叉口的动态目标的运动模式进行识别。

4.1.2.1 高斯混合模型

高斯混合模型作为一种无监督机器学习方法，在图像分割[2]、视频分割[10]、运动目标检测[11]、语音识别[12]等领域得到了广泛运用。

高斯混合模型的一维及二维示例如图4-1所示，其定义如下：

$$p(\boldsymbol{x}) = \sum_{k=1}^{K} p(k)p(\boldsymbol{x} \mid k) = \sum_{k=1}^{K} \pi_k N(\boldsymbol{x} \mid \boldsymbol{\mu}_k, \boldsymbol{\Sigma}_k) \quad (4-1)$$

$$N(\boldsymbol{x} \mid \boldsymbol{\mu}_k, \boldsymbol{\Sigma}_k) = \frac{1}{\sqrt{2\pi}\sigma_k} \exp\left(-\frac{(\boldsymbol{x}-\boldsymbol{\mu}_k)^2}{2\sigma_k^2}\right) \quad (4-2)$$

式中，π_k——第k个高斯成分的影响因子，满足约束$\pi_k \geq 0, \sum_{k=1}^{K} \pi_k = 1$；

$N(\boldsymbol{x} \mid \boldsymbol{\mu}_k, \boldsymbol{\Sigma}_k)$——第$k$个高斯成分的密度函数，$\boldsymbol{\mu}_k$为均值，$\boldsymbol{\Sigma}_k$为协方差；

σ_k——方差。

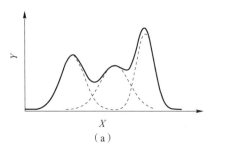
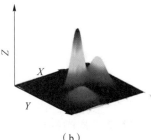

(a)   (b)

图4-1 高斯混合模型一维和二维示例（附彩图）

(a) 一维；(b) 二维

一般采用极大似然估计法来估计概率分布模型的参数,但高斯混合模型的概率密度函数包含几个求和项,导致无法对参数显式求导,因此普遍采用期望最大化(expectation-maximization,EM)算法对概率密度参数进行求解[13]。

给定 n 个样本数据 $\{x_1, x_2, \cdots, x_n\}$,每个样本数据的隐含样本类别为 z_i,该隐含样本类别满足一定的概率分布,且满足 $p(z_i = k) = \pi_k$。给定 z_i 后,x_i 满足高斯分布,即 $(x_i | z_i = k) \sim N(\mu_k, \Sigma_k)$,并可由此推导出 (x_i, z_i) 的联合概率分布为

$$p(x_i, z_i) = p(x_i | z_i) p(z_i) \quad (4-3)$$

已知 z_i,则可将式(4-3)表述为

$$p(x_i; \pi, \mu, \Sigma) = p(x_i | z_i; \mu, \Sigma) p(z_i, \pi) \quad (4-4)$$

对数似然函数可以表述为

$$LL(\pi, \mu, \Sigma) = \sum_{i=1}^{n} (\ln p(x_i | z_i; \mu, \Sigma) + \ln p(z_i; \pi)) \quad (4-5)$$

对高斯混合模型中概率密度参数影响因子 π、均值 μ、协方差 Σ 分别求导,得

$$\pi_k = \frac{1}{n} \sum_{i=1}^{n} p(z_i = k) \quad (4-6)$$

$$\mu_k = \frac{\sum_{i=1}^{n} p(z_i = k) x_i}{\sum_{i=1}^{n} p(z_i = k)} \quad (4-7)$$

$$\Sigma_k = \frac{\sum_{i=1}^{n} p(z_i = k)(x_i - \mu_k)(x_i - \mu_k)^{\mathrm{T}}}{\sum_{i=1}^{n} p(z_i = k)} \quad (4-8)$$

式中,π_k——样本类别归属 $z_i = k$ 的概率值;

μ_k——样本类别 k 的样本特征均值;

Σ_k——样本类别 k 的样本特征协方差矩阵。

由上述分析可知:若已知 z_i,则可根据求导进行极大似然估计求得高

斯混合模型的模型参数；z_i 可通过已知模型参数的高斯混合模型和样本数据求解，因此假定隐变量 z_i 后可通过迭代的方式进行模型参数求解，即 EM 算法在高斯混合模型参数估计中的应用。

EM 算法应用于 GMM 参数求解的算法见算法 4-1。

算法 4-1　EM-GMM 算法流程

输入：N 个样本数据 $\{x_1, x_2, \cdots, x_n\}$，GMM 模型的初始参数为 π_k、μ_k、Σ_k；

输出：高斯混合模型参数 π_k、μ_k、Σ_k

1. E 步：对于每一个样本 x_i 和类别 k，计算隐变量的条件概率值：

$$p(z_i = k \mid x_i; \pi, \mu, \Sigma) \leftarrow \frac{p(x_i \mid z_i = k; \mu, \Sigma) p(z_i = k; \pi)}{\sum_{k=1}^{K} p(x_i \mid z_i = k; \mu, \Sigma) p(z_i = k; \pi)}$$

2. M 步：由隐变量的条件概率值计算，更新高斯混合模型参数：

$$\pi_k \leftarrow \frac{1}{n} \sum_{i=1}^{n} p(z_i = k)$$

$$\mu_k \leftarrow \frac{\sum_{i=1}^{n} p(z_i = k) x_i}{\sum_{i=1}^{n} p(z_i = k)}$$

$$\Sigma_k \leftarrow \frac{\sum_{i=1}^{n} p(z_i = k)(x_i - \mu_k)(x_i - \mu_k)^{\mathrm{T}}}{\sum_{i=1}^{n} p(z_i = k)}$$

4.1.2.2　轨迹运动状态向量

动态障碍物的运动过程是一个连续的状态过程，然而运动模式空间是离散的，运动模式预测就是将城市交叉口周边车辆连续的运动状态映射到离散的运动模式空间。在很多文献中，对城市交叉口的驾驶行为只考虑了直行、左转和右转三种驾驶意图；少量文献通过设置速度控制点对速度进行多项式拟合，以描述转向车辆会对人行横道上的行人让行的过程。本节将城市交叉口周边车辆的运动模式分为 5 种，分别是正常行驶状态的直

行、左转和右转行为,以及让行状态的直行、左转行为。为了提升运动模式识别的鲁棒性,构建动态障碍物的运动状态向量如下:

$$\boldsymbol{M} = \{[k_{\Delta\varphi}, a, k_{\theta}]^{\mathrm{T}}\}^n \tag{4-9}$$

式中,n——在运动模式识别中使用运动状态向量的长度;

$k_{\Delta\varphi}, k_{\theta}$——相对航向角、相对方位角的变化率,用于区分车辆是转向还是直行;

a——目标车辆的加速度,用来区分车辆是让行还是正常行驶。

本节使用零均值(zero-mean)标准化处理状态向量,标准化状态向量可以消除不同量纲对后续运动模式识别产生的影响,有利于提高识别模型训练的收敛速度。标准化状态向量 z 为

$$z = \frac{x - \mu}{\sigma} \tag{4-10}$$

式中,$\boldsymbol{\mu}$——状态向量的均值向量;

σ——状态向量的标准差。

对于长度是 n 的状态向量 $\boldsymbol{M}$,其概率分布函数为

$$P(\boldsymbol{M} \mid \lambda) = \prod_{i=1}^{n} \sum_{k=1}^{K} \omega_k N_k \tag{4-11}$$

式中,K——高斯混合模型中高斯分布的个数,在此也代表运动模式的个数。

由于提前给定了运动模式的个数,因此运动模式预测问题就变成了高斯混合模型参数 λ 的估计问题。对于每个状态向量 $\boldsymbol{M}$,可以求出对应的每个组件 λ_k 的后验概率,其中状态向量对应概率最大的类别就是运动模式识别的最终结果[14],即

$$i = \arg\max[P(\boldsymbol{M} \mid \lambda_k)] \tag{4-12}$$

4.1.2.3 运动模式识别模型

为了得到运动模式识别器,本试验在训练过程中使用了 600 组驾驶行为轨迹,每组数据的长度为 1 s,数据分布于车辆接近冲突区域之前 4 s 的

穿行过程，训练轨迹具体的分布如表 4-1 所示，其中左转、右转和直行的轨迹数据分别有 200 条，左转和直行状态下的让行、正常行驶轨迹数据各 100 条。

表 4-1 驾驶行为轨迹

让行意图＼穿行意图	直行	左转	右转
正常行驶	100	100	200
让行	100	100	

模型训练阶段，首先选取聚类个数 $K=3$，采用高斯混合模型对 $M = \{[k_{\Delta\varphi}, a, k_\theta]^T\}^n$ 状态向量数据进行训练建模，得到穿行意图（左转、右转和直行）的识别模型；然后，对左转和直行轨迹数据再次使用高斯混合模型对加速度状态向量数据建模，得到让行意图（正常行驶和让行）的识别模型；最后得到完整运动模式识别模型。识别过程如图 4-2 所示。

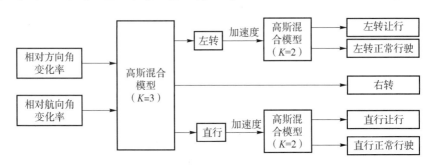

图 4-2 目标运动模式识别模型

使用运动模式识别模型建模时，输入不同长度的状态向量会导致检测效果出现很大差异。若输入的状态向量较短（不足 0.5 s），则模型很容易检测出错；若输入的状态向量过长（如超过 1 s），就会导致实时性达不到实际应用的要求。为了确定输入的状态向量的长度，本节设置了 10 组对比试验，每组试验的状态空间的长度从 1 到 10，试验结果如图 4-3 所示。

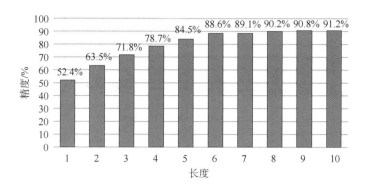

图4-3 状态向量长度和精度

试验结果发现,状态向量的长度越长,运动模式识别的精度就越高,但当状态空间增长到一定的长度后,检测的精度就不再发生显著变化,试验结果的精度稳定值在90%左右。状态向量的长度从1增加到6,精度从52.4%增加到了88.6%,而当长度为10时精度只增加2.6%,需要的状态量长度增加了4。基于上述对比试验结果分析,本章选择的状态量长度是6,即0.6 s的车辆历史状态向量。

4.1.3 基于高斯过程回归的轨迹预测模型

在确定运动模式后,就需要确定运动目标的轨迹。对于短时预测,可根据物理模型预测目标的运动轨迹。

长时轨迹预测主要有两种方法:一种是在目标驶入车道已知的情况下,先通过路径规划出多条目标可能的轨迹,再通过数学函数拟合轨迹,常用的数学函数为高次多项式、三角函数等;另一种是利用回归拟合模型对大量的车辆历史通行轨迹进行训练,通过当前状态的匹配得到下一时段的车辆轨迹。

对于城市交叉口的穿行车辆,本章获取了大量的交叉口穿行轨迹,并记录了周边车辆在各时刻的位置、速度和加速度,通过之前的预处理方法来保证数据有足够的精度并且忽略测量误差;然后,根据当前观测的车辆状态信息和车辆历史轨迹的先验信息,预测车辆的运动模式,估计其未来多个时刻的位置和速度,即可得到周边车辆的长时预测轨迹。

因此,本章采用高斯过程回归模型对大量车辆历史轨迹回归拟合,得到车辆轨迹数据与时间的映射关系进行先验建模,模型会匹配当前车辆的运动状态,然后预测之后一段时间的车辆运动状态。

4.1.3.1 基于高斯过程的运动模式建模

高斯过程(Gaussian process,GP)是一组任意有限个随机变量都服从联合高斯分布随机变量的集合。高斯过程的性质由它的均值函数和协方差函数确定,若已知均值函数 $m(x)$ 和协方差函数 $k(x,x')$,则高斯过程可以表示如下:

$$\begin{cases} m(x) = E(f(x)) \\ k(x,x') = E((f(x) - m(x))(f(x') - m(x'))) \end{cases} \quad (4-13)$$

高斯过程模型能够平衡观测数据稀疏区域模型和观测数据稠密区域模型过拟合这两个问题。同时,GP 模型对具有无序噪声特性的观测量具有较强的鲁棒性。车辆的历史轨迹点为其空间连续轨迹的离散实测值,高斯过程可以生成运动状态的连续函数分布。因此,本章采用高斯过程对轨迹建立运动模型。

以轨迹坐标建立轨迹的运动模型为例。在 x 方向和 y 方向上的均值函数分别表示为 $E(\Delta x/\Delta y) = \mu_x(x,y), E(\Delta y/\Delta x) = \mu_y(x,y)$。沿 x 方向的协方差函数记为 $K_x(x,y,x',y')$,它描述了任意点 (x,y) 和点 (x',y') 处差商间的相互关系。给定一组轨迹样本点 $X = (x_1,x_2,\cdots,x_d)$ 和 $Y = (y_1,y_2,\cdots,y_d)$,会有一组对应服从联合高斯分布轨迹差商 $(\Delta x_1/\Delta t, \Delta x_2/\Delta t, \cdots, \Delta x_d/\Delta t)$,由均值 $\{\mu_x(x_1,y_1), t \in T\}$ 及协方差矩阵 Σ(其中 $\Sigma_{i,j} = K_x(x,y,x',y')$)确定,其表达式如下:

$$K_x(x,y,x',y') = \sigma_x^2 \exp\left(-\frac{(x-x')^2}{2w_x^2} - \frac{(y-y')^2}{2w_y^2}\right) + \sigma_n^2 \delta(x,y,x',y')$$

$$(4-14)$$

式中，σ_x 为样本点受周围点影响产生的方差；σ_n 为训练样本点自身的方差，由测量误差噪声产生；$\delta(x,y,x',y')$ 为克罗内克内积，若 $x = x'$ 且 $y = y'$，则克罗内克内积为 1，否则 $\delta(x,y,x',y') = 0$；w_x 和 w_y 为方差尺度参数，对数据分布范围进行归一化。w_x、w_y、σ_n 和 σ_x 共同组成运动模式 m_j 的超参数集合。

4.1.3.2 高斯过程回归模型

高斯过程回归（Gaussian process regression，GPR）是近年发展起来的一种机器学习回归方法，在处理高维数、小样本、非线性等复杂的问题上具有很好的适应性，且泛化能力强。与神经网络、支持向量机相比，GPR 具有容易实现、超参数自适应获取、非参数推断灵活以及输出具有概率意义等优点，现已成为机器学习领域的研究热点。

高斯过程回归是一种非参数及监督学习方法。与贝叶斯线性回归相比，高斯过程回归采用核函数，该函数代替贝叶斯线性回归中的基函数，采用了核函数的高斯过程回归比贝叶斯回归应用更加广泛。

一般带噪声的预测模型可以定义为 $y = f(\boldsymbol{x}) + \varepsilon$，其中 $\boldsymbol{x}$ 为输入向量，y 是观测值，ε 是均值为 0、方差为 σ_n^2 的高斯白噪声，$f(\cdot)$ 是未知的函数关系。协方差函数为

$$K_x(\boldsymbol{x},x') = \sigma_x^2 \exp\left(-\frac{(x-x')^2}{2l^2}\right) + \sigma_n^2 \delta(x,x') \quad (4-15)$$

可以把观测值 y 以及预测值看成从联合高斯分布采样的一个点，则观测值和预测值的联合先验分布为

$$\begin{vmatrix} y \\ f^* \end{vmatrix} \sim N\left(0, \begin{vmatrix} \boldsymbol{K}(X,X) + \sigma_n^2 \boldsymbol{I}_n & \boldsymbol{K}^\mathrm{T}(X,X^*) \\ \boldsymbol{K}(X,X^*) & \boldsymbol{K}(X^*,X^*) \end{vmatrix}\right) \quad (4-16)$$

式中，X——训练集；

X^*——测试集；

$\boldsymbol{K}$——数据集之间的协方差；

$\boldsymbol{I}_n$——单位矩阵。

由此计算预测值 f^* 在观测值下的条件分布，即 f^* 的后验分布：

$$f^* | X, y, x^* \sim N(f^*, \text{cov}(f^*)) \tag{4-17}$$

$$f^* = K(X, X^*)[K(X, X) + \sigma_n^2 \boldsymbol{I}_n]^{-1} y \tag{4-18}$$

$$\text{cov}(f^*) = K(X^*, X^*) - K(X^*, X)[K(X, X) + \sigma_n^2 \boldsymbol{I}_n]^{-1} K(X, X^*) \tag{4-19}$$

均值函数和协方差函数的选取对高斯过程回归模型可靠性的影响很大，如果训练集中的样本数据足够确定均值和协方差函数，那么预测的精度就会很高。但是，现实中很难获得非常有效的样本数据，因此在实际过程中，需要在已有样本数据基础上选择合适的协方差函数，一组合理的参数可以使预测更加准确和有效[15]。

将协方差函数改写成更高维的形式：

$$k(\boldsymbol{x}, \boldsymbol{x}') = \sigma_f^2 \exp\left[-\frac{1}{2}(\boldsymbol{x} - \boldsymbol{x}')\right]^T \boldsymbol{\Lambda}^{-1}(\boldsymbol{x} - \boldsymbol{x}') + \sigma_n^2 \delta(\boldsymbol{x}, \boldsymbol{x}') \tag{4-20}$$

式中，$\boldsymbol{\Lambda} = \text{diag}([l_1^2, l_2^2, \cdots, l_n^2])$。

该协方差函数中包含参数 $l_i^2 (i = 1, 2, \cdots, n)$、$\sigma_f$、$\sigma_n$，这些参数共同组成了超参数集合 $\theta = \{l_1^2, l_2^2, \cdots, l_n^2, \sigma_f, \sigma_n\}$。

采用最大后验估计获取合适的超参数集合。根据贝叶斯统计学理论，参数集合 θ 的后验估计可以表示为

$$p(\theta | y, x) = \frac{p(y | \theta, x) p(\theta)}{p(y | x)} \tag{4-21}$$

当条件概率 $p(\theta | y, x)$ 的值取得最大值时，对 θ 的估计为最大后验估计。由于超参数集合的先验知识难以获取，因此按照贝叶斯建议采用均匀分布作为参数集合的先验分布，即

$$\arg\max(p(\theta | y, x)) \approx \arg\max p(y | x, \theta) \tag{4-22}$$

则 $\theta = \arg\max(p(\theta | y, x))$ 表示较优的超参数集合。使用极大似然估计（maximum likelihood estimate，MLE）来计算用对数似然形式表示的 $p(\boldsymbol{y} | \boldsymbol{x}, \boldsymbol{\theta})$，有

$$L(\boldsymbol{\theta}) = \ln p(\boldsymbol{y} \mid \boldsymbol{x}, \boldsymbol{\theta})$$
$$= -\frac{1}{2}(\boldsymbol{y}-\boldsymbol{\mu})^{\mathrm{T}}\boldsymbol{K}^{-1}(\boldsymbol{y}-\boldsymbol{\mu}) - \ln|\boldsymbol{K}| - \frac{n}{2}\ln(2\pi) \quad (4-23)$$

综上所述,通过优化算法可以将选取最优超参数的问题转化成一个优化问题,即使得式(4-23)所示的对数似然函数取得最大值对应的超参数集合就是所求的最优参数。常用的求解优化问题的算法有最速下降法、牛顿法、共轭梯度法等。

4.1.3.3 城市交叉口车辆轨迹预测模型建模

通过上节的分析,本小节建立城市交叉口车辆轨迹高斯过程回归模型。建模过程如下:首先,将轨迹数据划分为测试集合训练集;其次,选取合适的核函数并设置超参数的初始值从而确定 GPR 的先验模型;然后,通过训练集训练模型,优化超参数;最后,将测试集的车辆运动状态参数输入训练好的 GPR 模型,得到预测值及其预测分布估计。高斯过程回归模型训练过程如图 4-4 所示。

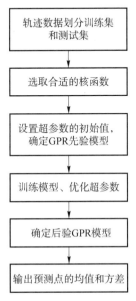

图 4-4　高斯过程回归模型训练过程

高斯过程回归模型的建模过程是建立大量互不独立的随机变量的分布关系的机器学习过程，需要利用大量的真实交通数据进行预测模型的训练。本章利用路基平台采集的轨迹数据训练高斯过程回归模型并优化其超参数，将 X 和 Y 方向的加速度预测解耦，可减少模型计算的复杂度。在 X 方向，使用目标的位置和速度 $(x(t),y(t),v_x(t),v_y(t))$ 作为预测模型的输入，模型的预测值是目标在 X 方向的加速度 $a_x(t)$；在 Y 方向上，使用 $(x(t),y(t),v_x(t),v_y(t))$ 作为车预测模型的输入，模型的预测值是目标在 Y 方向的加速度 $a_y(t)$，通过 GPR 算法建立加速度与车辆当前位置和速度的映射关系，训练得到的整车加速度预测模型如图 4-5 所示。

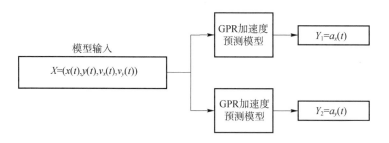

图 4-5　基于 GPR 的整车加速度预测模型

由于局部核函数具有较强的非线性逼近能力，而城市交叉口车辆轨迹数据测试集的运动参数空间与训练集的运动参数空间基本相同（即测试集的数据分布在训练集的领域），采用局部核函数可以很好地描述输出与输入之间的非线性映射关系。因此，本章采用局部核函数的一种平方指数（squared exponential，SE）协方差函数作为核函数。对于超参数的训练寻优，本章采用共轭梯度优化算法搜索最优超参数，收敛标准设为最大迭代步数为 100 或者迭代步之间的相对目标值小于 0.001。GPR 加速度预测模型训练完成后，采用车辆运动学模型计算，即可得到车辆下一步的运动状态，本章采用其中的 CA（constant acceleration，匀加速运动）模型计算得到下一步的车辆运动状态，通过车辆下一步的运动状态得到车辆下一步的加速度，进而迭代计算出未来多步的车辆轨迹。GPR 轨迹预测模型如图 4-6 所示。

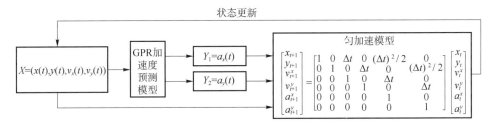

图 4-6 GPR 轨迹预测模型

从测试集中选取一辆由西往东通过交叉口的直行车的轨迹,对预测模型进行测试。运动模式识别模型识别出目标车辆的运动模式为正常直行状态,并且轨迹预测模型成功地预测了之后 6 s 的车辆行驶轨迹。图 4-7 中的蓝色线条和紫色线条分别表示在 X 方向和 Y 方向对加速度的预测结果。可以看出,真实轨迹从接近交叉口的人行横道处起步,然后加速通过交叉口。车辆以较低车速进入交叉口,在穿越交叉口时加速度一直大于 0,并且在到达目标车道人行横道附近加速度急速减小,车辆在 5 s 左右刚好穿越交叉口,符合正常直行车辆通过交叉口的行车规律。常用的 CA 模型和 CV(constant velocity,匀速运动)模型的加速度是恒定值,难以描绘实际车辆在交叉口的加速度变化,而 GPR 模型对于城市交叉口车辆运动的加速度预测较准。这说明本预测模型准确掌握了正常直行状态下车辆通过交叉口时加速度的变化规律。

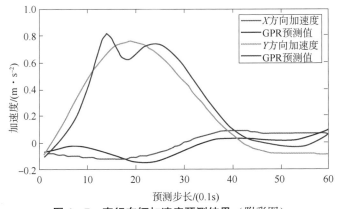

图 4-7 直行车辆加速度预测结果(附彩图)

图 4-8 中的 GPR 预测值表示通过 GPR 加速度预测模型得到的加速度，在每个预测步长采用匀加速模型预测得到的直行车辆下一时刻的位置，再通过迭代算法得到未来 6 s 的车辆轨迹；CV 预测值表示通过 CV 模型得到的未来车辆轨迹；CA 预测值表示通过 CA 模型得到的未来车辆轨迹。比较三种预测模型的预测结果与真实值的接近程度，GPR 模型在直行运动模式下的长时轨迹预测效果明显优于传统基于物理学的预测模型，并且 GPR 轨迹预测模型的预测结果在一段较长的预测时间内能保证预测结果的准确性。

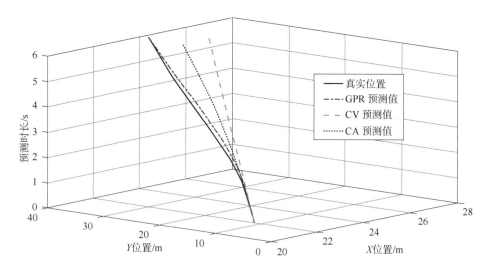

图 4-8　直行车辆轨迹预测结果（附彩图）

在无人驾驶车辆的决策规划模块中，如果预测模型仅仅给出预测结果的确定值，那么规划出的路线很难适应复杂多变的路口场景，而 GPR 轨迹预测模型不仅给出预测结果的预测值（即均值），还给出相应的置信区间（即分布范围）。图 4-9 所示为直行车辆 X 和 Y 位置坐标的预测结果，预测模型给出了预测结果的预测值和置信区间。其中绿色区域表示置信度为 95% 的预测结果范围，即车辆位置处于绿色区域范围的可能性为 95%，随着预测时间的增加，置信区间会变得越来越大，预测模型的误差也会累积得越来越大,这体现了目标车辆运动的不确定性。

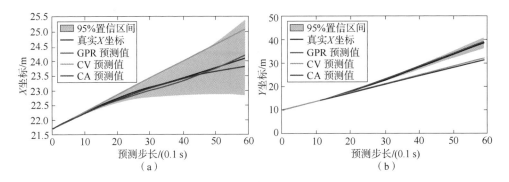

图 4-9　直行车辆位置坐标预测结果（附彩图）

(a) X 坐标预测结果；(b) Y 坐标预测结果

4.1.4　预测模型评价指标

在进行轨迹预测时,将测试轨迹数据集输入训练好的预测模型,得到预测轨迹路线,其中测试轨迹由车辆的历史轨迹点和实际轨迹路线组成,如图 4-10 所示。

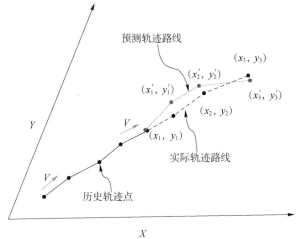

图 4-10　实际轨迹与预测轨迹（附彩图）

本章采用均方根误差（root mean square error，RMSE）来计算预测模型的误差：

$$\mathrm{RMSE} = \frac{\sum_{i=1}^{k}\sqrt{(x'_i - x_i)^2 + (y' - y_i)^2}}{k} \quad (4-24)$$

式中，(x'_i, y'_i)——预测位置；

(x_i, y_i)——真实位置；

k——预测轨迹点的数量。

4.1.5 基于路基数据的试验验证及结果分析

4.1.5.1 城市交叉路口场景数据采集

1. 数据预处理

1) 标定基准点的选取

通过实地调研，根据已知的道路属性，选取5个人行横道上的点作为基准点，可以发现标注基准点（红色框）和推断基准点（蓝色框）基本重合，这说明基准点的标注精度很高。图4-11所示为晴天和雨天采集场景下基准点的标注。

2) 数据分析

本章通过标定软件对采集到的路口视频进行标定，得到了标定车辆的位置、速度、加速度等运动信息组成的轨迹数据，每条轨迹都是由每辆特征车辆行驶过程中的每个0.1 s的大地坐标(x, y, t)及其运动状态（速度和加速度）组成，轨迹数据较完整准确地描绘了周边车辆在城市交叉口的穿行行为，可作为建立后续运动模式识别模型及轨迹预测模型的基础。

由路基数据标定结果，可以得到城市交叉口人行横道的位置。如图4-12中红色直线所示，将人行横道接近交叉口中心的边缘线作为人行横道直线，将四条人行横道在大地坐标对应的直线求解得到l_1, l_2, l_3, l_4，则

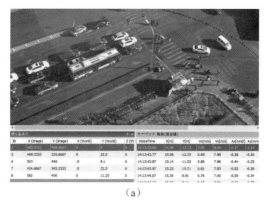

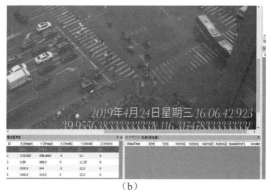

图 4-11 基准点选取（附彩图）

(a) 晴天；(b) 雨天

根据点到直线的距离可以得到车辆位置到人行横道直线的位置 d_1, d_2, d_3, d_4。这种位置表示形式可以作为判断车辆是否穿越交叉口的判据,而且这些道路实体要素将在后续的虚拟仿真场景搭建中用到。

其中,人行横道直线的方程如下:

$$l_1: x = 0$$
$$l_2: y = -0.0654x + 48.5043$$
$$l_3: y = 21.1313x - 699.1790$$
$$l_4: y = -0.0206x - 2.5758$$

图 4-12 人行横道直线（附彩图）

3）数据平滑和分段

表 4-2～表 4-4 所示为部分左转车辆和直行车辆在标定时段内的位置坐标 (x, y)、横向速度、纵向速度、加速度等数据。

表 4-2 交叉路口部分左转车辆数据

时间	x	y	$v_x/$ $(m \cdot s^{-1})$	$v_y/$ $(m \cdot s^{-1})$	$a_x/$ $(m \cdot s^{-2})$	$a_y/$ $(m \cdot s^{-2})$	$v/$ $(km \cdot h^{-1})$	$a/$ $(m \cdot s^{-2})$
56:10.0	10.28	22.6	-0.30	-0.08	0.16	0.03	1.13	-0.16
56:09.8	10.25	22.59	-0.29	-0.07	0.21	0.03	1.06	-0.21
56:09.9	10.23	22.59	-0.26	-0.07	0.26	0.04	0.98	-0.26
56:10.0	10.2	22.58	-0.24	-0.07	0.31	0.05	0.88	-0.31
56:10.1	10.18	22.57	-0.20	-0.06	0.36	0.07	0.76	-0.37
56:10.2	10.16	22.57	-0.16	-0.05	0.42	0.08	0.62	-0.42
56:10.3	10.15	22.56	-0.12	-0.04	0.48	0.10	0.46	-0.49
56:10.4	10.14	22.56	-0.07	-0.03	0.55	0.12	0.27	-0.54
56:10.5	10.13	22.56	-0.01	-0.02	0.62	0.14	0.08	-0.09
56:10.6	10.13	22.55	0.06	-0.01	0.70	0.17	0.20	0.69

表 4-3 交叉路口部分右转车辆数据

时间	x	y	$v_x/$ $(m \cdot s^{-1})$	$v_y/$ $(m \cdot s^{-1})$	$a_x/$ $(m \cdot s^{-2})$	$a_y/$ $(m \cdot s^{-2})$	$v/$ $(km \cdot h^{-1})$	$a/$ $(m \cdot s^{-2})$
58:32.2	20.87	-12.67	0.43	2.60	0.01	-0.19	9.49	-0.19
58:32.3	20.91	-12.41	0.43	2.58	0.01	-0.25	9.41	-0.24

续表

时间	x	y	$v_x/$ (m·s^{-1})	$v_y/$ (m·s^{-1})	$a_x/$ (m·s^{-2})	$a_y/$ (m·s^{-2})	$v/$ (km·h^{-1})	$a/$ (m·s^{-2})
58:32.4	20.96	-12.15	0.43	2.55	0.01	-0.30	9.32	-0.29
58:32.5	21.00	-11.89	0.43	2.52	0.01	-0.35	9.20	-0.35
58:32.6	21.04	-11.64	0.43	2.48	0.01	-0.40	9.07	-0.39
58:32.7	21.09	-11.39	0.43	2.44	0.01	-0.45	8.92	-0.44
58:32.8	21.13	-11.15	0.43	2.39	0.01	-0.48	8.76	-0.47
58:32.9	21.17	-10.91	0.43	2.34	0.01	-0.51	8.58	-0.50
58:33.0	21.22	-10.67	0.44	2.29	0.01	-0.54	8.40	-0.53

表 4-4 交叉路口部分直行车辆数据

时间	x	y	$v_x/$ (m·s^{-1})	$v_y/$ (m·s^{-1})	$a_x/$ (m·s^{-2})	$a_y/$ (m·s^{-2})	$v/$ (km·h^{-1})	$a/$ (m·s^{-2})
00:17.2	-6.46	11.60	7.62	0.28	0.08	0.01	27.46	0.08
00:17.3	-5.69	11.63	7.63	0.28	0.11	0.02	27.49	0.11
00:17.4	-4.92	11.65	7.64	0.28	0.13	0.02	27.53	0.13
00:17.5	-4.14	11.68	7.66	0.28	0.15	0.02	27.58	0.15
00:17.6	-3.37	11.71	7.67	0.29	0.18	0.03	27.64	0.18
00:17.7	-2.59	11.74	7.69	0.29	0.20	0.02	27.71	0.20
00:17.8	-1.81	11.77	7.71	0.29	0.23	0.02	27.79	0.23
00:17.9	-1.02	11.80	7.74	0.29	0.26	0.02	27.87	0.26
00:18.0	-0.24	11.83	7.76	0.29	0.28	0.01	27.97	0.28

由视频标定软件获取的车辆原始轨迹数据存在一定的人工标定误差和软件系统误差。为了减小原始数据的误差给后续算法决策系统带来的较大影响，获得更加准确和平滑的驾驶训练样本数据，本次研究使用指数加权移动平均（exponential weighted moving average，EWMA）的方法来处理原始数据。

EWMA 方法以依次递减的形式对样本数据加权，让离目标均值最近样本数据的权重高，使边缘样本数据的权重最小。具体公式如下：

$$\begin{cases} x'_a(t_j) = \dfrac{\sum\limits_{i=j-H}^{j+H} x_a(t_i) \cdot e^{-|j-i|/D}}{\sum\limits_{i=j-H}^{j+H} e^{-|j-i|/D}} \\ H = \min\{N_a - j, 3D, j-1\} \end{cases} \quad (4-25)$$

式中，$x_a(t_j)$，$x'_a(t_j)$ ——某特征车辆在 t_j 时刻的原始数据值、数据处理后的拟合值，$j = 1, 2, \cdots, N_a$，N_a 表示车辆轨迹数据的点位置；

H ——考虑边界条件的平滑窗口宽度；

D ——平滑宽度，$D = T/\Delta t$，T 为采样总时长，由于轨迹数据的采集频率 Δt 为 0.1 s，故 $D = 10T$。

部分车辆的横纵加速度和速度的原始数据及其处理后的结果如图 4-13 所示。

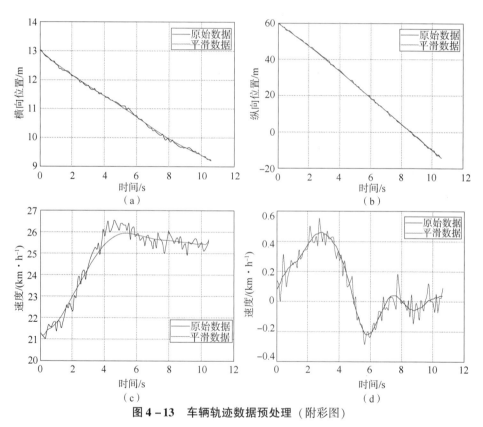

图 4-13 车辆轨迹数据预处理（附彩图）

(a) 横向位置平滑处理；(b) 纵向位置平滑处理；(c) 速度平滑处理；(d) 加速度平滑处理

对车辆轨迹的原始数据进行预处理，是为了后续更好地训练预测算法。使用 EWMA 方法删除中间误差较大的数据，可缩减算法的收敛时间；处理后的速度变化曲线和加速度变化曲线也可以用来验证预测算法的有效性，判断其能否学习交叉路口车辆的行驶规律。

为了便于训练模型和提取特征量，一条时间长度为 n 的轨迹 $S_{\text{Trj}i} = [(x_1, y_1), (x_2, y_2), \cdots, (x_n, y_n)]$ 被划分成多条相同时间长度的轨迹片段，轨迹序列的时间长度设为 d。针对城市交叉口车辆轨迹起始预测位置的不确定性，假设一条标定轨迹 $S_{\text{Trj}n} = (x_n, y_n)(n > d)$，从轨迹起点 (x_1, y_1) 开始划分轨迹：

$$S_{\text{Trj}_1} = [(x_1, y_1), (x_2, y_2), \cdots, (x_d, y_d)] \tag{4-26}$$

$$S_{\text{Trj}_2} = [(x_{11}, y_{11}), (x_{12}, y_{12}), \cdots, (x_{d+10}, y_{d+10})] \tag{4-27}$$

对轨迹数据进行上述切片分析，原本长度为 n 的一条轨迹数据被分成了时间长度为 d 的多条轨迹数据，这既保证了标定轨迹数据的每一点都得到了有效利用，使有限数据集得到扩充，也使得轨迹预测的起始位置不局限于标定的起始点，从而体现了城市交叉口车辆轨迹起始预测位置的不确定性。

2. 运动模式预测运动参数提取

对轨迹进行建模之前，需要对动态目标的运动模式进行检测。通常城市交叉口车辆的运动模式检测主要是检测车辆的通过方式（左转、右转还是直行）。本章通过目标车辆运动参数检测车辆是转向运动还是直线运动。图 4-14 中展示了车辆运动参数随时间变化的不同。起始时间为 t，以 t 时刻目标航向为基准，后续位置相对于目标的航向为 $\Delta\varphi$，后续位置相对于起点的方位角为 θ。通过激光雷达获得的车辆运动数据的分析可以发现，转向运动的方位角 θ 和相对航向角 $\Delta\varphi$ 随着时间呈线性变化，左转向与右转向的变化相反，而直线运动基本不发生变化。

通过对城市交叉路口冲突风险的分析可以得知，东西方向直行车辆和左转车辆共用交通信号灯，因此东西方向的直行车辆和左转车辆会产生时空上的冲突点。此时会有两种情况：一种是左转车辆减速让行直行车辆，直行车辆正常通过；另一种是直行车辆减速让行左转车辆，左转车辆正常通过。图 4-15 所示为正常通行车辆和让行车辆穿越交叉路口的加速度分布，可以发现两种运动模式的加速度分布具有不同的特性。通过数据回放发现，让行车辆运动模式多发生在冲突区域之前，让行车辆和正常行驶车

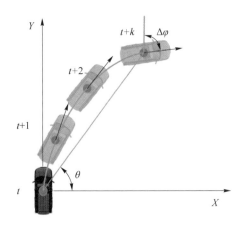

图 4-14　运动参数变化（附彩图）

辆的运动模式在冲突区域前显著不同，于是将轨迹数据在冲突区域附近 4 s 内的轨迹数据提取出来进行分析。冲突区域由人工手动划分，运动模式预测的轨迹数据通过手动标定方式得到。

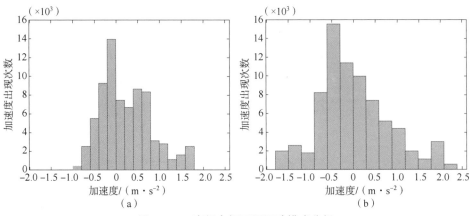

图 4-15　直行车辆不同运动模式分析

(a) 正常行驶模式；(b) 让行模式

图 4-16 所示为左转车辆正常行驶和让行行驶的加速度分布。分析冲突区域附近的让行行驶和正常行驶两种不同运动模式的加速度分布可以发现，正常行驶的左转车辆和直行车辆的加速度普遍分布在 0 m/s^2 附近的区

间;而让行行驶的车辆的加速度普遍分布在 $-0.5\ \mathrm{m/s^2}$ 附近的区间,这种分布的不同可以作为后续运动模式预测的一项预测指标。

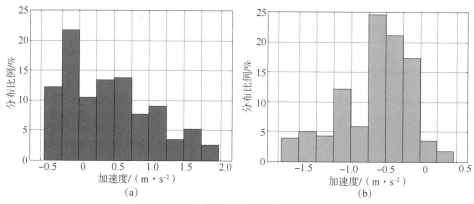

图 4-16 左转车辆不同运动模式加速度分布

(a) 正常行驶模式下的车辆加速度;(b) 让行模式下的车辆加速度分布

在对车辆运动模式分析后,基于第 2 章所述的数据采集方法,可通过对俯视视角数据进行处理来获取城市交叉路口真实有效的车辆轨迹数据及运动模式预测的重要参数。我们通过运动模式预测模型对不同运动模式进行划分,从而缩短模型训练和预测的时间,提高预测模型的精度。考虑到实际交叉路口车辆行驶的不确定性因素,我们采用对每种运动模式下车辆行驶轨迹概率模型建模的方法,以保证预测的有效性和准确性。

4.1.5.2 路基数据验证

我们利用交叉验证的方式对模型精度进行验证,将采集到的路基数据集分割成 10 个样本数据集,利用其中 9 个样本数据集进行训练,另外 1 个样本数据集用于测试。重复上述步骤 10 次,得到 10 次测试的预测误差,取其平均值作为模型最终的预测误差。为了统一验证结果,本章依据数据采集时长与车辆运动模式对轨迹片段进行划分。根据采集数据的时长,本章将直行车辆轨迹预测时长分别设为 3 s、4 s、5 s、6 s,转向车辆轨迹预测时长分别设为 3 s、4 s、5 s;根据运动模式,本章将转向行驶和直行行驶分开计算,并与现有的状态估计算法进行比较。在本次试验中将标定的路基数据分成10组,每组80条,为了适应不同位置的预测效果,本章将轨迹数据分成不同位置的轨迹片段。

图4-17所示为直行车辆和转向车辆的轨迹预测误差。可以发现,相对于现在常用的常加速模型,GPR模型对于直行车辆的长时轨迹预测更加准确,并且在运动模式没有发生显著变化的情况下,GPR模型可以捕捉到车辆在交叉路口的运动变化。

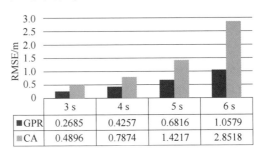

图4-17 直行车辆预测误差结果

图4-18所示为转向车辆的轨迹预测误差。可以发现,相对于现用的恒定转向率和速度(constant turn rate and velocity,CTRV)模型表示目标的转向运动过程,GPR模型对于转向车辆数的长时轨迹预测更加准确;相同预测时间的转向车辆的预测误差普遍大于直行车辆的预测误差,这是因为转向车辆的运动模式往往在很短时间内发生变化,很难用一种运动模式去完整刻画转向车辆的运动模式。

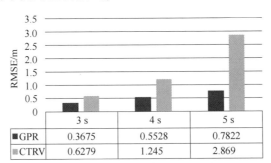

图4-18 转向车辆预测误差结果

如图4-19、图4-20所示,通过运动模式检测,判断车辆处于从西往北左转的运动模式，并对后续 3 s 的加速度和轨迹进行预测。可以发现，在 3 s 左右的预测时长里，预测模型很好地预测了车辆在未来的运动轨迹。

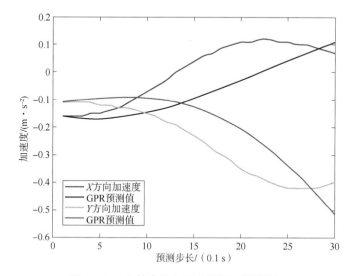

图 4-19　左转车辆加速度预测（附彩图）

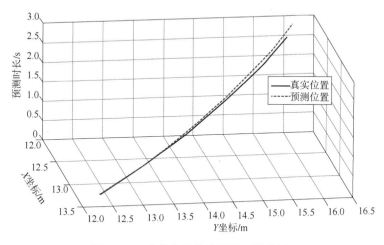

图 4-20　左转车辆轨迹预测（附彩图）

如图 4-21、图 4-22 所示，通过运动模式检测，判断车辆处于从东往北右转的运动模式，并对后续 5 s 的加速度和轨迹进行预测。通过结果对比发现，车辆在 2.6 s 左右穿过交叉路口，预测模型对横向运动的预测较准确。通过数据回放发现，这辆车选择了靠近道路中间的车道作为进入车道，但标定的数据中这种数据并不多，所以在前半段 X 方向的加速度预测方面有一定误差。但是当车辆的状态发生变化后，即对使用 1 s 之后的车辆状态进行轨迹预测，发现加速度的预测值和真实值更加接近，如图 4-23 所示。这说明，对于周边车辆而言，以历史轨迹所表示出来的运动模式为依据，轨迹预测算法能够随着车辆状态的更新，不断地给定概率较大的车辆未来运动轨迹，这对解决城市交叉路口这种强时空约束的动态避障问题能提供很大的帮助。

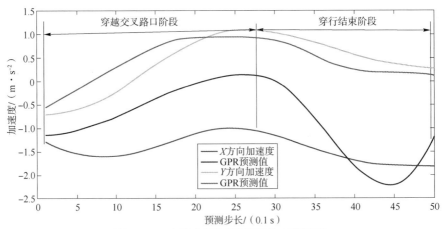

图 4-21　右转车辆加速度预测（附彩图）

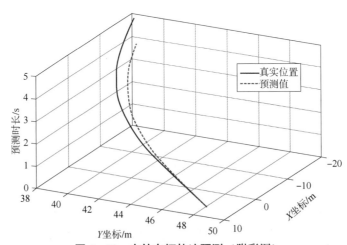

图 4-22　右转车辆轨迹预测（附彩图）

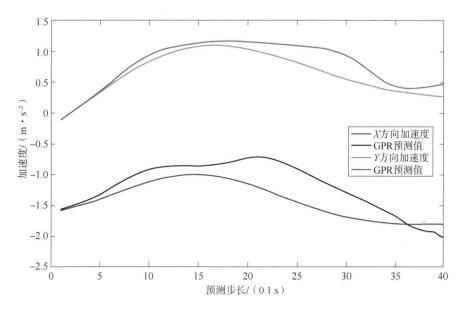

图 4-23 状态变化后右转车辆加速度预测（附彩图）

对 GPR 模型在不同的测试集的测试轨迹下进行预测分析，采用 RMSE 的预测误差计算方法，试验结果取测试集下的轨迹预测误差的平均值来评价预测的准确性。与物理模型算法相比，GPR 模型预测长时轨迹的误差较低、预测精度较高并且长时预测较稳定。其原因在于基于物理模型的轨迹预测仅基于车辆当前状态进行轨迹预测，没有对轨迹的不同运动模式进行聚类分析，因此预测误差相对 GPR 模型来说偏大。

从上面的结果对比分析得知，GPR 算法在处理城市交叉路口轨迹预测的问题上，可将预测的误差量控制在更小的范围内，这不仅体现了自身算法的稳定性，还学习了驾驶员的运动模式。

4.1.5.3 实车数据验证

本小节使用实车采集平台采集的他车轨迹数据，用 GPR 模型代替运用状态估计的系统方程，使用路基标注的本车状态信息将他车轨迹信息进行坐标转换，得到他车在大地坐标系的轨迹信息。由于车载传感器得到的他车运动状态信息有一定的误差,因此利用结合无迹卡尔曼滤波的高斯过程(GP - UKF)算法,以减少误差。

标准卡尔曼滤波算法的前提条件是系统为线性系统,但在实际系统观测过程中,绝大部分系统都是非线性的。目前应用比较广泛的解决非线性系统问题的有扩展卡尔曼滤波(extended Kalman filter,EKF)算法、无迹卡尔曼滤波(unscented Kalman filter,UKF)算法。针对一些非线性比较强的系统,EKF 算法可能不收敛。因此本小节选择 UKF 算法,即无迹变换(unscented transformation,UT)与卡尔曼滤波算法的结合。无迹变换的原理:在原状态分布中按一定规则选取一些采样点,使这些采样点的均值与协方差等于原状态分布的均值和协方差;将这些点代入非线性函数,相应得到非线性函数值点集,通过这些点集求取变换后的均值和协方差,这样得到的非线性变换后的均值和协方差精度至少具有 2 阶泰勒展开序列的精度。

GP - UKF 算法用高斯过程(GP)替代原来 UKF 的系统方程部分。本小节通过对历史车辆轨迹数据的学习来建立系统状态方程,而不是构造一个确定的系统模型。高斯过程回归结合滤波算法不但可避免系统建模的复杂性,还能解决高斯过程模型非线性的误差积累问题[3]。若存在一个具有观测噪声的非线性系统如下:

$$\begin{cases} \boldsymbol{x}_k = f(\boldsymbol{x}_{k-1}, \boldsymbol{u}_{k-1}) + \boldsymbol{w}_{k-1} \\ \boldsymbol{y}_k = h(\boldsymbol{x}_k) + \boldsymbol{v}_k \end{cases} \quad (4-28)$$

每个模型的状态方程的训练集为

$$D = \{(\boldsymbol{X}, \boldsymbol{U}), \boldsymbol{X}'\} \quad (4-29)$$

式中,$\boldsymbol{X}'$——状态 $\boldsymbol{X}$ 和输入 $\boldsymbol{U}$ 对应的状态增量。

用 GP_μ^f 表示通过学习得到的状态方程和测量方程:

$$\boldsymbol{x}_k = \mathrm{GP}_\mu^f([\boldsymbol{x}_{k-1}, \boldsymbol{u}_{k-1}], D) + \boldsymbol{w}_{k-1} \quad (4-30)$$

$$\boldsymbol{w}_{k-1} \sim N(0, \mathrm{GP}_\mu^f([\boldsymbol{x}_{k-1}, \boldsymbol{u}_{k-1}], D)) \quad (4-31)$$

具体算法流程如下。

1)时间预测

(1) 计算 Sigma 点 $\chi_{i,k-1}$:

$$\chi_{i,k-1} = \begin{bmatrix} \hat{x}_{k-1} & \hat{x}_{k-1} \pm \sqrt{P_{k-1}\xi_i} \end{bmatrix} \quad (4-32)$$

(2) 利用 GP 传播 Sigma 点:

$$\overline{\chi}_{i,k} = \mathrm{GP}_\mu^f([\chi_{i,k-1}, u_{k-1}], D) \quad (4-33)$$

$$Q_k = \mathrm{GP}_\Sigma([\hat{x}_{k-1}, u_{k-1}], D) \quad (4-34)$$

(3) 估计预测均值 $\hat{x}_k$ 和协方差矩阵 $\hat{P}_k$:

$$\hat{x}_k = \sum_{i=0}^{2n} \omega_i^m \overline{\chi}_{i,k} \quad (4-35)$$

$$\hat{P}_k = \sum_{i=0}^{2n} \omega_i^c (\overline{\chi}_{i,k} - \hat{x}_k)(\overline{\chi}_{i,k} - \hat{x}_k)^T + Q_k \quad (4-36)$$

2)测量更新

(1) 计算 Sigma 点 $\hat{\chi}_{i,k}$:

$$\hat{\chi}_{i,k} = \begin{bmatrix} \hat{x}_k & \hat{x}_k \pm \sqrt{\hat{P}_k \xi_i} \end{bmatrix} \quad (4-37)$$

(2) 利用 GP 传播 Sigma 点:

$$\hat{Y}_{i,k} = h(\overline{\chi}_{i,k}) \quad (4-38)$$

$$R_k = h(\hat{x}_k) \quad (4-39)$$

(3) 预测量测值 $\hat{y}_k$ 和协方差 $\hat{P}_{yy,k}$ 和 $\hat{P}_{xy,k}$:

$$\hat{y}_k = \sum_{i=0}^{2n} \omega_i^m \hat{Y}_{i,k} \quad (4-40)$$

$$\hat{P}_{yy,k} = \sum_{i=0}^{2n} \omega_i^c (\hat{Y}_{i,k} - \hat{y}_k)(\hat{Y}_{i,k} - \hat{y}_k)^T + R_k \quad (4-41)$$

$$\hat{P}_{xy,k} = \sum_{i=0}^{2n} \omega_i^c (\hat{\chi}_{i,k} - \hat{x}_k)(\hat{Y}_{i,k} - \hat{y}_k)^T \quad (4-42)$$

(4) 计算 UKF 增益 K_k,更新状态向量和方差 P_k:

$$K_k = \hat{P}_{xy,k} \hat{P}_{yy,k}^{-1} \quad (4-43)$$

$$x_k = \hat{x}_k + K_k(y_k - \hat{y}_k) \quad (4-44)$$

$$P_k = \hat{P}_k - K_k \hat{P}_{yy,k} K_k^T \quad (4-45)$$

在轨迹预测中，模型用目标位置、速度、加速度来表示目标状态，观测量为目标的位置和速度。采用本章前文所述的运动模式建模方法，运动模式的 GP 模型可以表达如下：

$$\begin{bmatrix} a_x \\ a_y \end{bmatrix} = \begin{bmatrix} \mathrm{GP}_\mu^x(\boldsymbol{r},\boldsymbol{D}) \\ \mathrm{GP}_\mu^y(\boldsymbol{r},\boldsymbol{D}) \end{bmatrix} + \begin{bmatrix} \boldsymbol{\varepsilon}_x \\ \boldsymbol{\varepsilon}_y \end{bmatrix} \tag{4-46}$$

式中，$\boldsymbol{\varepsilon}_x, \boldsymbol{\varepsilon}_y$——$a_x$ 和 a_y 对应的方差部分，$\boldsymbol{\varepsilon}_x = \mathrm{GP}_p^x(\boldsymbol{r},\boldsymbol{D}), \boldsymbol{\varepsilon}_y = \mathrm{GP}_p^y(\boldsymbol{r},\boldsymbol{D})$；

$\boldsymbol{r}$——目标的位置和速度；

$\boldsymbol{D}$——训练数据集。

对应 t 时刻观测到 $(x(t),y(t),v_x(t),v_y(t))$，通过匀加速模型推测 $t+1$ 时刻车辆的位置和速度，则每一时刻的系统方程可以通过运动学模型表达为

$$\begin{bmatrix} x_{t+1} \\ y_{t+1} \\ v_{t+1}^x \\ v_{t+1}^y \end{bmatrix} = \begin{bmatrix} 1 & 0 & \Delta t & 0 \\ 0 & 1 & 0 & \Delta t \\ 0 & 0 & 1 & 0 \\ 0 & 0 & 0 & 1 \end{bmatrix} \begin{bmatrix} x_t \\ y_t \\ v_t^x \\ v_t^y \end{bmatrix} + \begin{bmatrix} \frac{1}{2}\Delta t^2 \\ \frac{1}{2}\Delta t^2 \\ \frac{1}{2}\Delta t^2 \\ \Delta t \\ \Delta t \end{bmatrix} \begin{bmatrix} \mathrm{GP}_\mu^x(\boldsymbol{r}_t,\boldsymbol{D}) \\ \mathrm{GP}_\mu^y(\boldsymbol{r}_t,\boldsymbol{D}) \\ \mathrm{GP}_\mu^x(\boldsymbol{r}_t,\boldsymbol{D}) \\ \mathrm{GP}_\mu^y(\boldsymbol{r}_t,\boldsymbol{D}) \end{bmatrix} + \begin{bmatrix} \frac{1}{2}\Delta t^2 \\ \frac{1}{2}\Delta t^2 \\ \Delta t \\ \Delta t \end{bmatrix} \varepsilon_t \tag{4-47}$$

简化的系统方程可以表达为

$$\boldsymbol{r}_{t+1} = f(\boldsymbol{r}_t,\boldsymbol{D}) + \boldsymbol{w}_t \tag{4-48}$$

式中，$\boldsymbol{w}_t$——系统方程的误差，$\boldsymbol{w}_t \sim N(0,\boldsymbol{Q}_t)$。

由于系统方程的误差 $\boldsymbol{w}_t$ 是通过 GP 模型回归得到的，因此当前目标的运动状态会影响模型预测精度，可结合无迹卡尔曼的观测方程来减少模型的非线性误差。

在每一步进行预测时，Sigma 采样点产生并且通过 $f(\cdot)$ 传播得到预测均值和协方差矩阵。然后在每一个新的时间步可以得到一个新的目标运动状态 $\boldsymbol{y}_{t+1}$：

$$\boldsymbol{y}_{t+1} = \boldsymbol{r}_{t+1} + \boldsymbol{v}_{t+1} \tag{4-49}$$

式中，$\boldsymbol{v}_{t+1}$——一个 0 均值高斯噪声，$\boldsymbol{v}_{t+1} \sim N(0,\boldsymbol{R}_{t+1})$，$\boldsymbol{R}_{t+1}$ 是该高斯噪声的协方差矩阵，与传感器的测量误差有关。

由于实车采集平台的行驶速度较低,因此车载传感器的测量结果误差较低,传感器对远处目标位置的观测误差在 0.5 m 左右,相对速度的误差在 1~2 m/s 左右,因此将 $\boldsymbol{R}_{t+1}$ 设置为 diag(0.25,0.25,2,2)。

如图 4-24 所示,车载传感器的数据是相对于车体坐标系的,考虑到二维平面的坐标转换关系,本小节通过坐标系的旋转平移变换将车体坐标系的数据转换到大地坐标系。已知车体坐标系 $X'OY'$ 的动态障碍物位置 (x',y'),则目标障碍物在大地坐标系的位置坐标为

$$x = x'\cos\theta + y'\sin\theta + a \qquad (4-50)$$

$$y = y'\cos\theta - x'\sin\theta + b \qquad (4-51)$$

式中,(a,b)——本车在大地坐标系的位置坐标,可通过对路基数据标定得到;

θ——本车相对大地坐标系的方向角,可通过路基数据标定本车的速度方向得到。

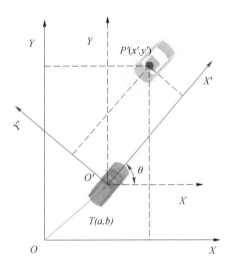

图 4-24 旋转平移变化示意图(附彩图)

由于车载传感器的数据与路基传感器的数据存在时间差异,因此通过时间同步将数据同步到同一时空坐标系。例如,图 4-25 中获取编号 9357

的车辆的传感器测量值,因为遮挡等原因会有数据丢失,可通过插值法来补全数据,时间同步之后该车辆在车体坐标系下的目标位置坐标如图 4-26 所示。

图 4-25 编号 9357 的目标车辆(附彩图)

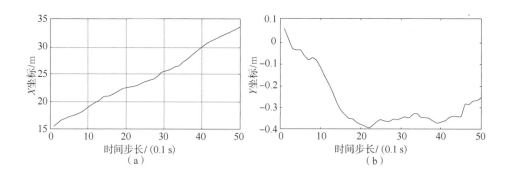

图 4-26 车体坐标系目标车辆的位置变化

(a) X 坐标;(b) Y 坐标

通过坐标转换后,目标车辆的位置和速度数据如图 4-27 所示。

接下来,利用 GP-UKF 算法对前 0.6 s 历史轨迹数据进行滤波,预测之后 4.4 s 的目标车辆运动状态。由于目标车辆是直行车辆,其横向位置和速度基本不发生变化,因此在此重点关注车辆在直行方向的运动状态。预测的结果如图 4-28 所示,其中 GP 预测值是直接利用 0.6 s 的目标状态观测值对目标进行之后几秒的轨迹预测,可以发现 GP-UKF 算法在实车传感器数据上的预测效果要好于直接利用 GP 算法对目标状态进行预测。

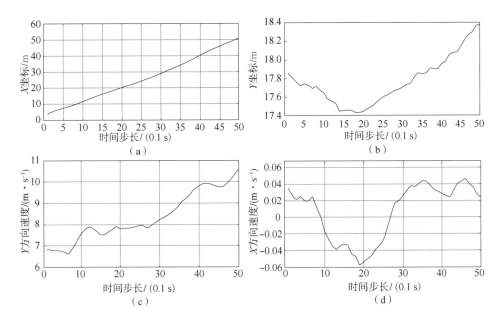

图 4-27 大地坐标系目标车辆的位置、速度变化

(a) X 坐标；(b) Y 坐标；(c) Y 方向速度；(d) X 方向速度

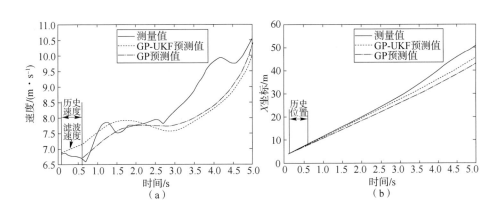

图 4-28 试验车辆数据预测结果分析

(a) 速度；(b) X 坐标

从实车传感器数据轨迹预测的结果可得，预测算法得到的预测轨迹接近实际轨迹，并且在得到当前最优状态估计的情况下，预测模型多步预测

的不确定性传播得不快,模型可以从交叉路口任何起始位置来预测轨迹和速度。

4.2 行人与非机动车行为识别与预测

4.2.1 行人行为识别与预测问题概述

智能车辆关于行人避障问题的处理,最早可追溯到无人车路径规划和避障算法相关领域的研究。与周边车辆相似,行人也是环境中的典型动态障碍物,其出现的时间和位置无法预知,且位置也随着时间而不断变化。对于城区环境下运行的智能车辆,仅依照当前时刻的检测信息做判断,显然很难达到行人避障问题所要求的实时性与安全性。因此,要想达到好的行人避障效果,往往需要更进一步的行人行为信息,以帮助本车提前做出判断和决策。与其他未知障碍物不同,行人移动时保持较稳定的方向和较低的速度,且具有潜在的行为模式和移动规律,其行走轨迹在一定程度上是可预测的。显然,通过预测行人的行走轨迹,可以帮助本车提前预知行人的行为趋势,更好地实现避障功能。

本节将介绍结合长短期记忆(long short-term memory,LSTM)网络建立行人轨迹预测模型的方法。首先采用侧向视角数据采集方法对人车交互交通场景进行数据采集方案设计及实施,之后对数据进行预处理并建立基于 LSTM 网络的行人轨迹预测模型,最后进行试验验证与分析。

4.2.2 轨迹预测场景

对于行人本身而言,影响其行走轨迹的因素有许多,如目的地、与周边人群的交互、道路情况等。采用 RNN、LSTM 建模等方法，可以对行人进行较准确的行为模式建模和轨迹预测。然而，与普通场景中人与人之间的交互作用起主导作用所不同的是，在特定的交通场景下，行人与汽车之间的交互将导致行人做出特定的行为决策，该行为决策将最终反映到行人的行走轨迹上。在过去的研究中可以发现，行人和机动车辆之间的典型冲突大多发生在城区环境下十字交叉口的路口处，且大多为行人过街场景，如图 4-29 所示。在这类场景中，车头与行人间的动态距离显著地影响了行人是否过街的决策；反之，这类行人与汽车之间产生交互的典型场景也恰恰是汽车需要对行人进行重点避障研究的场景。

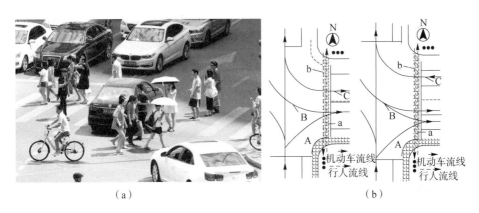

图 4-29 十字路口处行人与机动车间的冲突

(a) 汽车视角下与行人之间的冲突情况；(b) 十字路口行人与机动车冲突示意图

在有交通灯的普通十字交叉路口处，汽车视角下与行人之间的冲突情况如图 4-30 (a) 所示，数据场景大体可分为以下 3 类：

(1) 本车在转向前直行时遇横向过街行人（A-a 类冲突）；

(2) 本车在右转时遇纵向过街行人（B-b 类冲突）；

(3) 本车在左转时遇纵向过街行人（C-c 类冲突）。

在无交通灯的普通十字路口，汽车视角下与行人之间的冲突情况则相对更加复杂。如图 4-30 (b) 所示，可以看到不受交通灯和人行道的限制，行人活动范围变广，在道路中的各个位置都有可能出现。因此，对于无交通灯的十字路口，拟仅从车辆自身视角考虑，将数据场景分为三类：

（1）本车直行（A类冲突）；

（2）本车右转（B类冲突）；

（3）本车左转（C类冲突）。

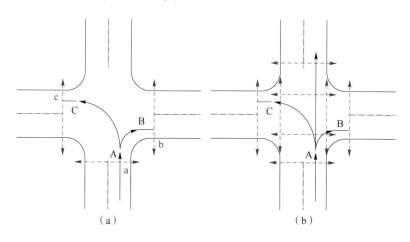

图 4-30　十字路口人车冲突场景（附彩图）

（a）有交通灯；（b）无交通灯

魏公村十字路口的人流量、车流量均较大，因此以下内容根据魏公村十字路口作为有交通灯十字路口场景数据进行分析，如图 4-31 所示。需要指出的是，由于魏公村十字路口具有左转方向灯且交通管制较严格，本车在左转时很难遇到纵向过街的行人（C-c 类冲突），因此仅针对转向前直行时和右转时可能遇到的冲突（A-a 类冲突、B-b 类冲突）进行分析。

无交通灯的十字路口场景选择校内一个典型十字路口作为采集地点，如图 4-31(b) 所示。考虑到便于与有交通灯路口数据形成对照，因此同样仅针对直行（A类冲突）和右转数据（B类冲突）进行反复采集。

具体采集方案如表 4-5 所示。

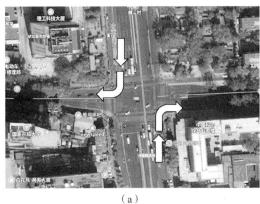
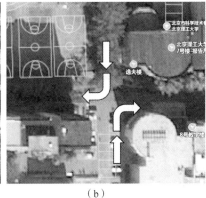

(a) (b)

图 4-31 采集地点

(a) 有交通灯十字路口场景;(b) 无交通灯十字路口场景

表 4-5 数据采集方案

地点	A-a/A 类冲突场景	B-b/B 类冲突场景
魏公村路口	8 组	8 组
校内路口	8 组	8 组

4.2.3 地平线相机数据处理

在使用车载计算平台进行足够多次数的数据采集后,对 4 种场景下所采集的多组数据分别进行行人数据的提取和处理,最终得到 130 条有效的行人轨迹,其轨迹条数在不同场景下的分布如表 4-6 所示,所得不同场景下的行人轨迹如图 4-32 所示。

表 4-6 行人轨迹在不同场景下的数目分布

路口类型	场景类型	轨迹条数
校内路口	A 类场景	34
	B 类场景	32
魏公村路口	A-a 类场景	18
	B-b 类场景	46

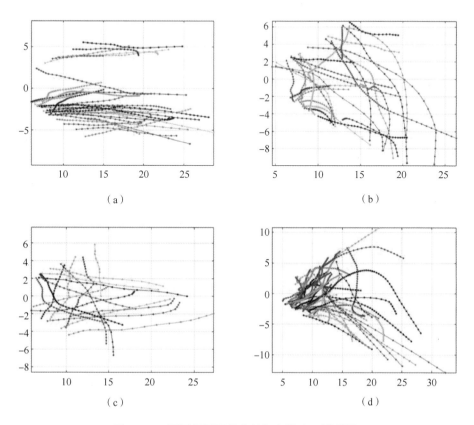

图4-32 不同场景下的有效行人轨迹（附彩图）
(a) 校园A；(b) 校园B；(c) 城市A-a；(d) 城市B-b

由图4-32可看出，在校内路口两种场景下采集到的行人轨迹均比较规范，大多具有相似的走势和规律，而在魏公村路口采集到的数据则明显更杂乱，包含各种走向的轨迹。对比原视频可发现，这种现象是由于在校内路口下采集到的数据中，行人与车的交互行为较为单一，而在魏公村路口采集到的数据则包含了行人与本车的多种交互行为，因此呈现的轨迹更加复杂。

4.2.4 基于 LSTM 的行人轨迹预测模型

Hochreiter 等[48]提出的 LSTM 模型是递归神经网络（RNN）的一个变种。它构建了专门的记忆存储单元，通过时间反向传播算法对数据进行训练。它可以解决 RNN 存在的梯度消失及无长期依赖的问题。LSTM 基本原理如图 4-33 所示。

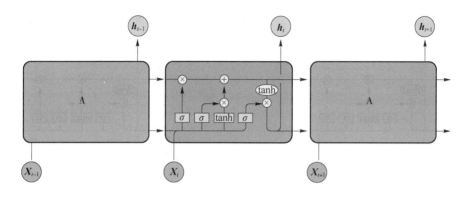

图 4-33　LSTM 基本原理

在对与车辆发生交互的行人进行建模的过程中，将 t 时刻观察到的行人特征记为 $\boldsymbol{x}^{(t)} = (x_1^{(t)}, x_2^{(t)}, \cdots, x_n^{(t)})^{\mathrm{T}}$，其中 n 代表观察到的特征维度数；将需要预测的 $t+1$ 时刻的目标向量记为 $\boldsymbol{y}^{(t+1)} = (\hat{p}_x^{(t+1)}, \hat{p}_y^{(t+1)})^{\mathrm{T}}$，其中 (p_x, p_y) 定义为行人的 XY 位置坐标。此处的建模任务可概括为，对于特定场景下某给定行人，输入该行人从 1 到 t 时刻的观察特征 $(\boldsymbol{x}^{(1)}, \boldsymbol{x}^{(2)}, \cdots, \boldsymbol{x}^{(t)})$，可输出 $t+1$ 时刻下的位置和速度向量 $\boldsymbol{y}^{(t+1)}$，所求基于 LSTM 的行人轨迹预测模型可表达为

$$\boldsymbol{y}^{(t+1)} = f(\boldsymbol{x}^{(1)}, \boldsymbol{x}^{(2)}, \cdots, \boldsymbol{x}^{(t)}) \qquad (4-52)$$

在本节所分析的城市十字路口交通场景下，要对行人的轨迹进行预测，首先要对已知的数据进行分析。在前一节对每个场景进行行人数据的提取和预处理，得到了具有不同时间长度的行人特征数据，每个行人的特

征都包含 ID、出现的视频帧数、距离和位置、速度、标注框信息。除 ID 外，其余特征数据均为时序数据，具体含义和形式如表 4-7 所示。

表 4-7 已知行人信息含义及表示

名称	含义	向量形式
frame	时间戳，不包含特定的行人信息	frame
position	表示行人的空间轨迹，以车辆坐标系下的坐标值给出	(p_x, p_y)
velocity	表示速度，以车辆坐标系下速度分量形式给出	(v_x, v_y)
bbx	表示在二维视频画面中检测到的行人剪影位置变化，以左上和右下两点在图像坐标系下的坐标值给出	(l_x, l_y, r_x, r_y)
distance	本身由位置序列的 (x,y) 坐标点计算得来，表示该行人距本车的距离变化	dist

在已有的行人轨迹预测工作中可以发现，大多数用于学习和预测的原始行人轨迹数据均为静止大地坐标系下的行人轨迹。这种轨迹直观、简洁、易于分析，但在解决交互问题时往往需要通过建立复杂的网络结构关系或使用某些聚类方法才能对行人的行为规律做出判断。

与过去的行人轨迹预测工作所不同的是，在这些数据中，观察到的行人位置（position）、速度（velocity）等特征始终为本车第一视角下观察到的相对特征，所在的相对坐标系中本车位置始终位于原点，意味着当本车相对大地坐标系位置和速度发生变化时，在车辆坐标系中观察到的行人位置和速度也会随本车运动而发生变化。

图 4-34 显示了本车在右转场景下遇纵向过街行人（前文中定义为 B-b 类冲突场景）时，ID 为 4619 的行人在车辆坐标系下观测到的位置轨迹。图中右下角显示了该行人初次被检测到时的画面，此时本车已经开始右转，而该行人正处于人行横道中间的位置，很可能会与右转时经过人行横道的本车发生碰撞。随着本车不断向右移动，该行人逐渐加快脚步，在本车视野中移动到更接近画面中央的位置，可看出此时该行人具有较大的概率抢先穿越路口。在这一时刻，本车的速度开始放缓，意图给予行人通

行权，行人领会到车速放缓后继续快速行走，并很快通过路口，最后从本车视野中消失。

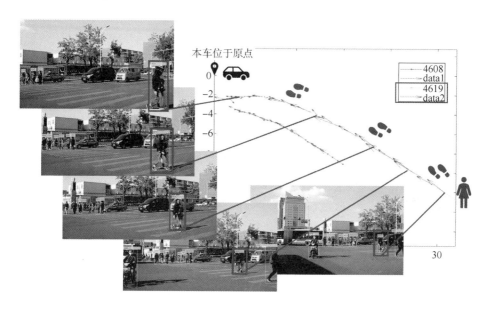

图4-34 某右转场景下遇过街行人的检测数据（附彩图）

从上述典型的人车交互过程中可以看出，在特定的交通场景下，所观察到的行人相对位置本身就反映了人车交互下的时空关系变化，不同的人车交互行为也将对应着不同的观测轨迹，因此这类轨迹在某种程度上已内在地隐含了人车交互下行人的行动规律。在这种情况下，对这类相对位置轨迹进行预测，本质上就是在对人车交互影响下的行人活动轨迹进行建模。

对于轨迹预测模型网络搭建，一种很自然的思路为直接输入前一段时间的行人轨迹，预测后一时刻行人的位置。此时任意 t 时刻下的输入特征向量为

$$\boldsymbol{x}_p^{(t)} = (p_x^{(t)}, p_y^{(t)})^{\mathrm{T}} \tag{4-53}$$

模型的输出为

$$\boldsymbol{y}^{(t+1)} = (\hat{p}_x^{(t+1)}, \hat{p}_y^{(t+1)})^{\mathrm{T}} = \hat{\boldsymbol{x}}_p^{(t+1)} \tag{4-54}$$

可见，此时模型输入目标特征前一段时间的值，预测其自身后一时刻的可能值，模型可记作：

$$\boldsymbol{y}^{(t+1)} = \hat{\boldsymbol{x}}_{\mathrm{p}}^{(t+1)} = f_{\mathrm{p}}(\boldsymbol{x}_{\mathrm{p}}^{(1)}, \boldsymbol{x}_{\mathrm{p}}^{(2)}, \cdots, \boldsymbol{x}_{\mathrm{p}}^{(t)}) \quad (4-55)$$

然而，位置（position）信息作为目标向量，除了能利用自身之前时刻的信息预测下一时刻的状态外，还可以将其他有可能隐含了行人在相对坐标系下的空间位置和行为模式的信息作为输入进行预测，如已知的速度序列（velocity）、标注框序列（bbx）和距离序列（distance）。

值得一提的是，在实际数据采集过程中，行人位置的估计需要融合多传感器信息进行复杂的运算来得到，运算成本也比较高；但行人的标注框和到本车的距离信息可以通过单独的摄像头或雷达得到，检测速度快、成本低、技术成熟，且某种程度上隐含着行人的位置和速度信息。可见，使用标注框序列（bbx）或距离序列（distance）作为输入的轨迹预测模型具有更强的普适性，对这类模型进行研究具有更深远的意义。因此，标注框序列（bbx）和距离序列（distance）同样可以作为轨迹预测模型的输入，并且可进行不同组合输入下轨迹预测模型建模效果的探讨。

此时，模型的输出不变，即所要预测的仍然是行人的位置（position），但将其中任意 t 时刻下的输入特征向量设定为标注框序列（bbx）和距离序列（distance）输入的不同组合，分别为单独的 bbx 输入、distance 输入，以及标注框序列（bbx）和距离序列（distance）的组合输入。模型依次可记作：

$$\boldsymbol{y}^{(t+1)} = f_{\mathrm{b}}(\boldsymbol{x}_{\mathrm{b}}^{(1)}, \boldsymbol{x}_{\mathrm{b}}^{(2)}, \cdots, \boldsymbol{x}_{\mathrm{b}}^{(t)}) \quad (4-56)$$

$$\boldsymbol{y}^{(t+1)} = f_{\mathrm{d}}(\boldsymbol{x}_{\mathrm{d}}^{(1)}, \boldsymbol{x}_{\mathrm{d}}^{(2)}, \cdots, \boldsymbol{x}_{\mathrm{d}}^{(t)}) \quad (4-57)$$

$$\boldsymbol{y}^{(t+1)} = f_{\mathrm{bd}}(\boldsymbol{x}_{\mathrm{bd}}^{(1)}, \boldsymbol{x}_{\mathrm{bd}}^{(2)}, \cdots, \boldsymbol{x}_{\mathrm{bd}}^{(t)}) \quad (4-58)$$

综上所述，本节拟对四种基于 LSTM 的轨迹预测模型进行模型搭建试验，分别为 f_{p}、f_{b}、f_{d}、f_{bd}，模型数据结构如图 4-35 所示。

选用平均偏移误差（average differential error，ADE）作为评价指标来刻画预测轨迹的准确性，该指标单位与原数据单位保持一致（米，m）。

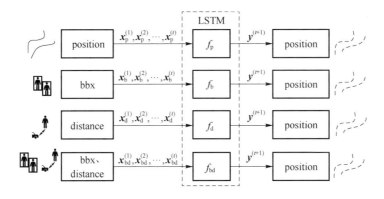

图 4-35　四种模型数据结构

ADE 值越低，表明准确性越高。ADE 表达式为

$$\text{ADE} = \frac{1}{n}\sum_{i=1}^{n}\frac{1}{\tau-1}\sum_{t=2}^{\tau}\sqrt{(x_i^t - \hat{x}_i^t)^2 + (y_i^t - \hat{y}_i^t)^2} \quad (4-59)$$

对不同场景下的四种网络模型进行参数微调。得到恰当的模型参数后，对每个模型进行 10 次重复训练，取各模型在测试集中的预测误差平均值，如表 4-8 所示。

表 4-8　测试集预测误差

地点	场景	样本数	$f_p(\cdot)$	$f_b(\cdot)$	$f_d(\cdot)$	$f_{bd}(\cdot)$	$f_p f_{bd}$ 平均
校园内路口	A	33	0.1599	0.5414	3.5347	0.2114	0.1857
	B	32	0.2231	0.6982	2.5196	0.3063	0.2647
魏公村路口	A-a	18	0.4961	1.1836	3.3644	0.6002	0.5482
	B-b	46	0.1757	1.4126	2.0608	0.6770	0.4264
平均			0.2637	0.9590	2.8699	0.4487	0.3529

由表中四种模型在所有场景下的平均预测误差可看出，预测精度 f_p > f_{bd} > f_b > f_d。其中，f_p 模型精度最高，表示利用自身之前时刻的位置轨迹对下一时刻的位置进行预测能达到最佳预测效果，这也符合我们对建模效果的直观感受；其次是结合距离和标注框信息进行预测的模型 f_{bd}，其预测

精度均高于仅使用标注框的模型 f_b 或仅使用距离的模型 f_d，且与模型 f_p 相差不远，证实了标注框序列和距离序列可能隐含行人空间位置信息，可作为位置预测输入的猜想；对于仅使用标注框进行预测的模型 f_b 或仅使用距离进行预测的模型 f_d，可从数据中明显看出误差偏大，且 f_d 的预测误差达到了 2.5 m 以上，损失函数在建模过程中难以收敛。从表 4-8 中可看出，仅从距离信息很难推测行人的位置，标注框信息效果稍好，但二者结合起来可达到更好的效果。

去掉误差较大的模型 f_d、f_b 的数据，对模型 $f_p(\cdot)$、$f_{bd}(\cdot)$ 的误差计算平均值后，可从地点的角度来分析模型误差。根据表 4-8 的最后一行数据，可发现校园内路口下各场景的预测误差均高于魏公村路口。校园内路口所采集到的行人数据为人车交互较为单一的数据，而魏公村路口的数据为人车交互情况较为复杂的数据。数据所涵盖的人车交互情形种类越多，数据复杂度就越高，建立模型的难度也会随之加大，误差也会相应较大。因此，对于不同路口数据间误差不同的情况，可认为是由采集得到的数据本身的复杂度引起的。

从整体上看，模型 f_p，f_{bd} 的平均预测误差为 0.3529 m，由《中国成年人人体尺寸》（GB/T 10000—1988）可知，普通成年男子的最大肩宽平均值为 0.427 m，即估计误差小于一人肩宽量。分别来看，模型 f_p 的误差范围在 0.1599~0.4961，模型 f_{bd} 的误差范围在 0.2114~0.6770，最大误差均不超过两个行人肩宽量，达到了较好的预测水平。

为了更加直观地分析此模型的对行人轨迹的预测能力，以样本数目最多、人车交互情景最复杂的魏公村路口 B-b 类场景预测数据为例，将测试集中的原行人轨迹与四种模型的预测轨迹进行绘制，如图 4-36 所示。

由图 4-36 可观察到，红色与绿色点线代表的模型 f_p、f_{bd} 预测轨迹在各个测试样本中都非常接近蓝色粗线代表的真实轨迹，而黄色点线所代表的 f_b 轨迹和紫色点线代表的 f_d 轨迹则具有较大误差，验证了表 4-8 中数据所述预测模型的准确性。

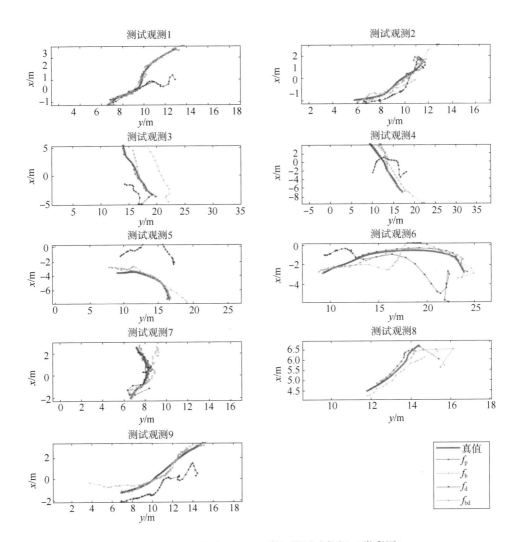

图 4-36　魏公村路口 B-b 类场景测试数据（附彩图）

在这些样本中，不同行人的走向、行走速度、活动范围各不相同，代表了行车过程中的各类行人与本车产生了许多不同类型的交互，但由模型 f_p、f_{bd} 给出的预测轨迹均能很好地适应这些变化，给出符合真实情况的预测轨迹。

综上所述，本节建立了两种有效行人轨迹预测模型，分别为 f_p 和

f_{bd}。其中，f_p为根据之前时刻的轨迹来预测下一时刻位置的模型，f_{bd}为根据之前时刻传感器数据来预测下一时刻位置的模型。该f_p、f_{bd}行人轨迹预测模型能够有效地对特定交通场景下行车过程中所遇到的行人进行观测，并根据在训练集中学习到的人车交互模式对新输入的行人轨迹进行合理预测，将误差限制在两个成人肩宽范围之内，达到了较好的预测精度。

4.2.5 非机动车行为识别——以自行车为例

非机动车辆是除了车辆和行人外的重要交通参与者，往往也是受交通影响及城市地区事故影响较大、极易产生交通事故的易受伤害道路使用者（vulnerable road users，VRU）。针对非机动车的行为识别工作与针对行人的行为识别与预测有异曲同工之处，本节以自行车为例概述非机动车行为识别问题。

自行车骑行者的骑行行为反映了出行者对道路环境因素及交通状况的感知，骑行过程中骑行者通过对骑行风险状态的自我评估而采取相应的行为策略，以使自身处于持续的安全、舒适的骑行状态。针对自行车骑行行为的研究主要包含以下几个步骤。

首先，对骑行行为的分类进行定义。当前对于自行车骑行行为的研究差异主要集中于骑行行为分类定义及建模。骑行行为是骑行者行为策略最直接的体现，骑行行为的合理分类有助于深入理解骑行者骑行行为决策的特性。通常可以将骑行行为分为正常骑行行为和异常骑行行为，其中异常骑行行为依据受到的干扰以及骑行者受到干扰后行为决策的不同又可以分为占用机动车道骑行行为、占用人行道骑行行为、超越行为及避让行为等[17]。

之后，基于对骑行行为的分类定义，进一步开展骑行行为特性分析、行为分类及建模预测等研究。针对自行车行为识别问题，现已涌现许多可行解决方法,以下根据骑行行为模型的不同选取其中几种进行简要介绍。

1. 基于卷积神经网络的模型

该方法利用卷积神经网络（convolutional neural networks，CNN）突出的特征信息提取及非线性解析能力,建立了适用于不同骑行场景下的自行车骑行行为识别模型（图4-37）,具有可考虑多因素、适应于多场景的特点。此外,卷积神经网络特有的卷积操作可以自动识别提取骑行特征信息中对骑行行为变化影响较大的因素,还可以通过调整卷积权重值来充分表达各个因素影响作用的大小。

图4-37 基于卷积网络的骑行行为识别

2. 基于模糊逻辑的行为模型[4]

该方法结合驾驶员和自行车间的间隙接受行为、自行车速度等因素,建立了一种基于模糊逻辑、用于描述混合交通中无信号交叉路口处的自行车行为模型,如图4-38所示。自行车的行为通过其路径规划表示,该模型包括检测、路径绘制和反应路径生成三个子模型,其中,检测和路径绘制中应用了模糊逻辑方法。

3. 基于姿态的自行车避障行为识别

由于自行车是一种通过车轮转动来传递骑者负荷的交通工具,因此自行车的行为和骑者的姿态之间存在着高度的相关性,可以基于骑手姿态对其避障行为进行识别,如图4-39所示。该方法[18]利用OpenPose工具获取骑手姿态特征,并根据这些特征构造支持向量机,对自行车避障行为进行识别与检测。

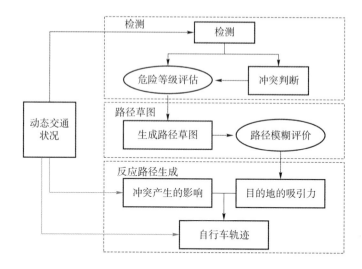

图 4-38　骑行者的路径规划行为模型

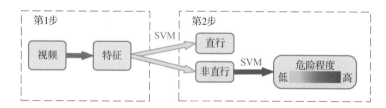

图 4-39　基于骑手姿态的自行车避障行为识别

第5章

智能车辆行为决策概述

作为智能车辆的重要组成成分,行为决策系统在自主行驶过程中起着至关重要的作用。城区道路环境因其高度复杂性,对智能车辆的安全高效通行造成了极大的挑战。智能车辆想要真正行驶在城区道路环境中,不仅需要获取和处理复杂的环境信息,还要能应对驾驶过程中出现的突发状况,并做出实时合理的决策。智能车辆行为决策模型的智能化,本质上是使智能车辆能够在真实城区道路环境中实现安全的类人驾驶。本章首先对智能车辆行为决策的相关概念及存在问题进行综述,之后介绍智能车辆行为决策的三种常用方法及其应用实例。

5.1 智能车辆行为决策概述

智能车辆行为决策模块的主要功能是通过各种车辆传感器感知到的交

通环境信息，考虑行驶区域、动静态障碍物以及车辆汇入和让行规则，与无人驾驶行为知识库中的各种决策知识与经验相匹配，进而选择适合当前道路交通环境的行为规则。例如，智能车辆在选择最佳的换道时机时，需要考虑自身及周围车辆信息的动态变化、当前车道是否拥堵、自己的行为是否会给其他车辆带来不便等问题。智能车辆将决策判断的结果传递给规划模块，规划模块考虑到车辆的运动学和动力学约束以及环境中动静障碍物的确切信息，生成无碰撞的运动轨迹，并将轨迹信息发送给控制模块。控制模块处理接收到的轨迹信息，将其转化为各个执行器的控制量，使车辆能够按照设计的轨迹驾驶。

智能车辆在真实城区道路环境下的行为决策需要遵守一系列交通规则，并满足行驶安全性、时效性等约束的要求。当前的智能车辆行为决策系统存在一系列问题。例如，在城区道路环境中驾驶时，智能车辆仅关注本车道中其他车辆的状态信息，对于周围车道车辆的行驶意图缺少提前的预判，这导致如果本车面临侧前方其他车辆并线等情形，就会存在潜在的安全风险。此外，目前的决策系统对于换道时机的选择判断并不准确。例如，智能车辆可能无法很好地理解其他车辆让行的行为，因而产生过于保守的驾驶行为，进而影响通行效率。在无信号灯十字交叉路口的场景下，智能车辆同样缺乏预测其他方向行驶车辆的驾驶行为的能力。在美国国防高级研究计划局（Defense Advanced Research Projects Agency，DARPA）组织的城市挑战赛与中国智能车未来挑战赛中，参赛车队大都采用以车道保持为主的保守驾驶行为，这实际上限制了智能车辆的驾驶潜能。在这样的情况下，智能车辆将难以适应复杂的城市环境并做出连续有效的驾驶动作，以满足全局任务规划和运动规划的要求。实际上，智能车辆在真实交通环境中的行驶过程，是一个与周围行人、车辆、交通设施等环境要素不断交互的过程。因此，提高智能车辆的行为决策能力是提高车辆智能化的关键因素。

智能车辆行为决策非常具有挑战性，这其中包括几个因素：首先，其他道路参与者的意图及后续行动具有不确定性，可能导致智能车辆做出不同的决策和相应的运动；其次，在本车所得到的感知信息有限的情况下，智能车辆的行为决策需要处理各种复杂的场景；另外，本车对未来状态的规划不仅会影响自身行为，也会对周围环境的状态变化产生影响，本车的运动必须无碰撞，满足其运动学和动力学约束，遵守交通规则。因此，如何提高行为决策规划的质量，是智能车辆朝着智能化前进的道路上一个亟待解决的问题。

对于智能车辆行为决策的研究，最早可追溯到 21 世纪初。为了促进智能车辆系统的开发，美国国家标准与技术研究院提出了基于分层递阶结构的四维实时控制系统（4D/RCS）体系[49]。该体系分为若干层面，这些层面与人类驾驶员的驾驶决策行为相对应，分别为战略层面、战术层面和操作层面，每个层面都由若干节点构成，而每个节点都包含世界模型、价值判断、感知处理和行为生成四个模块，如图 5 - 1 所示。4D/RCS 体系结构详细描述了行为生成这一过程，该体系将任务、世界模型与价值判断相结合，生成不同层次的智能车辆驾驶行为，如区域级别（600 s）、车辆级别（60 s）、子系统级别（5 s）、粗糙控制级别（500 ms）、伺服控制级别（50 ms）以及执行级别（5 ms）。本章所介绍的行为决策过程，相当于战术层面的决策过程，在 4D/RCS 体系中，该过程大致对应子系统级别与粗糙控制级别的行为生成过程。

5.2　智能车辆行为决策的常用方法

智能车辆行为决策的常用方法有基于规则的行为决策、基于随机过程的行为决策和基于机器学习的行为决策。

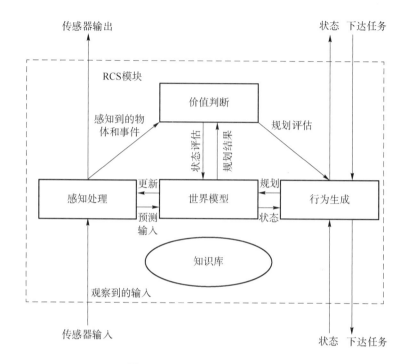

图 5-1　4D/RCS 智能车辆体系

5.2.1　基于规则的行为决策

最常用的行为决策方法是基于规则的方法，基于规则的模型主要利用人类的共有常识来决策（或调整）车辆行驶状态。该方法应用简单、易于搭建和调整，且实时响应良好。例如，多种基于状态机的系统，这些系统可以对交通场景进行评价，并通过人工定义的一系列规则来进行不同状态之间的实时调整。基于规则的行为决策通过判定其他车辆的当前状态，并根据定义好的规则来决定智能车辆的后续动作。

在自主行驶过程中，智能车辆需要根据当前的环境状态实时选择合理的驾驶动作，状态机模型通过构建有限的有向连通图来描述不同的驾驶状态以及状态之间的转移关系，从而根据驾驶状态的迁移反应式地生成驾驶动作。该类模型主要包括有限状态机（finite state machine，FSM）模型、层次状态机模型。FSM 模型[5]是一种描述离散输入/输出系统的数学模型，由事件、状态、状态迁移构成。智能车辆的驾驶状态由 FSM 模型的状态确定。事件作为引发状态迁移的输入条件，控制当前状态沿转换路径跳转到另外的驾驶状态，通过事件驱动机制来生成驾驶动作。Noh[50]在处理十字交叉路口通行问题时，采用贝叶斯估计对其他车辆风险进行预测，将周边的车辆划分为危险、需要注意、安全三个等级，根据其他车辆的危险等级以及本车所处十字交叉路口的位置，采用 if – else 的规则判断，执行急停、保持状态等动作。

美国国防高级研究计划局在城市挑战赛期间提出了在城市交通环境的驾驶要求。在受限的环境下，以斯坦福大学的 Stanley 团队[47]为代表的大多数团队，主要关注基于规则的系统（如有限/混合状态机），这些系统定义了场景中车辆的期望行为。Ardelt 等[51]成功演示了基于规则的专家系统如何解决高速公路上的决策问题。为了使这些方法适应一般的城市交通，需要添加更多状态和过渡来考虑各种各样的场景。这个过程冗长且容易出错，因此不能很好地适应日益复杂的驾驶环境。从那时起，更多基于知识的通用方法得到应用，并开发出了基础或本体。Zhao[52]使用地图和汽车本体的组合来指导无信号十字路口或狭窄道路上的路径规划器。Kohlhaas[53]提出了语义状态空间的概念，这些语义状态的组成基于本体，其中基于图的规划器能够根据交通规则规划策略。

城市挑战赛冠军 Boss[54]基于 FSM 模型执行了一系列人工定义的决策状态（图 5 – 2）以实现准确的行为决策，如检查车距以确定车辆能否充分加速、检查路口是否有其他车辆、确定本车的行驶优先级以确定通过路口的方式，以及检查换道时的安全距离等。状态估计器与目标选择器共同完成这项功能。状态估计器得到当前车辆在道路模型中的位置，目标选择器根据车辆位置和相应道路模型以及任务规划所产生的全局目标轨迹产生当前的、即将发生的和未来将要发生的运动目标，包括路口处理、道路处理、停车处理等模块，以及相应的子模块（如换道、跟驰、路口等待、通过路口等动作)。该方法模拟了人类推理的过程,使得 Boss 安全自动行驶超过 3000 km 并获得城市挑战赛冠军。

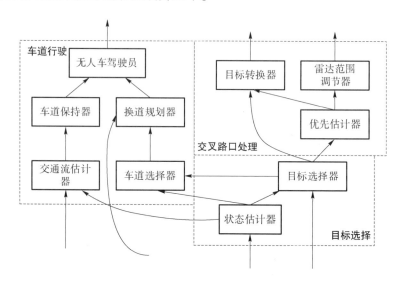

图 5-2　Boss 行为决策系统数据流向图

基于规则的行为决策方法大部分是采用启发式方法从先验驾驶知识中找到行驶策略,需要对每个驾驶场景指定(或者驯化)出一套驾驶策略,多基于状态转移、产生式规则、案例或者映射关系得到驾驶动作,其复杂度主要由驾驶场景的复杂度决定。上述行为决策方法是根据当前驾驶场景状态反应式地选择与先验驾驶策略最相似的驾驶动作,其忽略驾驶场景中的不确定性因素,并且不能定量地评估驾驶策略的好坏程度。

5.2.2　基于随机过程的行为决策

基于规则的行为决策体系没有充分考虑环境的不确定性,在复杂的环境中,往往不能对许多因素提前精确建模,这会影响基于规则方法的效率。智能车辆决策需要具有实时性、一致性、远虑性和可预测性。基于规则的决策模型虽然具有实时性,但它更侧重于实现的功能,而不是实现高驾驶性能。在实际驾驶环境中，存在着许多不确定性，例如，时间预测的不确定性，因为车辆行为具有随机性且无法衡量其目标和计划；然而，更重要的是环境感知中存在的不确定性，例如，由于传感器有噪声或环境遮挡，车辆只能感知当前一小部分环境。

基于随机过程的决策方法是一种考虑不确定性的决策方法，其应用较多的是马尔可夫模型。马尔可夫模型是指基于马尔可夫决策过程的模型，其具有如下特性：在已知目前状态（现在）的条件下，它未来的演变（将来）不依赖于它以往的演变（过去），即一个确定的未来状态仅取决于当前状态，而与过去的状态无关。根据系统状态是否完全可被观测以及系统是自动的还是受控的，可以将马尔可夫模型分成四种：马尔可夫链（Markov chain，MC）、隐马尔可夫模型（hidden Markov model，HMM）、马尔可夫决策过程（Markov decision process，MDP）和部分可观测马尔可夫决策过程（partially observable Markov decision process，POMDP）。此外，还有马尔可夫随机场（Markov random field，MRF）和马尔可夫链蒙特卡洛（Markov chain Monte Carlo，MCMC）这两个模型也常被用于近似和预测。

Wei 等[55]提出了一种基于单点马尔可夫过程的方法，用于单车道行为决策。通过该开发过程，智能车辆能模仿优秀驾驶员的驾驶行为，可更好地与有人驾驶车辆交互。文献[55]中提出了基于预测-评价函数方法、基于意图辨识的预测-评价函数方法，以及基于意图辨识的预测-评价函数方法预测和评价交通场景，这些方法考虑了与其他车辆交互的驾驶行为，并应用于单车道高速公路行驶和匝道路口场景。此外，该研究中考虑了前车行为的不确定性以及环境感知精度的不确定性，将传感器噪声、环境感知限制加入决策系统，基于单点马尔可夫过程得到不同驾驶等级、不同感知确信度的关系。这个过程可以提高系统的鲁棒性。然而，该方法是手工建立的，且仅适用于单车道自主行驶，并且传感器约束等都通过离线标定获得。

Liu 等[56]考虑到场景的不确定性，建立了基于部分可观测马尔可夫过程的智能车辆决策模型，基于高斯过程回归建立了道路信息上下文模型，结合其他车辆的驾驶行为，使用 DESPOT 求解器进行决策的最终求解。然而，该研究针对的是校园环境，并没有考虑对于计算实时性以及对车速、转向角等要求更高的城市环境。Brechtel 等[57]使用连续空间的部分可观测马尔可夫过程模型，将驾驶问题看作一个连续空间中的问题，而将置信空间定为无穷大，使用其他车辆的位置、速度作为模型输入，针对交叉口区域其他车辆可能被建筑物遮挡的情形开展仿真研究。然而，连续置信空间会带来严重的计算量问题，很难满足真实环境下对计算效率的需求。

为了让智能车辆适应在城市交通场景中的传感器噪声，在驾驶时能够做出实时决策，Ulbrich 等[58]提出了一种如图 5-3 所示的两步算法，以降低 POMDP 的复杂度，在信号处理网络中需考虑相对距离、相对速度和碰撞时间。然而，使用 POMDP 方法在连续状态和行动领域里不容易找到最优解。Cunningham 等[59]使用多策略决策方法（multi-policy decision making，MPDM）进行决策，同时在线评估决策结果，将 POMDP 用于表明模型的近似和假设。

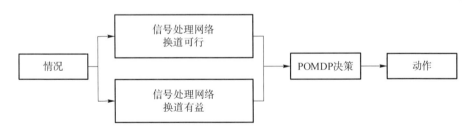

图 5-3　基于 POMDP 的两步算法决策

此外，Ulbrich[60]还提出了一种高纬度、混合状态空间内的决策框架，能够处理真实道路环境中存在的感知不确定问题，实时做出相应的决策。该研究将决策系统搭载在奥迪 A7 自动驾驶概念车上，在真实道路环境中完成测试。决策框架如图 5-4 所示，其中，测量模型模块将感知信息转换为动态贝叶斯网络中的状态变量，贝叶斯网络能够减少感知不确定性对决策的影响。决策内核模块采用类似决策树的决策方法，树的大小随着决策时间逐渐增大。为了缩短计算时间，该研究将不能执行的分支去除，并且在决策周期上采用变分辨率的规划方法；同时，框架内引入场景预测模型，将对策略执行后的场景进行前向仿真预测，预测结果作用于策略评估。成本函数模型用来计算具体策略的可执行性与收益性，从而可以得到每个策略集的综合可执行性与收益性。

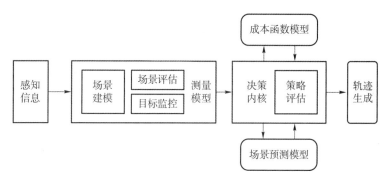

图 5-4　高维度、混合状态空间内的换道决策框架

Aoude 等[61]采用信息博弈理论，进行了交叉口决策研究。在该研究中，每个博弈在发生冲突时终止，假定每辆车在博弈中都最大化自身的距离碰撞时间，同时假定其他车辆最小化距离碰撞时间，采用该场景态势判断模型，在低速下进行了测试。Bahram 等[62]提出了一种基于预测-反应的驾驶策略选择机制。基于车辆安全性、交通规则以及舒适性等判别指标，以及对未来时间窗的场景信息预测，通过搜索的方式来求取车辆高速公路行驶时每一时刻的最优策略，然而该方法只在仿真环境中进行了验证。

Galceran 等[63]提出了一种多策略决策方法，基于贝叶斯方法检测其他车辆的换道突变点，并据此对其他车辆的未来时刻行驶位置展开预测，进而通过对多车之间的交互仿真测试来得到最终的决策指令。

虽然基于随机过程的决策方法可以减少不确定性带来的影响，但这种方法需要大量数据，而且方法的有效性与数据质量有很大关联。通常，数据量越大、覆盖范围越广、分布越均匀，方法的有效性就越好。然而，在现实中采集大量数据并对数据进行预处理有很大困难，采集的数据通常具有一定特殊性。因此，基于统计的决策方法在前期需做大量工作，不能快速实现功能；而且模型一旦形成，就不能及时更改。

5.2.3　基于机器学习的行为决策

基于机器学习的行为决策主要研究人类的驾驶行为习惯，通过理解人和周围环境的动态关系来建模。其主要分为两大类：基于无模型的学习；基于有模型的学习。

1. 基于无模型的学习

在基于无模型的学习中，强化学习是一种能够通过自身在环境中得到的奖励来得到自身的行为和其效用的对应关系的有效方法。

陈昕[64]利用强化学习学习人类驾驶员的跟车模式，该类人驾驶学习系统包含两个主要模块——人类驾驶策略学习模块、纵向速度控制模块。基于传统智能驾驶系统现有框架，文献［64］对其进行调整改进，将驾驶员的行为和经验纳入智能驾驶系统，针对纵向速度的规划和控制问题提出了一个可以在线学习人类驾驶员驾驶行为并实现类人驾驶的新型学习系统，该学习系统通过值函数拟合出人类驾驶员在不同状态下纵向驾驶行为动作的选择，可实现模仿人类驾驶员的前车跟驰行为。这部分内容将在第 8 章进行详细介绍。

卡耐基梅隆大学的 Qiao 等[65]将交叉口的行为建立为马尔可夫模型，介绍了一种从候选任务集中自动生成培训过程课程的方法，并将自动生成的课程（automatically generated curriculum，AGC）训练的性能与随机生成的序列的性能进行了比较，结果表明 AGC 能显著缩短训练时间、引导强化学习学习良好的策略、大幅度减少迭代次数、加快收敛速度，同时达到相似的（或更好的）性能。

加州大学伯克利分校的 Chen 等[66]提出在深度强化学习中采用神经网络对状态和行为进行拟合。一般来说，深度强化学习不能处理这样具有层次化的任务。于是，他们采用分层式强化学习解决车辆通过有信号交叉口的问题。其中，上层利用半马尔可夫模型对有信号交叉口模型进行抽象，将抽象后得到的"通过红绿灯"还是"在红绿灯前停止"的结果传递给下层；下层利用策略梯度进行迭代得到车辆的速度曲线。

Bojarski 等[67]通过建立卷积神经网络（convolutional neural networks, CNN）建立了从图像到控制参数的自主驾驶控制策略，以此来模仿人类的驾驶行为。然而，由于无人车辆和道路上的其他交通参与者具有一定的行为互动，因此基于深度学习方法的类人驾驶学习模型仍然存在不足。例如，基于 CNN 无法有效地学习人类驾驶员与道路上其他交通参与者交互的能力。并且该类模型对先验驾驶知识、训练数据的依赖性较大，需要对驾驶知识进行精心整理、管理和更新。虽然基于神经网络的映射模型可以省略数据标注和知识整合的过程，但是仍然存在以下缺点：其"数据"驱动机制使得其对训练数据的依赖性较大，需要充分的训练数据；其将映射关系固化到网络结构中，解释性较差；存在"黑箱"问题，透明性差，对于实际系统中出现的问题可追溯性较差，很难发现问题的原因。

2. 基于有模型的学习

基于有模型的学习主要可分为两种：学习人类的评价标准；学习人类对于环境的推理。

1）学习人类的评价标准

Sadigh 等[68]利用逆强化学习框架学习了人类驾驶行为的损失函数，通过效用模型来生成驾驶行为，因而学习到人类的交互特性。其重点考虑了智能汽车驾驶行为对其他驾驶员的影响，但该研究中只建模了单个驾驶员的驾驶行为，没有考虑多驾驶员互动的情况。为了预测人类在保守驾驶过程中的行为，Shimosaka 等[69]利用逆强化学习训练出驾驶员保守驾驶行为的风险预测模型框架，并根据框架得出奖励函数，以代表不同场景的风险因素。该过程考虑到了人与道路特征之间的联系，但是没有考虑其他交通参与者对驾驶员行为的影响。

2）学习人类对于环境的推理

北京理工大学的宋威龙[70-71]针对城区动态环境下的智能车辆行为决

策方案，对其他车辆的驾驶行为和驾驶意图进行划分。针对行为决策问题，其提出了基于有限状态机（FSM）与部分可观测马尔可夫过程（POMDP）的行为决策模型，将复杂的智能车辆行为决策问题分解为基于FSM的横向决策问题、基于POMDP的纵向决策问题。基于FSM的横向决策模型将智能车辆的行驶过程限定为有限种驾驶行为，并通过增加"换道准备"这一特殊驾驶行为，将理论模型与真实环境相匹配。基于POMDP的纵向决策模型考虑了交通场景中其他车辆驾驶意图的不确定性，生成加速/减速等速度决策指令。在此框架下，智能车辆主要依靠速度调整与交通场景中的其他车辆协作行驶，所表现出的驾驶行为是稳定且可预测的。该模型利用高斯混合模型（Gaussian mixture model，GMM）结合HMM模型对其他车辆的换道行为，以及在交叉口的驾驶行为做出判断和预测。根据预测得到的其他车辆驾驶行为和驾驶意图，预测其未来的轨迹；根据预测的轨迹，本车做出反应式的行为决策判断。

耿新力[72]提出了基于本体论的语义模型，对交通场景元素、元素相互之间的语义关系进行了结构化描述，在此基础上提出面向问题的先验驾驶知识表示方法，明确了驾驶场景的实例化方法并构建了基于Prolog的在线推理系统。为了预测他车的运动状态，其以驾驶意图为突破口，提出了基于HMM和知识推理的他车驾驶意图预测模型，通过对先验驾驶知识的建模和应用，降低了意图预测的误报率，提高了算法的精度和长时预测能力；在得到抽象的行为动作后，将其与POMDP结合，在局部规划窗进行规划表达。陈雨青[73]为了达到类人学习的效果，建立了基于风险偏好的类人决策评价函数，并采集真实的驾驶数据对人类的驾驶特性进行分析。其将驾驶场景划分为危险场景和非危险场景，在两种环境下利用人类的驾驶数据分别学习人类的评价函数。最后的试验数据显示，相较于单一的数据驱动方法和基于先验知识的方法，基于风险偏好的类人评价函数和基于风险中性的评价函数在拟合人类数据上误差更小，更符合人类驾驶行为。

第6章 基于规则的行为决策

有限状态机是表现有限个状态以及在这些状态之间的转移、动作等行为的数学模型，是一种广泛应用的软件设计方法。6.1 节将介绍有限状态机的原理及概述，结合车辆自身的行驶特点来分析车辆行驶可能面临的有限种行驶状态，建立基于有限状态机的横向决策模型。6.2 节将介绍超车分层决策流程图，以及安全性、舒适性、效率性、利他性 4 个评价指标，并从合法性与安全性、超车收益与超车损失两个角度介绍超车规则。6.3 节将介绍超车模型的高速公路场景应用实例，进行智能驾驶行为决策试验，对行为决策模型进行了验证。6.4 节将介绍换道模型的城市道路场景应用实例，在真实城市道路中基于实车对智能车辆换道决策模型的可行性进行验证，并将决策结果与人类驾驶员决策结果作对比，分析决策模型与人类驾驶员决策的相似程度。

6.1 状态机

本节介绍状态机。其中,6.1.1 节首先介绍有限状态机的概念、表示方法以及组成要素,然后介绍层次状态机;6.1.2 节首先介绍智能车辆横向驾驶行为的定义,然后介绍基于有限状态机的横向决策模型。

6.1.1 状态机原理及概述

有限状态机(finite state machine,FSM)简称"状态机",其作为状态机理论模型的一种,是表现有限个状态以及在这些状态之间的转移、动作等行为的数学模型,是一种广泛应用的软件设计方法。有限状态机主要用来描述对象在生命周期内所经历的状态序列和引起状态转换的事件,是表示有限状态以及状态之间的转移关系的数学模型。

有限状态机可以由六元组 $(\Psi,\Sigma,S,s_0,H,\omega)$ 表示。其中,Ψ 为输入集;Σ 为输出集;S 为状态集;s_0 为系统的初始状态,是 S 中的元素;H 是状态转移函数:$S \times \Sigma \to S$;ω 为输出函数。有限状态机存在两个基本的假设:对象的状态是有限的、可列出的;状态的转移是瞬时完成的。

有限状态机通常包含以下 4 个要素:

(1)状态(state):是指对象的一种状况,存储关于过去的信息。处于某个特定状态中的对象必然会满足某些条件、执行某些动作或等待某些事件。

(2)事件(event):是指对状态机有意义的事情,通常会引起状态的变迁,促使状态机从一种状态转移到另一种状态。

(3)转移(transition):是指满足转移条件后,对象状态发生变化,由当前状态转换成另一状态。

(4)动作(action):是指状态机中满足特定条件时能够执行的操作。

动作在执行过程中不能被其他消息中断。动作包括进入动作、退出动作、输入动作、转移动作等。

图 6-1 展示了简单的有限状态机系统，S_1、S_2、S_3 表示不同的状态，E_1、E_2、E_3、E_4、E_5、E_6 表示不同的事件。

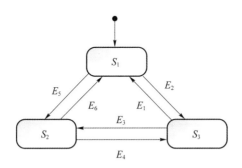

图 6-1 简单有限状态机示意图

层次状态机在有限状态机的基础上发展而来，通过在单个状态内建立子状态逐渐形成。层次化建模能够实现状态系统的模块化，每个模块都是相对独立的有限状态机，不同模块之间也能够实现状态的转移。对于复杂的有限状态系统，层次状态机更能反映真实系统结构，使模型逻辑合理清晰，降低模型复杂度，便于维护。

6.1.2 基于有限状态机的横向决策模型

本节将以基于有限状态机的横向决策模型为例，简单介绍状态机在智能车辆横向决策模型上的应用。智能车辆横向驾驶行为的数量是有限的[74]，因此将智能车辆的横向驾驶行为定义为车道保持、换道准备与换道。横向决策模型决定了智能车辆是否保持当前车道行驶或者换道到相邻车道。

由于横向驾驶行为的数量是有限的，本节使用有限状态机模型表示横向决策过程。决策模型使用的有限状态机系统如图 6-2 所示。针对路口场景，由于法律规定车辆在弯道及路口不允许换道，因此无信号灯十字交叉口的决策行为将限定在车道保持的框架下，仅通过位置判断是否进入路口来进行模式切换。

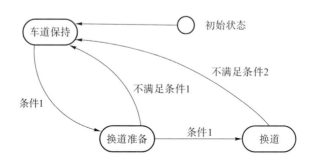

图 6-2　换道决策状态机

"车道保持"状态时，智能车辆将稳定在本车道内行驶，这有利于智能车辆相对其他车道车辆的行驶安全。与此同时，引入"换道准备"状态，避免智能车辆的突然"换道"行为对其他车辆造成行驶风险。当满足条件 1 时，由"车道保持"状态转移到"换道准备"状态。在"换道准备"状态下，规划系统继续驱动智能车辆跟随本车道行驶，同时通过转向灯信号向其他行驶车辆传达智能车辆的"换道"意图。如果不再满足条件 1 或者智能车辆安全驾驶员中断了"换道"行为，智能车辆的驾驶状态将返回"车道保持"。"换道准备"状态的存在对于建立一个连续、有效的规划系统十分重要。在动态环境中，它能避免突然的"换道"动作，从而降低安全风险。

如果在一段时间内均满足条件 1，将进行换道决策并切换至"换道"状态。在"换道"状态下，局部规划系统将目标车道作为预跟踪的参考车道，并且保存当前车道的信息。当不满足换道条件 2 时，局部规划系统将强制返回"车道保持"状态，当前车道将更新为参考车道。设置条件 2 弱于条件 1，以免由于感知误差造成的决策波动。当智能车辆到达目标车道时，规划系统将更新，目标车道将更新为当前车道，同时将驾驶状态更新为"车道保持"，以完成完整的"换道"行为。此时，智能车辆的横向决策问题转换为换道条件的选取问题。

6.2 基于规则的分层超车决策框架

本节将介绍行为决策的规则提取与优化。其中，6.2.1 节介绍了超车分层决策流程图；6.2.2 节介绍安全性、舒适性、效率性、利他性 4 个评价指标；6.2.3 节从合法性与安全性、超车收益与超车损失两个角度介绍超车规则。

6.2.1 超车决策过程

本节采用的超车决策过程借鉴了 Hidas 换道模型[75]，将超车行为细分为超车意图的产生、超车条件的判断和超车行为实施。如图 6-3 所示，展示了由"车道保持"状态转移到"左换道准备"的分层决策流程图。通过车载传感器获取环境信息，进行特征提取并分类。若未产生超车意图，则继续"车道保持"状态；若产生超车意图，则继续向下判断。合法性与安全性作为第一规则进行判断，具有一票否决权。然后，综合根据安全性、效率性、舒适性及利他性等因素计算超车收益性与消耗性。其中，收益性用来表征超车行为对整体行驶目标有益的一面，消耗性用来表征超车行为对整体行驶目标有害的一面。一旦超车收益性大于消耗性一定量（阈值），行驶状态将由"车道保持"转移到"左换道准备"状态。

6.2.2 评价指标选取

评价指标可以定量地分析智能车辆超车决策的合理性，但是目前缺乏相应的法律法规或行业标准来确立统一的评价标准。本节着重考虑安全性、舒适性、效率性、利他性 4 个评价指标。

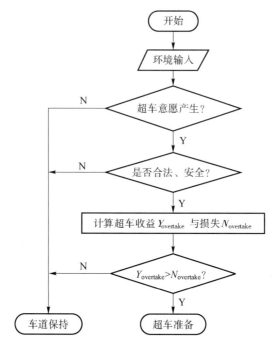

图6-3 超车分层决策（单步）示意图

1. 安全性

安全性主要考虑的是避免智能车辆与其他车辆发生碰撞，由于车辆的横向距离受车道线约束，因此在此主要考虑纵向安全。安全性评价指标主要包括两个内容——安全距离 d_{safe}、碰撞时间 TTC。其中，安全距离模型采用 Pitt 模型[76]：

$$d_{safe} = \mu_{safe}v + L_{vehicle} + 10 \qquad (6-1)$$

式中，μ_{safe}——驾驶员敏感系数；

$L_{vehicle}$——车辆长度；

v——本车速度；

10（m）——附加缓冲距离。

碰撞时间 TTC：

$$TTC = \frac{y_{front} - y_{host}}{v_{host} - v_{front}} \qquad (6-2)$$

式中，$y_{\text{front}}, y_{\text{host}}$ ——前车与本车的纵向坐标；

$v_{\text{front}}, v_{\text{host}}$ ——前车与本车的速度。

2. 舒适性

评价车辆舒适性通常根据其噪声、振动与声振粗糙度（noise、vibration、harshness，NVH）特性，但是 NVH 特性主要用来衡量车辆本身的机械结构及装配制造水平，而不是针对智能车辆决策结果的评价。这里的舒适性主要衡量智能决策结果对驾乘人员乘坐感受的影响，采用反映车辆加速度变化的指标冲击度 j。冲击度 j，即整体加速度的变化率：

$$j = \frac{\mathrm{d}a}{\mathrm{d}t} \tag{6-3}$$

由于横向加速度变化与纵向加速度的冲击度往往给驾乘人员带来程度不同的舒适性影响，本节分别求解横向加速度与纵向加速度的冲击度，线性加权得到整体冲击度。横向加速度求解：忽略两前轮转向角差异，将四轮车辆模型简化成两轮车辆模型（自行车模型），采用阿克曼理想转向假设。阿克曼转向基本原理：汽车在行驶过程中，每个车轮的运动轨迹都完全符合它的自然运动轨迹，保证每个车轮相对地面的运动为纯滚动而无相对滑动。如图 6-4 所示，Q 为车辆瞬时转向中心，车轮中心与瞬时转向中心的连线与车轮前进方向垂直。

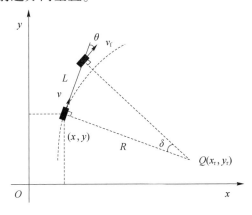

图 6-4 阿克曼转向模型示意图

根据圆周运动横向加速度求解公式与阿克曼转向模型的几何关系，简化求解，以后轴中心点处的横向加速度代表车内驾乘人员的横向加速度，得到驾乘人员的横向加速度：

$$a_{\text{lat}} = \frac{v_{\text{host}}^2 \tan\theta}{L_{\text{wheelbase}}} \quad (6-4)$$

式中，θ——前轮转角；

$L_{\text{wheelbase}}$——轴距；

v_{host}——车辆后轴中心运动速度。

舒适性评价指标：

$$C_{\text{comfort}} = \mu_{\text{lat}} j_{\text{lat}} + \mu_{\text{lon}} j_{\text{lon}} \quad (6-5)$$

式中，j_{lat}——横向加速度冲击度；

j_{lon}——纵向加速度冲击度；

$\mu_{\text{lat}}, \mu_{\text{lon}}$——权重系数。

3. 效率性

智能车辆在高速公路上行驶时，高效率或高速通行是驾乘人员重要的行驶目标。效率性主要用来描述超车行为所获得的通行速度上的提升程度，考虑了目标车道与本车道通行速度的不同以及左前车与前车行为的影响。超车行为效率性指标通过下式计算：

$$C_{\text{efficiency}} = \mu_v (v_{\text{leftlane}} - v_{\text{currentlane}}) + \mu_{\text{leftfront}} B_{\text{leftfront}} + \mu_{\text{front}} B_{\text{front}} \quad (6-6)$$

式中，v_{leftlane}——左侧车道通行速度；

$v_{\text{currentlane}}$——本车道通行速度；

$B_{\text{leftfront}}$——左前车行为属性；

B_{front}——前车行为属性；

$\mu_v, \mu_{\text{leftfront}}, \mu_{\text{front}}$——权重系数。

4. 利他性

超车行为会引起交通扰动，对交通流的动态特性产生影响，既而影响道路的通行能力和交通流的稳定性和通畅性。智能车辆在真实交通环境行驶过程中，行为决策会对整个交通流产生有利影响或有弊影响，利他性主要衡量超车行为对交通流或其他车辆的影响。分析具体的超车行为，当智能车辆进行超车时，干扰主要发生在两次换道时，对左后车或者右后车可能产生明显的影响。这种影响主要是指速度的降低或者加速行驶的中断。智能车辆超车决策在利他性上的基本原则：对其他行驶车辆不产生（或者轻微产生）消极影响，尽量产生积极影响。接下来，通过是否造成其他车辆速度下降来量化对其的影响，假设左换道时的左后车与右换道的右后车均在执行正常车道保持行驶。在换道准备过程中，利他性会充分考虑车辆避让意图。假设车辆执行下列自适应巡航（adaptive cruise control，ACC）模型[77]：

$$\begin{cases} d_{\text{desired}} = d_{\min} + h_{\text{desired}} v_{\text{target}} \\ \Delta d = d_{\text{target}} - d_{\text{desired}} \\ \Delta v = v_{\text{target}} - v_{\text{host}} \\ a = \mu_d \Delta d + \mu_v \Delta v \end{cases} \quad (6-7)$$

式中，$d_{\min}$——本车与目标车辆的最小间隔距离；

h_{desired}——本车与目标车辆时距；

v_{target}——目标车辆速度；

d_{target}——本车与目标车辆距离；

v_{host}——本车速度；

a——本车目标加速度；

μ_d, μ_v——权重系数。

根据换道时是否对左后车或右后车造成减速影响，考虑其避让意图来计算利他性：

$$C_{\text{altruistic}} = \mu_{\text{acc}} a + \mu_{\text{int}} i \quad (6-8)$$

式中，a——通过 ACC 模型计算得到的加速度；

i——车辆避让意图；

$\mu_{\text{acc}}, \mu_{\text{int}}$——权重系数。

6.2.3　超车规则制定

在超车意图产生之后,需要根据超车规则来判断在当前交通环境下智能车辆能否超车。人类驾驶员产生超车意图的时候,具有很大程度上的主观性。为了使驾乘人员感到安全舒适,智能车辆在超车意图产生的过程中,既不能冒进也不能过于保守,应该与人类驾驶员的决策结果类似。超车意图的产生主要考虑车辆前方的交通环境来判断是否有必要超车,而超车规则要以安全为基本前提,综合考虑舒适性、效率性等判断能否超车。超车规则是所有驾驶员都要遵守的一般性准则,是反映超车决策过程中客观性的规律。因此,超车规则以安全性等指标为基础,建立了智能车辆超车的条件。

1. 合法性与安全性

合法性与安全性是超车规则应首要满足的条件,是超车规则判断的第一层。合法性是指超车过程中必须遵循交通法律法规约束,如左侧超车原则、匝道禁止超车等。安全性主要是指满足前一小节提高的安全指标,其判断规则如下:

$$\begin{cases} d > d_{\text{safe}} \\ \text{TTC} > \text{TTC}_{\text{safe}} \end{cases} \tag{6-9}$$

式中,d——与目标车辆的实际距离;

d_{safe}——安全距离;

TTC——与目标车辆的碰撞时间;

TTC_{safe}——安全碰撞时间。

2. 超车收益与超车损失

超车收益与超车损失是在满足超车合法性与安全性后的次级判断准则,主要考虑效率性、舒适性与利他性。其中,超车收益 Y_{overtake} 主要包含效率性收益:

$$Y_{\text{overtake}} = \mu_{\text{efficiency}} C_{\text{efficiency}} \qquad (6-10)$$

式中，$\mu_{\text{efficiency}}$——权重系数；

$C_{\text{efficiency}}$——效率性指标。

超车损失 N_{overtake} 主要包含舒适性与利他性损失：

$$N_{\text{overtake}} = \mu_{\text{comfort}} C_{\text{comfort}} + \mu_{\text{altruistic}} C_{\text{altruistic}} \qquad (6-11)$$

式中，μ_{comfort}——权重系数；

C_{comfort}——舒适性指标；

$\mu_{\text{altruistic}}$——权重系数；

$C_{\text{altruistic}}$——利他性指标。

超车判断规则：

$$Y_{\text{overtake}} > N_{\text{overtake}} \qquad (6-12)$$

在超车条件判定需要考虑多个影响因素时，采用线性加权的方式进行计算。在超车意图产生时，若满足超车规则，则进入"左换道准备"状态。在"换道准备"状态，若在连续 2 s 内均满足超车条件，则实施换道。层次状态机中的其他状态转移条件与此类似，不再一一介绍。

6.3 高速公路场景应用实例

实车试验能够有效验证本章介绍的超车行为决策框架在真实交通环境下的可行性，本节选用比亚迪速锐智能驾驶平台作为试验平台，介绍试验内容、试验结果以及试验分析。

6.3.1 试验内容

为了验证本章介绍的智能车辆超车决策系统对真实交通环境的适应性，基于比亚迪速锐智能驾驶平台，在京承高速道路和北京市三环道路上进行试验测试。图 6-5 所示为试验过程的具体交通场景：试验时间为白天，天气晴朗；道路条件基本为平直路段或曲率较小的弯路，车道线清晰；道路通行条件正常非拥堵，车流时速在 0~80 km/h 范围内。

图 6-5　实车试验道路环境

试验过程中，由于真实交通环境复杂，车流量较大，车辆行为变化较快，为了保证安全，驾驶员在确认周围环境安全的前提下，按照决策结果进行人工控制车辆。驾驶员为具有丰富驾驶经验的试验老师，相关设备与程序均在正常工作，底层控制系统关闭，决策结果通过驾驶室前端显示器进行显示。试验主要测试智能车辆的超车行为决策能力，能否安全合理做出超车行为决策，引导车辆完成自主超车。

6.3.2　试验结果与分析

对于智能车辆超车决策系统，仿真条件下运行与实车运行的最大区别在于环境信息：在仿真系统中，环境信息基本为真值、没有噪声；在实车运行过程中，环境信息通过传感器获取，信息存在误差，并且受噪声影响。

图 6-6 所示为激光雷达与毫米波雷达对某运动目标（车辆）的检测与跟踪结果，规划频率为 10 Hz，运动目标信息每 0.1 s 更新一次，图中显示了约 3 s 内的检测结果。由于运动目标为道路上的社会车辆，故无法获取其位置与速度的真值。在此，只针对激光雷达与毫米波雷达检测结果进行对比：毫米波雷达对运动目标的横向位置、运动速度的跟踪检测在 1.1 s、2.5 s 处，纵向位置在 2.5 s 处有相对明显的波动；激光雷达对运动目标的检测跟踪结果相对稳定。但是，激光雷达与毫米波雷达在检测范围上存在较大区别。对于 32 线激光雷达而言，水平检测角度范围为 360°，但是随着运动目标的距离变大，运动目标的距离点云信息减少，无法稳定地完成聚类检测，故激光雷达的检测距离限制在 30 m 内。毫米波雷达检测距离较远，水平角度范围在车头前方 ±45°。根据超车决策系统需要，按照方位对运动目标信息进行记录；当存在激光雷达有效检测目标时，以激光雷达检测结果为准；若激光雷达未检测到运动目标，则以毫米波雷达检测结果为准。

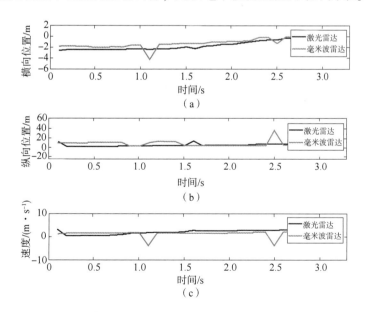

图 6-6　不同传感器获取运动目标信息对比（附彩图）

（a）运动目标相对本车横向位置；（b）运动目标相对本车纵向位置；（c）运动目标相对本车速度

图 6-7 所示为智能车辆超车决策过程中规划程序的信息显示窗口，窗口的左上角绿色英文字体显示了决策系统的当前状态和当前决策结果。图 6-8 显示了智能车辆超车过程中的行驶轨迹，位置信息由 GPS/INS 组合导航系统提供。超车时，智能车辆位于北三环道路逆时针方向由东向西行驶，通过左侧车道超越前方缓慢行驶车辆。图 6-9（a）（b）分别表示了超车过程中，智能车辆周围车辆的纵向位置和速度信息。其中，FE、FL、FR、RL、RR 分别表示前方、左前方、右前方、左后方、右后方的车辆信息。图 6-9（c）显示了超车过程中决策状态机的运行过程，不同的状态用数字 0~7 表示。在图 6-7（a）中，智能车辆状态为车道保持，当前决策结果为保持当前车道，对应图 6-9（c）中的状态 0。当前车速度过慢，左前方车辆快速驶离，当前状态变成左换道准备（图 6-7（b）），对应图 6-9（c）中的状态 3，由于存在换道准备时间，当前的决策结果为换道准备。当换道条件持续满足特定时间时，当前状态变成向左换道（图 6-7（c）），对应图 6-9（c）中的状态 4。由于当前微观场景依然满足换道条件，决策结果为继续换道。随着换道完成，当前状态并行超越（图 6-7（d）），对应图 6-9（c）中的状态 5。由于尚未超越右侧缓慢行驶车辆，当前决策结果为"继续超越"。图 6-7（e）（f）分别显示了决策系统选择合适的时机返回原车道的过程，分别对应图 6-9（c）中的状态 6 和状态 7。

超车过程中不同状态的合理转换，验证了超车决策框架在真实道路环境的可行性。但是，面对复杂的交通环境超车决策系统，目前存在两方面不足：决策结果不稳定；决策灵活性不足。在图 6-9（c）中，300 帧以后存在两次状态的跳变，这两次状态跳变均无实际意义。由于车辆后方的交通环境检测距离较短，存在突然检测到侧后方车辆情况，其次，真实交通环境下车辆行为复杂多变，以及感知结果具有不确定性，会共同影响决策结果的稳定性。通过与人类驾驶员驾驶进行对比，尤其在交通相对密集区域，超车决策系统灵活性不足。针对上述不足，具体状态转移算法需要进一步改进提高，使超车行为决策系统能够更好地适应真实交通环境。

第 6 章 基于规则的行为决策 171

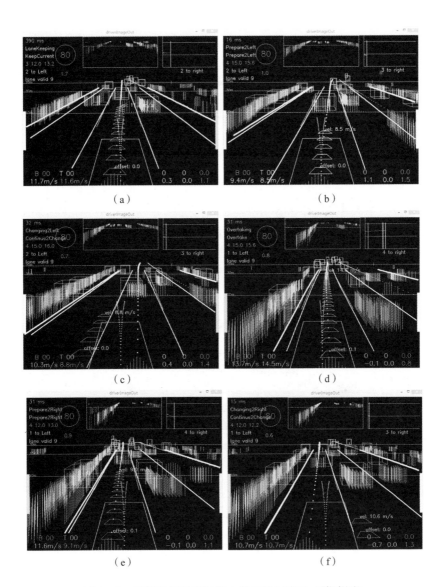

图 6-7 智能车辆超车过程中信息显示窗口（附彩图）
(a) 车道保持；(b) 向左换道准备；(c) 向左换道；
(d) 并行超越；(e) 向右换道准备；(f) 向右换道

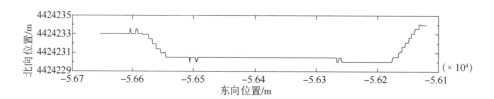

图 6-8 智能车辆超车轨迹

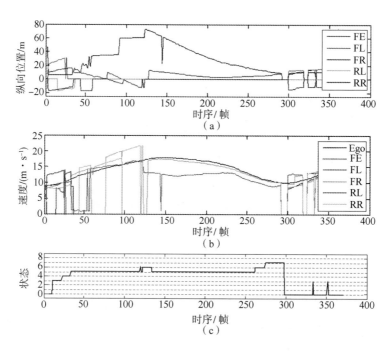

图 6-9 智能车辆超车过程决策信息（附彩图）

(a) 周围车辆纵向位置；(b) 周围车辆速度；(c) 层次状态机运行过程

6.4 城市道路场景应用实例

为验证城区道路环境智能车辆换道决策模型算法的可行性，本节基于比亚迪速锐智能驾驶平台对算法进行验证，在真实城市道路中基于实车对智能车辆换道决策模型的可行性进行验证,并将决策结果与人类驾驶员决策结果作对比,分析决策模型与人类驾驶员决策的相似程度。

基于比亚迪速锐平台的实车试验分为两部分——周围车辆分布试验、决策算法验证试验。在使用真实智能车辆进行真实城区道路环境中的换道决策试验前,为验证智能换道决策模型的可行性,须保证决策模型的输入是正确的,因此需先对周围车辆的分布算法进行测试。只有在测试结果正确的前提下,才能进行城区道路环境的实车试验。

6.4.1 周围车辆分布试验

试验基于北京理工大学智能车辆研究所比亚迪速锐智能驾驶平台进行,位于车顶的 32 线激光雷达与车头的毫米波雷达用于采集行驶过程中周围车辆的状态及相对本车的位置信息,而本车的位置信息由车内的惯导及 GPS 获得,本车的状态信息由车载 CAN 总线获得,同时使用摄像机采集车道线信息。图 6-10(a)(b) 所示为环境检测结果,图 6-10(c) 所示为程序分类结果。其中,绿色直线为规划出的虚拟车道线;图 6-10(a) 中的白色区域为激光雷达检测到的障碍物膨胀后的结果;图 6-10(b) 中的红色线条为激光雷达检测到的障碍物,紫色线框为毫米波雷达检测到的数据经过处理、筛错之后的障碍物结果。图 6-10(c) 所示的检测结果在表 6-1 中列出。

表 6-1 周围车辆分布结果

车辆分布位置	相对本车横向距离/m	相对本车纵向距离/m	相对本车速度/$(m \cdot s^{-1})$	距左侧车道线距离/m	距右侧车道线距离/m
左前	-1.776 411	7.680 00	2.5	3.043 336	0.384 635
前	-1.264 829	38.876 000	-1.66	0.126 847	3.301 124
右前	3.153 312	19.951 000	4.0	1.117 117	2.310 853

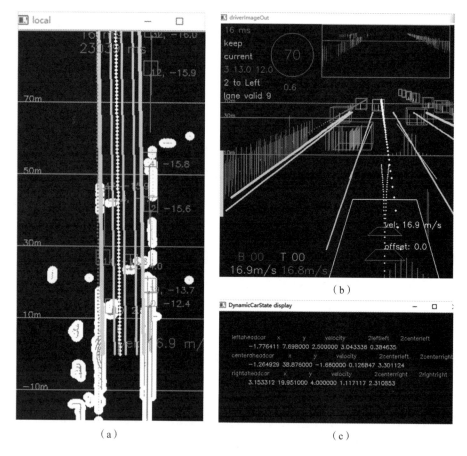

图 6-10 周围车辆分布结果（附彩图）

(a) 环境检测结果；(b) 障碍物结果；(c) 程序分类结果

将表 6-1 中数据与图 6-10 中环境检测结果作对比可以看出，车辆分布计算结果正确。

6.4.2 换道决策模型实车试验

验证周围车辆分布算法正确后，可对换道决策模型进行试验。由于北京市三环道路环境复杂，车流量较大，为保证车辆及人员安全的同时还能验证换道决策算法的可行性，试验中换道决策算法给出提示，驾驶员按照决策提示在确认周围环境允许换道的条件下进行人工换道。

同样，试验基于北京理工大学智能车辆研究所比亚迪速锐智能驾驶平台进行，位于车顶的 32 线激光雷达与车头的毫米波雷达用于采集行驶过程中周围车辆的状态及相对本车的位置信息，而本车的位置信息由惯导及 GPS 获得，本车的状态信息由车载 CAN 总线获得，同时使用摄像机采集车道线信息。

图 6-11 所示为实车试验的显示结果，图 6-11（a）可显示当前决策及选择的车道，图 6-11（c）为第一视角的场景显示图。其中，绿色直线为虚拟车道线，红色区域为激光雷达检测到的障碍物，紫色线框为毫米波雷达检测到的数据经过处理、筛错之后的障碍物结果。从图中可看出，在当前环境中，智能车辆前方有车，左侧车道内只有前方有车，右侧车道前后都有车，此时智能车辆做出了向左侧车道换道的决策。

图 6-12 所示为本车和对本车决策由直接影响的 3 辆车的行驶路线图。其中，红色曲线为智能车辆 Ray 的行驶路线，黄色曲线、绿色曲线、蓝色曲线分别对应位于智能车辆的左前方、前方、右前方的车辆 A、B、C 的行驶路线。由于在真实环境中传感器感知到的信息有误差存在，因此车辆的行驶路线图都不是很平滑。智能车辆 Ray 在直行时的纵坐标大致在 -2 m 处，道路宽为 4 m，由此可从图中看出各车在道路中的分布，进一步验证了车辆分布算法的正确性。同时，从图中也可较清晰地看出在横坐标为 40 m 左右处智能车辆 Ray 进行了换道，说明此时换道决策算法给出的换道决策是可行的，符合换道安全要求。

由于智能车辆 Ray 的右侧车道内前后都有车，故选取左侧车道为目标车道，因此主要分析对智能车辆的换道时刻有直接影响的只有左前方及前方车辆。图 6-13 所示为智能车辆 Ray 的换道时刻分析图。在图 6-13（a）中，蓝色曲线、绿色曲线、黄色曲线分别代表位于智能车辆 Ray 右前、左前、前的周围车辆 A、B、C，左纵坐标代表了它们相对于本车的纵向相对距离。红色曲线为当前决策，0 表示当前决策为"车道保持"，2 表

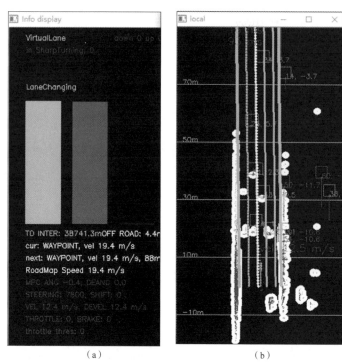

(a) (b)

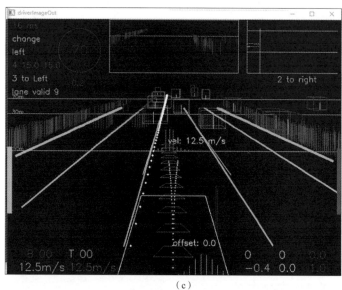

(c)

图 6-11 实车试验显示结果(附彩图)

(a) 决策及所选车道;(b) 环境检测结果;(c) 第一视角场景显示图

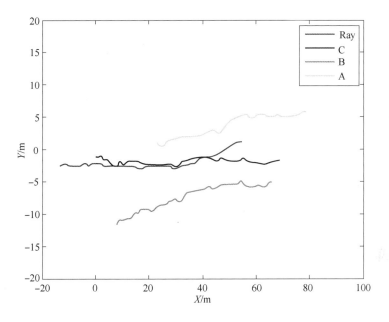

图 6-12　车辆路线图（附彩图）

示当前决策为"换道准备"，1 表示当前决策为"换道"。图中可见，蓝色曲线有两次很大跳变。这是因为，数据记录的是位于左前方距本车最近的车辆位置，跳变说明有其他车辆汇入左侧车道，使左前车辆的相对距离突然变小。从图中可看出在本车与前车相距大概 15 m 处时准备换道，经过 1.5 s 左右的观察期后，仍满足换道条件，决定换道。在图 6-13 （b） 中，蓝色曲线、绿色曲线、黄色曲线仍代表位于智能车辆 Ray 左前、前的周围车辆 A、B、C，粉色曲线为智能车辆 Ray，左纵坐标为车辆速度。红色曲线为当前决策，0 表示当前决策为"车道保持"，2 表示当前决策为"换道准备"，1 表示当前决策为"换道"。从图中可看出，Ray 的前方车辆 C 的速度一直比 Ray 小，为了保证安全，Ray 不断减速，而此时左前方的车辆 A 的速度比 Ray 稍大，当达车辆 A 与 Ray 之间的距离可以安全换道时，Ray 想要换道，做出"换道准备"的决策，经过 1.5 s 左右的观察期后，仍满足换道条件，决定换道。

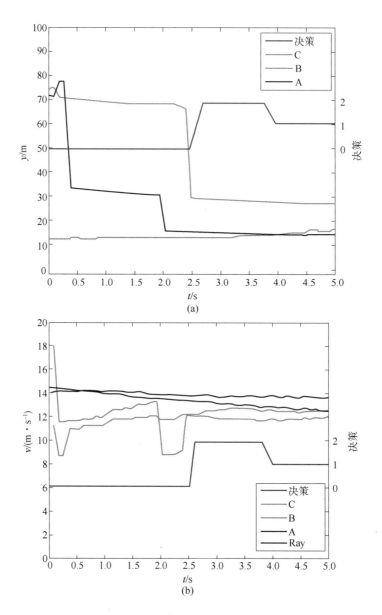

图 6-13 换道时刻分析图（附彩图）

（a）各车的相对距离－时间曲线；（b）车辆速度－时间曲线

通过实车在真实城市道路上行驶且能够做出满足换道安全条件的换道决策可以看出，基于驾驶员换道规则的决策模型算法是可行的，此算法可以适用于真实的城区道路环境。

6.4.3 换道决策模型类人分析与评价

本章所介绍的智能车辆换道决策是基于驾驶员的换道经验建立的，使用此方法的目的是使智能车辆做出的决策与人类驾驶员的决策相似，因此在验证了智能车辆决策模型的可行性后，还需验证其与人类驾驶员决策的相似度。在同一场景中，智能车辆在每一时刻做出的决策结果与人类驾驶员的决策越接近，说明本章介绍的基于驾驶员经验的智能车辆决策模型与人类驾驶员决策越相像，离线学习的驾驶员换道经验效果越好。

本章所介绍的智能车辆决策模型的输出是一条是否需要换道的指令。也就是说，此模型确定的是换道时刻，验证决策是否与人类驾驶员相似也就是验证决策的换道时刻与人类驾驶员是否相近。

交叉验证方法常被用来验证分类器模型的性能，其基本思想是将原始数据分为两组：一组为训练集，用于训练模型；另一组为验证集，用于验证分类器模型的性能。在使用时，首先用训练集对分类器进行训练，然后利用验证集来测试训练得到的模型，以此作为评价分类器的性能指标[78]。基于交叉验证的思想，选取用于提取驾驶员规则以外的驾驶员行驶数据对智能车辆换道决策模型进行验证与评价。

为保证智能车辆与人类驾驶员在决策时的环境一致，且避免人类驾驶员在行驶时受算法决策结果的干扰，此处使用驾驶员正常行驶时的环境数据回放来进行决策，直接得到智能换道决策模型的决策结果；而且，根据采集到的图像信息人工标定驾驶员的换道时刻数据，并将两个决策结果进行对比。

图 6-14 所示为一次换道过程中的两种决策的对比图。其中，蓝色曲

线为方向盘转角曲线,红色曲线为智能驾驶换道决策模型决策结果线,绿色曲线为人类驾驶员决策结果线;0 表示当前决策为车道保持,1 表示当前决策为换道。从图中可以看出,本章所介绍的智能驾驶决策模型与人类驾驶员做出的决策基本一致,但是智能驾驶决策模型做出的换道决策要比人类驾驶员做出的决策稍早。两种决策类型的具体决策结果如表 6 - 2 所示,数据表明,换道决策模型做出的换道决策比人类驾驶员早 0.547 s。

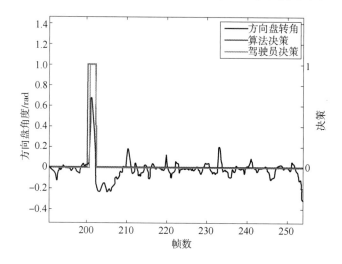

图 6 - 14　决策对比图（附彩图）

表 6 - 2　换道决策结果对比

时间/s	对应帧位置	换道决策模型	人类驾驶员
320.340	200.344	1	0
320.454	200.453	1	0
320.588	200.594	1	0
320.667	200.672	1	0
320.789	200.797	1	0
320.887	200.891	1	1
321.012	201.016	1	1
321.099	201.110	1	1

续表

时间/s	对应帧位置	换道决策模型	人类驾驶员
321.208	201.219	1	1
321.365	201.375	1	1
321.443	201.453	1	1
321.536	201.547	1	1
321.646	201.656	1	1
321.771	201.781	1	1
321.865	201.875	1	1
322.005	202.016	1	1
322.130	202.141	1	1
322.193	202.203	1	1
322.302	202.313	1	1
322.427	202.438	1	1

使用验证集中所有数据对决策模型进行测试，并提取测试过程中的所有换道过程，将所有智能驾驶换道模型决策结果与人类驾驶员决策结果进行对比，统计决策结果一致时刻的数量，从而求出智能驾驶换道决策模型与人类驾驶员的决策相似度。经计算，本章介绍的智能驾驶换道决策模型与人类驾驶员的决策相似度为 80.4%，智能驾驶换道决策模型做出换道决策与人类驾驶员做出换道决策平均早 0.151 s，方差为 0.102。由此表明，本章介绍的智能驾驶换道决策模型与人类驾驶员的决策较相似，离线学习驾驶员经验的效果较好。

第 7 章
基于随机过程的行为决策

  人类驾驶策略学习模块应该具备在线学习人类驾驶策略的能力，强化学习作为一种与环境实时交互的试错型学习方法，适用于该模块的搭建。本章分为四部分。7.1 节首先介绍强化学习，然后由强化学习引出马尔可夫决策过程。考虑到其他车辆驾驶意图的不确定性，7.2 节介绍部分可观测马尔可夫决策过程，建立基于部分可观测马尔可夫决策过程的智能车辆纵向决策模型，使智能车辆能够考虑道路中其他车辆的驾驶意图，安全有效行驶。7.3 节使用基于 PreScan 仿真软件的智能车辆仿真系统，在无信号灯十字交叉口场景中，对比了基于部分可观测马尔可夫决策过程的决策方法与传统的基于规则的反应式规划方法。7.4 节将第 6 章的基于规则的决策模型以及本章的基于随机过程的决策模型应用于比亚迪智能车辆，采用先纵向决策、后横向决策的方法，在北京市三环道路中进行智能驾驶行为决策试验，对行为决策模型进行了验证。

7.1 马尔可夫决策过程

强化学习是一种模仿人类和动物的学习机制的算法,其算法原理为以最大化累计奖励之和为目的来寻找最优的状态量到动作量的映射,即最优策略[79]。强化学习的工作过程如图7-1所示,环境提供给智能体当前的状态量 S_t 和上一时刻对当前时刻(即 t 时刻)产生的影响,即奖励 R_t(初始时刻可以假设 $R_0=0$)。智能体根据当前环境所给予的状态量 S_t 和奖励 R_t 来选取并执行动作量 A_t,因而智能体在环境中的状态发生改变,下一时刻(即 $t+1$ 时刻)状态转移为 S_{t+1},同时获得奖励 R_{t+1}。

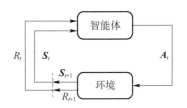

图7-1 强化学习的工作过程

强化学习作为一种试错型学习方法,通过智能体和环境之间不断重复上述交互过程,最终找到使得奖励 R_t 随时间累计之和 G_t 最大化的状态到动作的映射[80],即最优控制策略。公式如下:

$$G_t = \sum_{i=0}^{K-i-1} \gamma^i R_{t+i+1} = R_{t+1} + \gamma(R_{t+2} + \gamma R_{t+3} + \cdots + \gamma^{i-1} R_{t+K-i})$$
$$= R_{t+1} + \gamma G_{t+1} \tag{7-1}$$

式中,K——总时间长度;

γ——折扣系数。

然而,累积奖励之和的真值 G_t 不易获取。为了解决上述问题,研究者[79]提出估计累积奖励之和的两种价值函数——状态值函数 $v_\pi(s)$、动作值函数 $q_\pi(s,a)$,分别代表策略 π 和状态 s 下的奖励函数之和的期望值以及策略 π 和状态 s 下采用动作量 a 的奖励函数之和的期望值。

$$v_\pi(s) = E_\pi(G_t \mid S_t = s) \tag{7-2}$$

$$q_\pi(\boldsymbol{s},\boldsymbol{a}) = E_\pi(G_t \mid S_t = s, A_t = a) \qquad (7-3)$$

为了求解状态值函数 $v_\pi(\boldsymbol{s})$ 和动作值函数 $q_\pi(\boldsymbol{s},\boldsymbol{a})$，假设强化学习满足马尔可夫决策过程（Markov decision process，MDP），该过程具有无后效性，即系统下一时刻的状态仅和当前时刻的状态与动作有关，而与当前时刻更早之前的状态与动作无关。当状态量和动作量空间为有限空间时，MDP 为有限马尔可夫决策过程（有限 MDP）。在典型的有限 MDP 中，当本时刻状态为 s 时，在下一时刻智能体可能转移到状态量 s' 的概率为

$$P_{ss'} = P(S_{t+1} = s' \mid S_t = s) \qquad (7-4)$$

只要获取了当前时刻状态量和动作量的值，以及式（7-4）所表示的转移概率，即可根据式（7-2）、式（7-3）得出状态值函数和动作值函数的递归公式（贝尔曼方程）：

$$\begin{aligned} v_\pi(\boldsymbol{s}) &= E_\pi(R_{t+1} + \gamma G_{t+1} \mid S_t = s) \\ &= E_\pi(R_{t+1} + \gamma v_\pi(S_{t+1}) \mid S_t = s) \end{aligned} \qquad (7-5)$$

$$q_\pi(\boldsymbol{s},\boldsymbol{a}) = E_\pi(R_{t+1} + \gamma q_\pi(S_{t+1}, A_{t+1}) \mid S_t = s, A_t = a) \qquad (7-6)$$

根据文献［79］，强化学习的目的可以看作求解 MDP 的最优策略，使其在任意初始状态下，都能获取最大的 $v_\pi(\boldsymbol{s})$ 或 $q_\pi(\boldsymbol{s},\boldsymbol{a})$ 值。将最优策略 π^* 对应的状态值函数和动作值函数记作 $v_*(\boldsymbol{s})$ 和 $q_*(\boldsymbol{s},\boldsymbol{a})$，根据式（7-5）、式（7-6），可以获得贝尔曼最优方程：

$$v_*(\boldsymbol{s}) = \max_\pi v_\pi(\boldsymbol{s}) \qquad (7-7)$$

$$q_*(\boldsymbol{s},\boldsymbol{a}) = \max_\pi q_\pi(\boldsymbol{s},\boldsymbol{a}) = R_s^a + \gamma \sum P_{ss'}^a \max_{a'} q_*(\boldsymbol{s'},\boldsymbol{a'}) \qquad (7-8)$$

当解出满足贝尔曼最优方程的一系列值函数的值后，即可获得最优策略。

7.2 部分可观测马尔可夫决策过程

类似马尔可夫决策过程，部分可观测马尔可夫决策过程（partially

observable Markov decision process，POMDP）也用于表征智能体和环境之间的交互过程：起初，智能体处于某一状态下，但智能体并不能直接观测到当前的状态，只能通过观测环境来确定观测值，根据观测值猜测（概率模型）自身处于哪种状态。基于智能体所猜测的状态，智能体根据其策略决定并采取一个动作。动作过后，智能体达到一个新的状态并获得奖励值。以上的过程会在智能体和环境的交互中反复执行。

本节分为两部分，7.2.1 节介绍 POMDP 的基本概念；7.2.2 节从状态空间、动作空间、观测空间、状态转移模型、观测模型以及奖励函数 5 个方面详细介绍基于 POMDP 的智能车辆纵向决策模型。

7.2.1 部分可观测马尔可夫决策过程简介

POMDP[81]可以表示为一个七元组 $\{\mathcal{S},\mathcal{A},\mathcal{T},\mathcal{Z},O,R,\gamma\}$，其中各元素的定义如下：

- $\mathcal{S}$：表示状态空间。
- $\mathcal{A}$：表示动作空间。
- $\mathcal{Z}$：表示观测空间。
- T：表示状态转移函数，$T(s' \mid a,s) = \Pr(s' \mid s,a)$，表示在状态 $s \in \mathcal{S}$ 时，通过动作 $a \in \mathcal{A}$ 到达状态 $s' \in \mathcal{S}$ 时的状态转移概率。
- O：表示观测函数，$O(z \mid s',a) = \Pr(z \mid s',a)$，表示通过动作 $a \in \mathcal{A}$ 到达状态 $s' \in \mathcal{S}$ 时获取的观测值 $z \in \mathcal{Z}$ 的概率。
- R：表示奖励函数 $R(s,a)$：计算在状态 s 执行动作 a 时所获取的每一个瞬时奖励值。
- γ：表示折扣因子，用来平衡当前的与将来时刻的奖励值的关系，$\gamma \in [0,1]$。

由于系统中存在部分可观测的状态（如驾驶意图），因此需要设立一个置信空间 $b \in \mathcal{B}$，置信度更新函数定义为

$$b' = \tau(b, a, z) \qquad (7-9)$$

如果一个智能体采用了动作 a 并得到了观测值 z，则新的置信空间 b' 可以通过贝叶斯定理得到：

$$b'(s') = \eta O(s', a, z) \sum_{s \in \mathcal{S}} T(s' \mid a, s) b(s) \qquad (7-10)$$

式中，$\eta = \Big(\sum_{s' \in \mathcal{S}} O(s', a, z) \sum_{s \in \mathcal{S}} T(s' \mid a, s) b(s) \Big)^{-1}$，是一个归一化常量。

POMDP 中的一个重要概念是策略，一个策略 π 可以根据当前所处的状态决策动作 $a = \pi(b)$，其中 b 代表置信空间。为了求解 POMDP，需要求解能够最大化奖励值的最优策略 π^*：

$$\pi^* = \arg\max_{\pi} \Big(E\Big(\sum_{t=0}^{\infty} \gamma^t R(s_t, \pi(b_t)) \mid b_0, \pi \Big) \Big) \qquad (7-11)$$

式中，b_0——置信空间的初始值。

7.2.2 基于 POMDP 的智能车辆纵向决策模型

本小节将应用 POMDP，对智能车辆的纵向决策过程进行建模，下面将分别从状态空间、动作空间、观测空间、状态转移模型、观测模型以及奖励函数进行详细介绍。

1. 状态空间

由于马尔可夫特性，状态空间需要包括所有与决策过程相关的有效信息。状态空间应该包含交通场景中全部车辆的位置坐标 (x, y)、速度 v、航向 θ、平均角速度 yaw_{ave} 以及平均加速度 a_{ave}。对于交通场景中的有人驾驶车辆，还需要包含横向与纵向驾驶意图 $[I_{lat}, I_{lon}]$，以便进行状态转移函数的建模。横向驾驶意图 I_{lat} 表示与车辆的横向决策有关的驾驶意图，例如车辆的换道行为，以及路口区域其他车辆的左转、右转、直行行为；纵向驾驶意图 I_{lon} 指代与车辆纵向决策有关的驾驶意图，例如车辆之间是否让行这一交互行为。道路信息作为静态的参考信息，不加入状态空间。

因此，联合状态 $s \in \mathcal{S}$ 可以被描述为

$$s = [s_{\text{host}}, s_1, s_2, \cdots, s_N]^T \quad (7-12)$$

式中，s_{host}——智能车辆的运动状态；

s_i——交通场景中其他车辆的运动状态，$i \in \{1,2,\cdots,N\}$；

N——其他车辆的数量。

将测量状态定义为

$$x = [x, y, \theta, v, a_{\text{ave}}, \text{yaw}_{\text{ave}}]^T \quad (7-13)$$

式中包含车辆位置、航向角、速度、平均加速度、平均角速度。因此，智能车辆的状态可以定义为

$$s_{\text{host}} = x_{\text{host}} \quad (7-14)$$

而其他车辆的状态 s_i 则需要包含其驾驶意图，故定义为

$$s_i = [x_i, I_{\text{lat},i}, I_{\text{lon},i}]^T \quad (7-15)$$

由于应用智能车辆的感知系统以及车间通信（vehicle-to-vehicle, V2V）传感器，因此本节中假定测量状态 x 是可以观测的。传感器的误差很小，本节不对观测误差进行建模。由于其他车辆的驾驶意图是无法直接观测得到的，故将其视为部分可观测状态。驾驶意图需要基于观测的测量数据以及预测模型预测得到。

2. 动作空间

本节中的智能车辆纵向决策系统需要在给定参考轨迹的前提下，生成合理的驾驶速度曲线。即在无信号灯十字交叉口驾驶场景下，智能车辆需要沿着给定的全局/局部期望路径行驶，此时纵向决策系统只需要生成期望速度指令并发送给控制层。针对参考路径可能不是直线的问题，转向控制模块可以使用纯跟踪、模型预测控制[82]等方法调整前轮偏角，以跟踪参考轨迹。因此，定义动作空间 $\mathcal{A}$ 为离散集：

$$\mathcal{A} = [\text{acc}, \text{dec}, \text{con}] \quad (7-16)$$

式中，acc、dec、con 分别代表加速、减速以及匀速行驶命令。

在预测周期内全部规划时刻动作指令的组合，即智能车辆的参考速度曲线。

3. 观测空间

观测空间对应于传感器的观测量。与联合状态空间相似，将观测空间定义为

$$\mathcal{Z} = [z_{\text{host}}, z_1, z_2, \cdots, z_N]^{\text{T}} \qquad (7-17)$$

式中，z_{host}, z_i——智能车辆和其他车辆的观测值。

由于本节不涉及对传感器测量误差的分析，故在此空间忽略测量误差带来的影响，而平均加速度以及平均角速度可以通过前后帧的速度和转向角计算得到。

4. 状态转移模型

在状态转移过程中，需要对状态转移概率 $\Pr(s' \mid s, a)$ 建模，以确定智能车辆未来时刻的运动状态以及其他车辆的运动趋势。这个概率由场景中的每个目标元素所决定。根据全概率公式[83]，所以状态转移概率可以分解为

$$\Pr(s' \mid s, a) = \Pr(s'_{\text{host}} \mid s_{\text{host}}, a_{\text{host}}) \prod_{i=1}^{N} \Pr(s'_i \mid s_i) \qquad (7-18)$$

在决策过程中，不需要考虑复杂的车辆动力学模型。因此，智能车辆在动作 a 时的状态转移概率 $\Pr(s'_{\text{host}} \mid s_{\text{host}}, a_{\text{host}})$ 可以表示为

$$\begin{cases} x' = x + (v + a_{\text{ave}} \Delta t/2) \Delta t \cos(\theta + \Delta \theta) \\ y' = y + (v + a_{\text{ave}} \Delta t/2) \Delta t \sin(\theta + \Delta \theta) \\ \theta' = \theta + \Delta \theta \\ v' = v + a_{\text{ave}} \Delta t \\ \text{yaw}'_{\text{ave}} = \Delta \theta / \Delta t \\ a'_{\text{ave}} = a_{\text{ave}} \end{cases} \qquad (7-19)$$

此时，关键问题就转换为求解 $\Pr(s'_i \mid s_i)$，也就是其他车辆的状态转移概率。基于全概率公式，$\Pr(s'_i \mid s_i)$ 可以分解为

$$\Pr(s'_i \mid s_i) = \sum_{a_i} \Pr(s'_i \mid s_i, a_i) \Pr(a_i \mid s_i) \qquad (7-20)$$

即只需计算给定动作 a_i 时的状态转移概率 $\Pr(s'_i \mid s_i, a_i)$，以及在状态 s_i 下

选择这个动作的概率 $\Pr(\boldsymbol{a}_i \mid \boldsymbol{s}_i)$。

由于其他车辆的状态 $\boldsymbol{s}_i = [x_i, I_i]$，故概率 $\Pr(\boldsymbol{s}'_i \mid \boldsymbol{s}_i, \boldsymbol{a}_i)$ 可以表示为

$$\Pr(\boldsymbol{s}'_i \mid \boldsymbol{s}_i, \boldsymbol{a}_i) = \Pr(x'_i, I'_i \mid x_i, I_i, \boldsymbol{a}_i)$$
$$= \Pr(x'_i \mid x_i, I_i, \boldsymbol{a}_i) \Pr(I'_i \mid x'_i, x_i, I_i, \boldsymbol{a}_i) \quad (7-21)$$

给定一个特定的动作 $\boldsymbol{a}_i$ 时，$\Pr(x'_i \mid x_i, I_i, \boldsymbol{a}_i)$ 等价于 $\Pr(x'_i \mid x_i, I_{\text{lat},i}, \boldsymbol{a}_i)$。本节将横向驾驶意图 $I_{\text{lat},i}$ 看作一个目标驱动的行为，并假定这种行为在驾驶过程中不会改变。所以，当给定当与横向驾驶意图 $I_{\text{lat},i}$ 相对应的参考路径给定后，$\Pr(x'_i \mid x_i, I_{\text{lat},i}, \boldsymbol{a}_i)$ 等价于 $\Pr(x'_i \mid x_i, \boldsymbol{a}_i)$。使用式（7-19），可以求得 $\Pr(x'_i \mid x_i, \boldsymbol{a}_i)$ 的值。

为了求得 $\Pr(\boldsymbol{s}'_i \mid \boldsymbol{s}_i, \boldsymbol{a}_i)$，剩余的计算问题是求解 $\Pr(I'_i \mid x'_i, x_i, I_i, \boldsymbol{a}_i)$。由于横向驾驶意图 $I'_{\text{lat},i}$ 被假定为固定的常量，并且纵向驾驶意图 $I'_{\text{lon},i}$ 在每一个迭代计算过程中不被更新，而是仅当观测空间中新的量输入时才进行更新，故此时该项概率值为 1。

在对 $\Pr(\boldsymbol{s}'_i \mid \boldsymbol{s}_i, \boldsymbol{a}_i)$ 建模之后，剩余的问题是计算其他车辆未来动作的概率 $\Pr(\boldsymbol{a}_i \mid \boldsymbol{s}_i)$。

5. 观测模型

观测模型用于模拟传感器测量过程，其他车辆的驾驶意图在该过程中进行更新。基于条件独立的假设观测模型可以根据下式计算：

$$\Pr(z \mid \boldsymbol{a}, \boldsymbol{s}') = \Pr(z_{\text{host}} \mid \boldsymbol{s}'_{\text{host}}) \prod_{i=1}^{N} \Pr(z_i \mid \boldsymbol{s}'_i) \quad (7-22)$$

智能车辆的观测函数可以定义为

$$\Pr(z_{\text{host}} \mid \boldsymbol{s}'_{\text{host}}) \sim \mathcal{N}(z_{\text{host}} \mid x'_{\text{host}}, \boldsymbol{\Sigma}_{z_{\text{host}}}) \quad (7-23)$$

考虑到传感器的误差很小，并且车间通信传感器的引入进一步降低了传感器误差的影响，故在此不对该因素进行讨论，将协方差矩阵 $\boldsymbol{\Sigma}_{z_{\text{host}}}$ 设为零矩阵。

其他车辆的观测值取决于其驾驶意图。由于不考虑观测误差，因此观测值与状态空间中的变量值是相等的。然而，其他车辆的驾驶意图会随着

观测状态的更新而改变,进而影响未来预测周期中的观测值。

6. 奖励函数

最优策略需要满足多种不同的评价准则。智能车辆应该在满足安全性、舒适性、时效性等需求的同时遵守交通规则。基于权重的奖励函数 $R(s,a)$ 定义如下:

$$R(s,a) = \mu_1 R_{\text{safety}}(s,a) + \mu_2 R_{\text{time}}(s,a) + \mu_3 R_{\text{law}}(s,a) + \\ \mu_4 R_{\text{comfort}}(s,a) + \mu_5 R_{\text{economy}}(s,a) + \mu_6 R_{\text{task}}(s,a)$$

(7-24)

式中,μ_i ——权重系数,$i = 1,2,\cdots,6$;

R_{safety} ——安全性评价函数,基于潜在的碰撞状态确定。如果没有潜在的碰撞状态,将予以奖励,否则予以惩罚;

R_{time} ——时效性评价函数,在未知交通流行驶效率的前提下,只与本车的当前速度有关;

R_{law} ——法律法规评价函数,如果驾驶行为没有违反法律法规,将予以奖励,否则将予以惩罚;

R_{comfort} ——舒适性评价函数,基于纵向与横向两方面确定,考虑加速度与冲击度,冲击度即加速度的时间变化率;

R_{economy} ——经济性评价函数,基于燃油消耗性确定;

R_{task} ——任务完成情况评价函数,主要针对系统对于给定任务的完成情况赋予奖励值。

7.3 无信号灯十字交叉口场景仿真试验

本节基于 MATLAB/PreScan 联合仿真平台,在车道行驶与无信号灯十字交叉口场景对搭建的智能车辆行为决策模型进行了验证。

7.3.1 仿真场景

无信号灯十字交叉口的仿真试验场景如图 7-2 所示,智能车辆 B 以及有人驾驶车辆 A 同时进入无信号灯十字路口,为了安全有效地通行,智能车辆需要与有人驾驶车辆交互,以通过路口场景。场景由 PreScan 软件搭建,为了获取一个与人类交互的场景,仿真系统中加入由罗技 G27 驾驶仪控制的有人驾驶车辆。有人驾驶车辆由不同的人参与驾驶,而智能车辆将基于有人驾驶车辆的行为作出决策。在此仿真环境中,有人驾驶车辆的数据通过无线通信传感器得到。决策系统将期望车速发送给 PID 控制器以跟踪参考路径,根据宏观目标的不同,此参考路径设为沿相应虚拟车道中心线的轨迹。规划预测周期被定为 8 s,而预测步长则被离散为 0.5 s。评价函数考虑时效性、安全性以及法律法规,权重系数分别设为 1。舒适性已经作为策略生成模型中的约束,在评价函数中不再考虑;对于经济性与任务完成情况,该仿真试验中没有考虑,将其权重系数设为 0。

图 7-2 测试场景设计(附彩图)

由于环境是动态的，所以很难建立完全相同的场景以比较不同的方法。因此，本节选用了两个十分接近的场景，以完成该项对比。不同的车辆将会以相同的初始状态进行不同的测试。本节将讨论两个典型的情况，即智能车辆早于有人驾驶车辆通过路口、智能车辆晚于有人驾驶车辆通过路口的情形。初始状态是相同的，不同的策略将会对应不同的反应。与车道行驶场景不同，对于无信号灯十字交叉口场景，两辆有潜在冲突的车辆必须交互通过路口，而不能像车道行驶时可以通过车道保持、速度限制等保守的驾驶行为来回避冲突，本节将对本章提出的策略与基于反应控制的策略[54]进行对比。

7.3.2　仿真试验结果

第 1 个试验：有人驾驶车辆试图让行智能车辆的情况。

首先，两种方法的可视化对比如图 7-3 所示，其中黑色车辆为智能车辆、红色车辆为有人驾驶车辆。图中以 1 s 为间隔保存车辆所处位置，在基本相同的初始状态下，本章的策略可以帮助智能车辆更快、更合理地通过无信号灯十字交叉路口。

详细仿真试验结果如图 7-4 ~图 7-9 所示。各图中的红色曲线代表智能车辆相应结果，蓝色曲线代表有人驾驶车辆的结果，而图 7-8、图 7-9 中的绿色曲线代表有人驾驶车辆的速度预测结果。在该例子中，有人驾驶车辆在智能车辆之后通过路口。图 7-4、图 7-6、图 7-8 所示是本节方法的运行结果，而图 7-5、图 7-7、图 7-9 所示为不考虑驾驶意图的方法的运行结果。图 7-4、图 7-5 是速度曲线以及对应的横纵向驾驶意图。对于纵向驾驶意图，1 代表让行，2 代表不让行。对于横向驾驶意图，1 代表左转，2 代表右转，3 代表直行，4 代表停车。图 7-5 中所示的驾驶意图并没有在方法中使用，只用于后期分析。图 7-6、图 7-7 里包含有人驾驶车辆以及智能车辆距冲突区域距离。图 7-8、图 7-9 所示为预测以及真实场景下的有人驾驶车辆在图中时刻 1.5 s 时的预测结果。

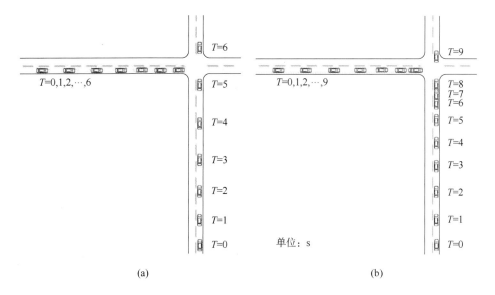

图 7-3 智能车辆率先通过时的可视化通行过程（附彩图）

(a) 本章方法的结果；(b) 反应式的对比方法的结果

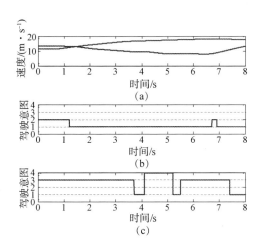

图 7-4 考虑驾驶意图的速度曲线及横纵向驾驶意图（附彩图）

(a) 速度曲线；(b) 纵向驾驶意图；(c) 横向驾驶意图

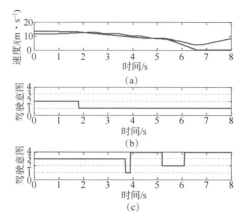

图 7-5　不考虑驾驶意图的速度曲线及横纵向驾驶意图（附彩图）

(a) 速度曲线；(b) 纵向驾驶意图；(c) 横向驾驶意图

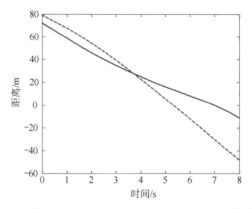

图 7-6　考虑驾驶意图的车辆距冲突区域距离（附彩图）

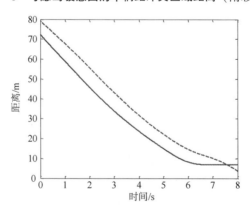

图 7-7　不考虑驾驶意图的车辆距冲突区域距离（附彩图）

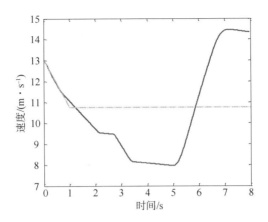

图 7-8 考虑驾驶意图的对车辆驾驶动作的预测（附彩图）

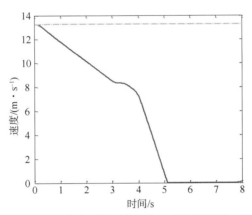

图 7-9 不考虑驾驶意图的对车辆驾驶动作的预测（附彩图）

如图 7-4、图 7-6 所示，在最初的 1.2 s 智能车辆保持当前速度且判断有人驾驶车辆不会执行让行动作。此后，智能车辆得到有人驾驶车辆的让行意图，并且识别出有人驾驶车辆的横向驾驶意图为直线行驶。基于生成的候选策略，智能车辆选取每一时刻奖励值最大的策略并且最终通过路口。在这一过程中，可以发现，智能车辆理解了有人驾驶车辆的让行意图。图 7-8 所示为智能车辆对有人驾驶车辆的驾驶动作的预测结果。虽然在 1 s 之后的结果并非十分准确，但对本章模型而言，由于预测过程中通过上下边界对驾驶行为进行了约束，所以边界范围内的预测值都可以确保智能车辆安全。此外，有人驾驶车辆也能够更好地理解智能车辆的驾驶行为。有人驾驶车辆在自身让行的同时，可以发现智能车辆不让行的驾驶意图，这两种行为相配合，使得两车协作通过路口，有助于提高通行效率。

如果不考虑其他车辆的驾驶意图，结果如图 7-5、图 7-7、图 7-9 所示。根据图 7-5，在 2 s 后有人驾驶车辆给出了让行信号，但智能车辆没有理解该意图，反而根据匀速假设得出两车存在潜在冲突。因此，尽管有人驾驶车辆处于减速状态，智能车辆依然做出减速让行决策。这一令人困惑的行为使智能车辆与有人驾驶车辆同时减速停车，直到有人驾驶车辆在停车线停车后，智能车辆才最终加速通过路口。

综上所述，不考虑有人驾驶车辆的驾驶意图而采用匀速假设的方法会增加交通运行负担，不利于提高智能车辆以及其他车辆的运行效率。

第 2 个试验：有人驾驶车辆率先通过路口的情况。

可视化仿真试验结果如图 7-10 所示，这种情况更为典型，因为按照右侧先行的法律规定，有人驾驶车辆应该让行智能车辆，但有许多激进驾驶员忽略此项规定，而引发潜在的交通事故。图 7-10（a）是本章方法的结果，图 7-10（b）是基于反应式的对比方法结果。具体而言，如果某一车辆违反交通规则通过无信号灯十字交叉口，那么未能理解其运动意图的车辆将变得十分危险。由于图 7-10（b）中所示的最小距离很小，故本章方法优于对比方法。

详细仿真试验结果如图 7-11～图 7-16 所示，各图中的红色曲线代表智能车辆相应结果，蓝色曲线代表有人驾驶车辆的结果，而图 7-15、图 7-16 中的绿色曲线代表有人驾驶车辆的速度预测结果。图 7-11、图 7-13、图 7-15 所示是本章方法的运行结果，而图 7-12、图 7-14、图 7-16 所示为不考虑驾驶意图的方法的运行结果。图 7-11、图 7-12 所示是速度曲线以及对应的横纵向驾驶意图。对于纵向驾驶意图，1 代表让行，2 代表不让行。对于横向驾驶意图，1 代表左转，2 代表右转，3 代表直行，4 代表停车。图 7-12 中所示的驾驶意图并没有在基于规则的方法中使用，而只用于后期分析参考。图 7-13、图 7-14 里包含有人驾驶车辆以及智能车辆距冲突区域距离。图 7-15、图 7-16 所示为预测以及真实场景下的有人驾驶车辆在图中时刻 1.5 s 时的预测结果。

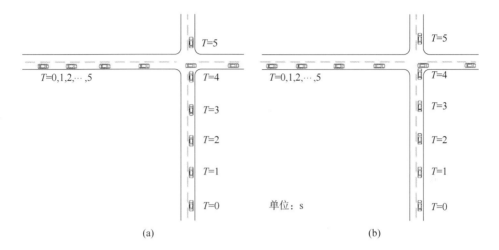

图 7-10 有人驾驶车辆率先通过路口时的可视化运动结果（附彩图）

(a) 本章方法的结果；(b) 反应式的对比方法的结果

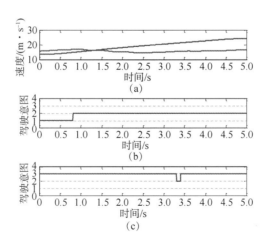

图 7-11 考虑驾驶意图的速度曲线及横纵向驾驶意图（附彩图）

(a) 速度曲线；(b) 纵向驾驶意图；(c) 横向驾驶意图

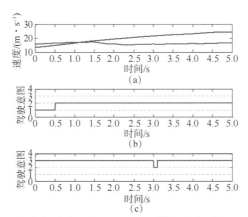

图7-12　不考虑驾驶意图的速度曲线及横纵向驾驶意图（附彩图）

(a) 速度曲线；(b) 纵向驾驶意图；(c) 横向驾驶意图

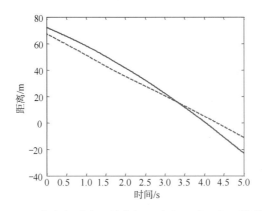

图7-13　考虑驾驶意图的车辆距冲突区域距离（附彩图）

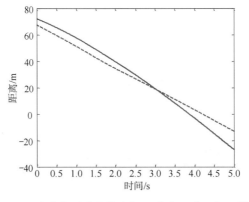

图7-14　不考虑驾驶意图的车辆距冲突区域距离（附彩图）

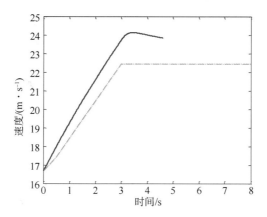

图 7-15　考虑驾驶意图的对车辆驾驶动作的预测（附彩图）

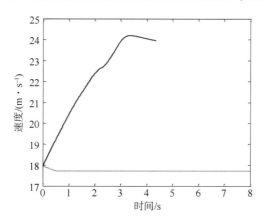

图 7-16　不考虑驾驶意图的对车辆驾驶动作的预测（附彩图）

根据图 7-11，本章的策略可以在理解到其他车辆行驶意图 0.8 s 后执行减速动作。然而，当不能理解其他车辆驾驶意图时，反应时间会推迟 1 s，这将十分危险。此外，根据图 7-15，本章策略能够很好地预测其他车辆未来的运动趋势。

综上，本节在无信号灯十字交叉口场景中，对比了基于 POMDP 的决策方法与传统的基于规则的反应式规划方法。结果表明，本章方法考虑了其他车辆行驶意图的不确定性，能够引导智能车辆通过无信号灯十字交叉口，提高安全性与通行效率；传统方法由于缺乏意图理解能力，会出现两车同时停车等待的情形，导致增加通行时间。

7.4 交叉口场景应用实例

实车试验能够有效验证行为决策模型在真实交通环境下的可行性，本节选用比亚迪速锐智能车辆平台作为试验平台，将第 6 章的基于规则的决策模型以及本章的基于随机过程的决策模型应用于比亚迪智能车辆，采用先纵向决策、后横向决策的方法，对行为决策模型进行实车验证。

图 7-17 所示为"中国智能车未来挑战赛"中速锐智能车辆的决策表现。当检测到前方车辆后，速锐在本车道内持续行驶，并调整速度，以确保安全；当换道条件满足后，开启转向灯，车辆处于换道准备状态；当车辆由"换道准备"状态切换到"换道"状态后，速锐换道到左侧车道；右转向灯开启，以表明速锐试图换回右侧车道，此时横向决策状态机处于"换道准备"状态，随后速锐换回本车道。

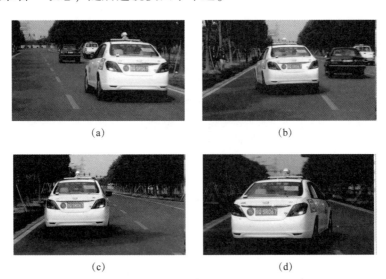

图 7-17 基于比亚迪速锐智能车辆的换道测试
(a) 换道准备状态；(b) 左换道；
(c) 换道准备，返回本车道；(d) 右换道此外，在北京市三环道路上使用该行为决策模型针对换道行为进行了智能驾驶测试。出于安全性考虑，本试验中行为决策模块根据场景信息做出换道决策时，进入"换道准备"状态，智能车辆安全驾驶员对场景进行确认后，通过点击控制键盘的"确认"按钮来确认"换道"行为，此时智能驾驶系统进入"换道"状态，而当智能车辆进入目标车道后，将自动切换回"车道保持"状态。图 7 – 18 所示为该实车试验中第一视角场景显示结果，其中绿色直线为虚拟车道线，红色区域为激光雷达检测到的障碍物，紫色线框为毫米波雷达检测的障碍物结果。由图 7 – 8 可知，智能车辆成功进行了向左侧换道的行为。

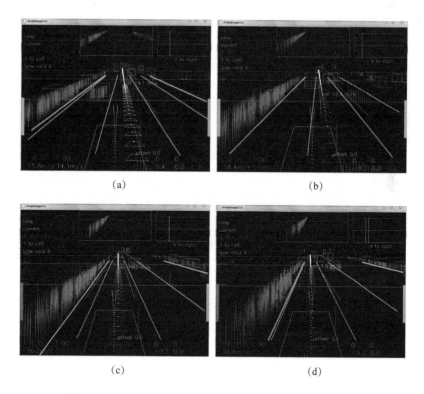

图 7 – 18　北京市三环道路智能驾驶换道测试（附彩图）

图 7 – 18 所示换道行为的具体试验数据如图 7 – 19 所示。最初系统处

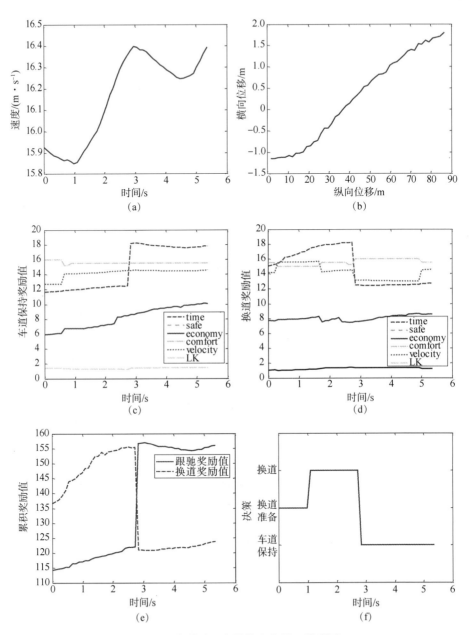

图7-19 换道过程中的状态变量(附彩图)

(a) 智能车辆速度曲线;(b) 智能车辆位移曲线;
(c) "车道保持"决策各项累积奖励函数值;(d) "换道"决策各项累积奖励函数值;
(e) 总消耗累积奖励值;(f) 智能车辆横向决策状态

于换道准备状态,当安全驾驶员确认换道后,系统进入"换道"状态,向左侧换道,此时"换道"决策奖励值大于"车道保持"决策奖励值(图7-19);当智能车辆进入目标车道后,切换回"车道保持"状态,此时"车道保持"决策的奖励值大于"换道"决策奖励值,智能车辆维持"车道保持"行为。

第 8 章

基于机器学习的行为决策

智能车的决策需要具有实时性、一致性、远虑性和可预测性。基于规则的决策模型具有较好的实时性，但它更侧重于实现基本功能，而不是解决复杂驾驶场景决策问题。实际驾驶环境中存在着许多不确定性，基于机器学习的方法能够充分考虑不确定性，特别是基于马尔科夫决策过程的强化学习方法。强化学习作为一种与环境实时交互的试错型学习方法，有较好的应对不确定性的能力。

本章将介绍强化学习与逆强化学习的理论知识及其实车试验和仿真试验。

8.1 基于强化学习的行为决策

本节首先介绍强化学习的基础知识，然后阐述 Q 学习算法与神经网络

Q学习（neural Q-learning，NQL）算法的原理，并搭建人类驾驶策略学习模块，最后针对纵向速度规划控制问题，本节提出可在线批量更新的NQL算法，并结合仿真和实车试验平台，针对不同的驾驶场景对所开发的学习模块进行测试和对比试验。

8.1.1　强化学习简介

机器学习可以分为监督学习，非监督学习和强化学习[84]，三者的区别如表8-1所示。

表8-1　机器学习方法对比

评价指标	监督学习	非监督学习	强化学习
是否需要标签	需要	不需要	不需要，但需要奖励
训练样本歧义程度	低	高	介于两者之间

标签是指训练样本集的语义标记。在监督学习中，样本中所有数据的标签都是已知的，因此训练样本的歧义最低；而非监督学习与之相反，由于没有训练样本标签，因此其训练样本的歧义性较高。强化学习虽然不需要数据标签，但其内部有对正确、错误学习方向的奖惩机制，即通过定义相应的奖励函数来暗示学习的方向。由于强化学习当前时刻的奖励不能在当前时刻，而是在下一时刻获取，因此可以将强化学习看作一种具有延迟性概念标记的学习方法，其训练样本的歧义介于监督学习和非监督学习之间。

强化学习可以用于模仿人类和动物的学习机制，其算法优化目标为以最大化累计收益之和，旨在找到连续时间序列中的最优策略[79]。总结来看，强化学习与比较其他学习方法相比较，主要有5个特点：

（1）没有监督者，只有奖赏信号（reward only）：在强化学习中没有监督者，这意味着强化学习不能够由已经标注好的样本数据来指导系统动作，智能体只能从环境中获得奖赏作为反馈，并通过奖赏值的不同判断动作的优劣。

（2）试错学习（trail – and – error）：因为没有监督，所以没有直接的指导信息，智能体要不断与环境进行交互，通过试错的方式来学习得到最优策略（optimal policy）。

（3）反馈延迟（feedback delay）：反馈延迟实际上是奖赏延迟。智能体可能不会在完成动作后立刻从环境获得相应的奖赏，有时候需要完成一连串的动作，甚至是当完成整个任务后才能获得奖赏。

（4）智能体的动作会影响其后续数据：在某一状态下智能体选择不同的动作，会获得不同的奖赏值并进入不同的状态。由于强化学习基于马尔可夫决策过程（下一个状态仅与当前状态有关而与历史无关，具体将在3.2中讨论），因此下一个时间步智能体所处的状态不同，接收到的后续数据都会不同。

（5）时间序列（sequential）：机器学习的其他范式常常采用独立同分布的数据集，而强化学习适用于动态系统中的连续决策问题，因此更加注重输入数据的序列性，即训练数据通常以序列的形式表示，且前后数据之间具有高度相关性。

8.1.2 Q学习算法

Q学习算法作为一种基于马尔可夫决策过程（相关的概念详见7.1节）的离策略在线学习算法，使用学习得到的策略来产生动作，并根据该动作与环境交互得到的下一个状态以及奖励来优化该策略。Q学习算法定义了Q函数[85] $Q(S_t, A_t)$，用以评价第t时刻采取策略π时，在状态S_t下，执行动作A_t的好坏。由贝尔曼最优方程（式（7-8）），结合迭代优化思想，Q函数更新公式可写为

$$Q(S_t, A_t) \leftarrow Q(S_t, A_t) + \alpha(R_{t+1} + \gamma \max_{a'} Q(S_{t+1}, a') - Q(S_t, A_t))$$

(8-1)

Q函数的值可以通过Q值表的形式离散储存，表示在何种状态下选择何种动作的优劣。Q学习算法流程见算法8-1。

算法8-1 Q学习算法流程

初始化 $Q(S,A) = 0$，

重复以下操作（每个进程）：

 初始化状态 S；

 重复以下操作（每一时刻 t）：

  根据Q函数在状态 S_t 下选择动作量 A_t（如贪心算法）；

  观测收益 R_t 和下一时刻的状态 S_{t+1}；

  更新Q值和状态量：

$$Q(S_t,A_t) \leftarrow Q(S_t,A_t) + \alpha(R_{t+1} + \gamma \max_{a'} Q(S_{t+1},a') - Q(S_t,A_t));$$

$$S_{t+1} \leftarrow S_t; t \leftarrow t+1$$

 直到状态 S 达到最终状态.

直到Q收敛.

其中，贪心算法（greedy algorithm）是一种最常用的动作选择策略，它体现了Q学习算法的优化思想：每次选取最优动作，也就是收益（Q值）最大的动作。然而，如果每一时刻都选取动作，就有可能陷入局部最优，不能获得全局最优解，因为当前的全局最优动作可能与局部最优动作不同。因此，如果继续采用贪心算法，就很容易使智能体局限在已探索出的部分状态空间，从而使结果局部最优。所以我们对贪心算法进行改进，提出下面的 ε - 贪心算法：

$$a_k = \begin{cases} u \in \arg\max_a Q(S_{t+1},a), & 1-\varepsilon \\ 随机动作, & \varepsilon \end{cases} \quad (8-2)$$

式中，ε——探索率，表示随机选择动作的概率为 ε，根据最大的Q函数来选择动作量的概率为 $1-\varepsilon$，$0 < \varepsilon < 1$。

在实际应用中，一般将 ε 设计得较小。ε 越接近于0，表示智能体的策略偏向于执行当前最优策略；ε 接近于1，则智能体的策略偏向于探索状态空间。$\varepsilon = 0$ 时，ε - 贪心算法转化为贪心算法；$\varepsilon = 1$ 时，ε - 贪心算法转化为随机游走算法（random walk）。

Q 学习算法只能用于处理离散状态空间和动作空间问题。若要用 Q 学习算法处理连续状态空间和动作空间问题，则需要将连续的状态空间与动作空间先进行离散化处理。离散化程度对算法使用效果有较大的影响，如果离散化程度过大，就会导致算法无法找到最优动作量，从而在收敛值附近波动。因此，为了更好地处理连续状态空间和动作空间问题，接下来将介绍一种基于 Q 学习算法改进的连续强化学习算法——神经网络 Q 学习（neural Q – learning，NQL）算法。

8.1.3　神经网络 Q 学习算法

8.1.3.1　NQL 工作原理

针对 Q 学习算法处理连续问题时因离散化不当而造成的算法收敛值波动问题，可以通过细化离散化区间来解决。但存在两个问题：首先，最优动作量的有效位数不能直接获得，需要通过不断尝试离散化基本单位来估计最优动作量的有效位数；其次，假设经过不断尝试估计出了最有效的离散化基本单位，此时的 Q 值表的维度为所有状态量和动作量维度之积，细化的离散化区间在带来更加精确结果的同时也带来维度灾难[86]，将导致算法运算成本升高，从而影响算法效率，甚至出现不能及时计算出动作量的情况，不能满足车辆行驶的实时性和安全性需求。

常用的连续化学习方法除了细化 Q 学习算法的区间之外，还包括 Actor – Critic 方法[87]和 NQL 方法。

Actor – Critic 方法的工作原理包括两个神经网络——Actor 神经网络和 Critic 神经网络，分别用于逼近动作量 A_t 和 Q 值 $Q(S,A)$，使用连续的函数（神经网络）来直接拟合得到 Q 学习算法中的 $Q(S,A)$ 与 A_t。

NQL 采用一个神经网络逼近 Q 值 $Q(S,A)$，并通过贪心算法来选择动作量。神经网络所涉及的参数越多，调参时的工作量就越大，网络收敛难度越大。NQL 方法相较于 Actor – Critic 方法，NQL 方法的优点有两方面：一方面，可减少神经网络数目，从而减少试验中调节参数的工作量；另一方面，可避免 Actor – Critic 方法因参数选取不恰当导致算法不收敛时纠错的复杂性。因此，NQL 比 Actor – Critic 方法更易部署。下面将对 NQL 的工作原理进行具体阐述。

根据 NQL 的定义[86,88]可知，NQL 问题需要满足一个条件、三个基本要素的要求。首先，NQL 需要满足线性二次型条件（linear quadratic regulator，LQR）[89]，即 t 时刻的状态量 S_t、动作量 A_t 和奖励 R_t 需要满足如下形式：

$$S_t = MS_{t-1} + NA_{t-1} \tag{8-3}$$

$$R_t = S_t^T CS_t + A_t^T DA_t \tag{8-4}$$

式中，M,N——用于近似线性系统动力学的相关矩阵；

C,D——正定矩阵，分别表示状态量和动作量对 R_t 的权重。

假设纵向速度规划控制问题是一个近似 LQR 问题，那么相关的状态量 S_t 和奖励 R_t 需要满足 LQR 的表达形式。与传统强化学习不同，此处的奖励 R_t 表示的是该系统的奖励，在学习过程中需要最小化 R_t 的累积和。

NQL 的三个要素是状态量、动作量和 Q 函数。状态量 S_t 和动作量 A_t 的具体定义，其根据学习目的的不同而有所不同，将在下文中针对纵向定距离跟驰模型和人类驾驶策略学习模型分别讨论。强化学习通常使用贪心算法选择动作量，对于传统 Q 学习算法，动作量 A_t 需要根据当前的状态量和 Q 值表从离散化的动作空间中进行选择。在 NQL 中，用一个人工神经网络近似 Q 学习算法中的值函数（Q 函数）以取代 Q 值表，动作量 A_t 可根据 Q 函数和状态量直接计算获得。

Q 函数的真值为随着时间推移而不断累积的奖励 R_t 之和，根据文献[88]由式（8-3）与式（8-4）推导获得，如下：

$$Q(S_t, A_t) = \begin{bmatrix} S_t^T & A_t^T \end{bmatrix} \begin{bmatrix} H_{xx} & H_{xu} \\ H_{ux} & H_{uu} \end{bmatrix} \begin{bmatrix} S_t \\ A_t \end{bmatrix} \tag{8-5}$$

式中，H_{xx}，H_{xu}，H_{ux}，H_{uu} ——与系统奖励相关的二次型矩阵。而后，可根据式（8-5）推导出 t 时刻的最优动作量，如下：

$$A_t = -(H_{uu})^{-1} H_{ux} S_t \qquad (8-6)$$

Q 函数的真值不易获取，一般采用合适的函数来逼近 Q 函数。通过上述 NQL 的工作原理可知，针对具体问题求解 NQL 时，首先需要定义状态量 S_t 和动作量 A_t，然后选取函数逼近 Q 学习算法中的 Q 函数，最后根据式（8-6）求解最优动作量 A_t。下文将针对纵向速度规划控制问题，对 NQL 求解的必须量进行定义，采用合适的函数来逼近 Q 函数，并对传统离线更新的 NQL 方法进行批量在线改进与处理，以适应车辆控制的实时性需求。

8.1.3.2 NQL 求解过程

上一节阐述了 NQL 的工作原理，指出了需要针对具体问题来定义状态量 S_t 和动作量 A_t，并需要选取合适的神经网络来逼近 Q 学习算法中的 Q 函数[90]。

对基本跟驰场景下的纵向速度规划控制问题进行分析可知，影响车辆跟驰的因素主要包括前车速度、本车速度、本车与前车的相对距离，即两车的相对速度和相对距离。因此，t 时刻的状态量 S_t 的通用形式可以表示为一个包含两个要素 s_1 和 s_2 的向量，其具体定义根据学习目的的不同而有所不同，将在下文中针对纵向定距离跟驰模型和人类驾驶策略学习模型分别进行讨论。然而，其针对纵向速度规划控制问题的动作量 A_t 是一致的，定义为本车的期望加速度 a_{E_t}。公式如下：

$$S_t^T = \begin{bmatrix} s_1 & s_2 \end{bmatrix} \qquad (8-7)$$

$$A_t = a_t = a_{E_t} \qquad (8-8)$$

为了使得神经网络能够正常工作，需要在试验前将状态量和动作量归一化到 [-1, 1] 区间，归一化公式如下：

$$S_t^T = \begin{bmatrix} \dfrac{2 \times (s_1 - \Delta v_{\min})}{\Delta v_{\max} - \Delta v_{\min}} - 1 & \dfrac{2 \times (s_2 - \Delta d_{\min})}{\Delta d_{\max} - \Delta d_{\min}} - 1 \end{bmatrix} \qquad (8-9)$$

$$A_t = \frac{2 \times (a_{E_t} - a_{\min})}{a_{\max} - a_{\min}} - 1 \qquad (8-10)$$

式中，$\Delta d_{\max}, \Delta v_{\max}, a_{\max}$ —— s_1、s_2 和 a_{E_t} 的最大值。与之相对，$\Delta d_{\min}$、$\Delta v_{\min}$、$a_{\min}$ 分别表示 s_1、s_2 和 a_{E_t} 的最小值。这些统称为归一化参数，是 NQL 所需参数的一部分。

为了便于计算，此处假设 $\Delta v_{\min} = -\Delta v_{\max}$，$\Delta d_{\min} = -\Delta d_{\max}$，$a_{\min} = -a_{\max}$。为了保证传感器在有效工作范围内工作，选取 $\Delta d_{\max} = 80$ m。其余参数针对不同场景有所变化，将在 8.1.4 试验部分进行详述。

在定义状态量 S_t 和动作量 A_t 之后，需要定义奖励函数 R_t，以评价动作的选取。根据式（8-4）可知，在选取状态量与动作量后，只需要设定相应的参数矩阵 C 与 D 的值，就可以获得奖励函数值。根据状态量和动作量的维度，可知 $C = [C_1 \quad 0; 0 \quad C_2]$，$D = D$。为了方便调试参数，假设速度和加速度对奖励函数的影响是相同的，即权重系数相等 $C_1 = D$，且距离、速度和加速度对奖励函数的影响系数之和为 1，即 $C_1 + C_2 + D = 1$。奖励参数的选取也将在 8.1.4 节进行讨论。Q 函数的真值不易获取，一般采用合适的函数来近似 Q 函数，下面将选取 Q 函数的估计函数。

根据文献 [89]，定义式（8-5）中的 H_{xx}、H_{xu}、H_{ux} 和 H_{uu} 为相应维度的矩阵 $H_{xx} = [w_1 \quad 0; 0 \quad w_2]$，$H_{ux} = [w_3 \quad w_4]$，$H_{xu}^T = [w_5 \quad w_6]$，$H_{uu} = [w_7]$，则式（8-5）可以表示为一个参数向量 w（$w^T = [w_1 \quad w_2 \quad w_3 \quad w_4 \quad w_7]$）与神经网络输入向量 x_t（$x_t = [s_1^2 \quad s_2^2 \quad 2s_1 a \quad 2s_2 a \quad a^2]^T$）的线性乘积：

$$Q(x_t) = w^T x_t \qquad (8-11)$$

可以通过求解 Q 函数 x_t 的偏导获得 w，但是 Q 函数的真值不易直接获得，因此问题的关键在于如何逼近 Q 函数。人工神经网络[91]常用于模拟人类或动物神经元之间信息传播的过程，前馈神经网络[92]是人工神经网络的一种，其特点是每层神经元只接收其上一层的输入并输出到下一层，该层神经网络之间的神经元没有信息传播，也没有跨两层（或以上）的神经元信息传播，更没有信息逆向传播。

根据文献［88］所提供的建议，此处采用一个如图 8-1 所示的前馈人工神经网络来逼近 Q 函数。该网络结构分为三层：5 节点 ($x = [x_1, x_2, \cdots, x_5]^T$) 的输入层、3 节点的隐含层和仅有一个节点 $Q(x)$ 的输出层。

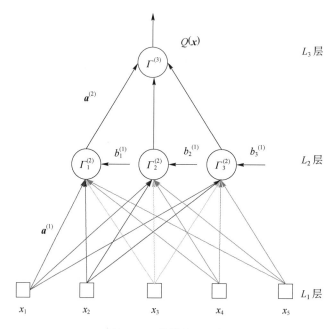

图 8-1 前馈神经网络

首先，介绍神经网络工作所需参数的表达形式。用 n_l 表示神经网络的层数，用 s_l 表示第 l 层的节点数，图 8-1 所示神经网络的 n_l 为 3。同时，将第 l 层记作 L_l，则输入层和输出层可分别记作 L_1 和 L_{n_l}。图 8-1 中的神经网络参数有权重参数 $W = (W^{(1)}, W^{(2)})$ 和偏置参数 $b = (b^{(1)}, b^{(2)})$，其中 $W_{ij}^{(l)}$ 表示第 l 层的第 j 个节点与第 $l+1$ 层的第 i 个节点间的权重参数，$b_i^{(l)}$ 表示第 $l+1$ 层的第 i 个节点的偏置项。$a_i^{(l)}$ 表示第 l 层的第 i 个节点的输出值，也称为激活值，针对输入层而言，$a^{(1)} = x$。用 $z_i^{(l)}$ 表示第 l 层的第 i 个节点输入的加权和，例如 $z_i^{(2)} = \sum_{j=1}^{n} W_{ij}^{(1)} x_j + b_i^{(1)}$，则 $a_i^{(2)} = \Gamma^{(2)}(z_i^{(l)})$，其中 $\Gamma(\cdot)$ 表示激活函数。神经网络的计算步骤可用矩阵表示如下：

$$z^{(l+1)} = W^{(l)}a^{(l)} + b^{(l)} \qquad (8-12)$$

$$a^{(l+1)} = \varGamma(z^{(l+1)}) \qquad (8-13)$$

则 Q 函数作为该神经网络的输出量可以表示为

$$\begin{aligned}Q(\pmb{x}) &= \varGamma^{(3)}((\pmb{W}^{(2)})^{\mathrm{T}}\varGamma^{(2)}(\pmb{W}^{(1)}\pmb{x}_k^{\mathrm{T}} + \pmb{b}^{(1)})) + \pmb{b}^{(2)} \\ &= (\pmb{W}^{(2)})^{\mathrm{T}}\tanh(\pmb{W}^{(1)}\pmb{x}_k^{\mathrm{T}} + \pmb{b}^{(1)}) \end{aligned} \qquad (8-14)$$

式中，令输出层的激活函数为线性函数，即 $\varGamma^{(3)}(\cdot) = \cdot$，输出层偏置为 0，即 $b^{(2)} = 0$。选取隐含层的激活函数为 tanh 函数，即 $\varGamma^{(2)}(\cdot) = \tanh(\cdot)$，结合式（8-11）和式（8-14），可以推导出 w 的值，如下：

$$\begin{aligned}w_j(\pmb{x}) = \frac{\partial Q(\pmb{x})}{\partial x_j} &= \sum_{i=1}^{s_2} W_{1i}^{(2)} W_{ij}^{(1)} \left(1 - \tanh^2\left(\sum_{j=1}^{s_1} W_{ij}^{(1)} x_j + b_i^{(1)}\right)\right) \\ &= \sum_{i=1}^{s_2} W_{1i}^{(2)} W_{ij}^{(1)} - \sum_{i=1}^{s_2} W_{1i}^{(2)} W_{ij}^{(1)} \tanh^2\left(\sum_{j=1}^{s_1} W_{ij}^{(1)} x_j + b_i^{(1)}\right) \\ &= \hat{w}_j - \tilde{w}_j \end{aligned} \qquad (8-15)$$

从式（8-15）可以看出，w 中包含了 x_k，因此 w 与 x_k 之间存在着复杂的非线性关系，不能直接进行求导运算。为了简化计算，于是将 $w_j(\pmb{x})$ 分为两部分：线性部分，$\hat{w}_j = \sum_{i=1}^{s_2} W_{1i}^{(2)} W_{ij}^{(1)}$；非线性部分，$\tilde{w}_j = \sum_{i=1}^{s_2} W_{1i}^{(2)} W_{ij}^{(1)} \tanh^2\left(\sum_{j=1}^{s_1} W_{ij}^{(1)} x_j + b_i^{(1)}\right)$。

若求出 w 的值，则可以通过矩阵重组计算出 $\pmb{H}_{ux}$ 和 $\pmb{H}_{uu}$，从而求出 $L(\pmb{x})$，然后可以通过式（8-6）计算出动作量 $\pmb{A}_k$。为了完成上述过程，首先需要计算上述参数的线性部分 $\hat{w}_j = \sum_{i=1}^{s_2} W_{1i}^{(2)} W_{ij}^{(1)}$，然后可以通过以下步骤获得动作量 $\pmb{A}_k$：

首先，计算出线性部分参数 $\hat{w}$，再利用矩阵重组计算出 $\hat{\pmb{L}} = -(\hat{\pmb{H}}_{uu})^{-1}\hat{\pmb{H}}_{ux}$；然后，根据 $\hat{\pmb{A}}_k = \hat{\pmb{L}}\pmb{S}_k$ 可以计算出 $\hat{\pmb{A}}_k$，再根据 $\hat{\pmb{A}}_k$ 和 $\pmb{S}_k$ 推导出相应的神经网络输入层的值 $\hat{x}_k$，并用该值参照式（8-15）获得 w 的近似值 $w(\hat{x}_k)$；重复上述矩阵重组过程，获得 $L(\hat{x}_k)$，最后根据式（8-6）计算出动作量 $\pmb{A}_k$。

由此，问题的重点转移到如何求出 w 的线性部分。根据式（8-15）可知，该部分由神经网络权重参数的乘积组成，因此求解的关键在于如何更新神经网络的参数。

神经网络参数的更新方式直接决定了 NQL 的在线性能，原始的 NQL 算法采用一个离线更新的人工神经网络来逼近 Q 学习算法的 Q 函数，即采用一组数据放入 NQL 的神经网络训练至神经网络收敛，再采用收敛后的神经网络参数计算 Q 函数，最终计算出动作量。原始的 NQL 不能满足车辆纵向速度规划控制的实时性要求，因此考虑对 NQL 进行调整，将其设计为可在线批量学习的 NQL，以适应车辆控制的实时性需求。

8.1.3.3　NQL 算法流程

为了将原始的 NQL 变为可在线批量学习的 NQL 算法，采用批量梯度下降法[93]来求解神经网络，此时需要考虑将 NQL 问题与批量梯度下降法结合。根据文献［88］，两者的结合点在于批量梯度下降法中的奖励函数可以用 NQL 中的时间差分偏差表示。参考 Q 学习算法，时间差分偏差 e_k 指的是当前时刻的 Q 函数和上一时刻 Q 函数的偏差值，表达形式如下：

$$e_k = R_k + Q(\boldsymbol{S}_{k+1}, \boldsymbol{A}_{k+1}) - Q(\boldsymbol{S}_k, \boldsymbol{A}_k) \tag{8-16}$$

将 m 个样本集中的损失函数累加，并加入一个权重衰减项，可以定义整体损失函数如下：

$$E_k = \frac{1}{m} \sum_{k=0}^{m} \frac{1}{2} e_k^2 + \frac{\lambda}{2} \sum_{l=1}^{n_l-1} \sum_{i=1}^{s_{l+1}} \sum_{j=1}^{s_l} \left(W_{ij}^{(l)} \right)^2 \tag{8-17}$$

式中，λ——权重衰减系数，用于防止神经网络训练过程中过拟合的发生。

传统的整体损失函数累加了全部 N 个样本，然后对神经网络进行离线更新，本节对损失函数进行修改，使得每 m 个仿真步长累加计算一次整体损失函数，并更新一次神经网络参数，使得纯离线的神经网络训练变成了可在线实时更新的批量学习算法，能克服传统批量学习的在线自适应性差的弱点，可用于在线实时更新车辆状态。

此处采用批量梯度下降法来更新每个步长下的神经网络的权重参数 W 和偏置参数 b，令 α 为学习率，代入式（8-17）可获得下式：

$$W_{ij}^{(l)} = W_{ij}^{(l)} - \alpha \frac{\partial}{\partial W_{ij}^{(l)}} E(\boldsymbol{W},\boldsymbol{b})$$

$$= W_{ij}^{(l)} - \alpha \left(\frac{1}{m} \sum_{k=1}^{N} \frac{\partial}{\partial W_{ij}^{(l)}} E_k(\boldsymbol{W},\boldsymbol{b}) + \lambda W_{ij}^{(l)} \right) \quad (8-18)$$

$$b_{ij}^{(l)} = b_{ij}^{(l)} - \alpha \frac{\partial}{\partial b_{ij}^{(l)}} E(\boldsymbol{W},\boldsymbol{b})$$

$$= b_{ij}^{(l)} - \alpha \frac{1}{m} \sum_{k=1}^{m} \frac{\partial}{\partial b_{ij}^{(l)}} E_k(\boldsymbol{W},\boldsymbol{b}) \quad (8-19)$$

由式（8-18）和式（8-19）可知，上述神经网络权重参数和偏置参数更新的关键在于求损失函数对权重系数与偏置的偏导。反向传播算法[80]（backpropagation algorithm，BP）是计算偏导数的一种有效方法，具体工作流程见算法 8-2。

算法 8-2　神经网络 Q 学习算法流程

初始化

初始化神经网络权重 $\boldsymbol{W}$, $\boldsymbol{b}$ 和其他相关参数；

初始化 $Q=0$，状态量 $\boldsymbol{S}_0$ 和动作量 $\boldsymbol{A}_0$；

对每个步数 k，执行以下操作：

动作选取

观察当前时刻状态 $\boldsymbol{S}_{k+1}$，获取上一时刻状态 $\boldsymbol{S}_k$ 和动作 $\boldsymbol{A}_k$；

根据式（8-4）计算奖励 R_k；

根据 8.1.3.2 节提及的过程计算当前时刻动作量 $\boldsymbol{A}_{k+1}$；

计算神经网络相关参数（反向传播算法）；

前向传播，计算每一层的激活函数：

$$a_j^{(2)} \leftarrow \Gamma^{(2)}(z_j^{(2)}); Q \leftarrow a^{(3)} \leftarrow \Gamma^{(3)}(z^{(3)});$$

计算残差：

对输出层（第 $n_l=3$ 层）的每个输出单元 i 的残差：

(续)

$$\delta^{(n_l)} \leftarrow \frac{\partial}{\partial z_i^{(n_l)}} E_k(\boldsymbol{W},\boldsymbol{b}) \leftarrow e_k \cdot \varGamma^{(n_l)}{}'(z_i^{(n_l)}) \leftarrow e_k$$

对第 $l = n_l - 1, \cdots, 2$ 层，第 i 个节点的残差：

$$\delta_i^{(l)} \leftarrow \Big(\sum_{j=1}^{s_{l+1}} W_{ji}^{(l)} \delta_j^{(l+1)}\Big) \varGamma'(z_i^{(l)});$$

计算偏导数：

$$\frac{\partial}{\partial W_{ij}^{(l)}} E_k(\boldsymbol{W},\boldsymbol{b}) = a_j^{(l)} \delta_i^{(l+1)}; \frac{\partial}{\partial b_i^{(l)}} E_k(\boldsymbol{W},\boldsymbol{b}) = \delta_i^{(l+1)};$$

令 $\Delta \boldsymbol{W}^{(l)} \leftarrow \Delta \boldsymbol{W}^{(l)} + \nabla_{\boldsymbol{W}^{(l)}} E_k(\boldsymbol{W},\boldsymbol{b}); \Delta \boldsymbol{b}^{(l)} \leftarrow \Delta \boldsymbol{b}^{(l)} + \nabla_{\boldsymbol{b}^{(l)}} E_k(\boldsymbol{W},\boldsymbol{b});$

权重更新

更新神经网络参数（批量梯度下降法）：

当步数 k 可以被 m 整除时（表示神经网络参数每 m 次更新一次），执行：

$$\boldsymbol{W}^{(l)} \leftarrow \boldsymbol{W}^{(l)} - \alpha \Big(\frac{1}{m} \Delta \boldsymbol{W}^{(l)} + c \boldsymbol{W}^{(l)}\Big);$$

$$\boldsymbol{b}^{(l)} \leftarrow \boldsymbol{b}^{(l)} - \alpha \frac{1}{m} \Delta \boldsymbol{b}^{(l)};$$

更新步数 $k \leftarrow k+1$

直到步数大于等于全部样本个数 $k \geq N$

其中，$\Delta \boldsymbol{W}^{(l)} = \sum\limits_{k=1}^{m} \dfrac{\partial}{\partial W_{ij}^{(l)}} E_k(\boldsymbol{W},\boldsymbol{b}), \Delta \boldsymbol{b}^{(l)} = \sum\limits_{k=1}^{m} \dfrac{\partial}{\partial b_{ij}^{(l)}} E_k(\boldsymbol{W},\boldsymbol{b})$。

该算法包含三个部分——初始化、动作选取、神经网络更新。从权重更新部分可以看出本节对原始 NQL 算法的调整，将批量在线更新的神经网络与 NQL 有机结合，使得该算法每 m 个时间步长更新一次神经网络参数，既可满足车辆控制的实时性要求，又可避免神经网络的跳变，从而提高系统的稳定性。

8.1.4 真实交通长直路路况实车试验及分析

本节将验证应用 NQL 搭建的类人学习系统在真实工况下的可行性。利用 3.3.3 节介绍的比亚迪唐智能驾驶平台采集实车数据，在仿真系统下设计对比试验，以对比类人学习系统与真实驾驶员的纵向决策规划行为，通过结果分析来验证类人学习系统模仿真实驾驶员纵向驾驶行为的有效性。本节将分别从试验设计与试验结果分析两部分进行阐述。

8.1.4.1 试验设计

为了验证本章提出的智能车辆类人驾驶学习系统对真实交通环境的适应性，选取一段可保证安全的长直路进行测试，最终选取在北京市丰台区园博园大道附近的长顺二号路。图 8-2 所示为实车试验过程的具体交通场景：光照良好的白天；车道线清晰可见，无遮挡物；交通车流量较少，行人较少。

图 8-2 实车试验道路环境

为充分保证行车安全，避免行车过程中由于算法初期学习不稳定性而造成的安全隐患，本节采用实车采集数据仿真验证算法的方式，对该算法进行验证。试验选取场景为前车以 0~5 m/s 的低速变速行驶时，后车直道跟驰场景。

首先，需要实现实车采集数据过程。前车为搭载无线电台、GPS 和惯性导航的比亚迪唐；后车为无人唐智能驾驶平台，搭载了无线电台、GPS、惯性导航、相机、激光雷达毫米波雷达等传感器，两车均由北京理工大学智能车试验室有经验的人类驾驶员驾驶。

值得注意的是，通过实际电台传感器获取的前车位置数据和本车位置数据均是相对大地坐标系下的数据，在仿真测试之前需要将其转换为相对本车车体坐标系的数据。大地坐标系也称为全局坐标系，是传感器测量获得的原始数据所在的坐标系，根据坐标变换法则，需要经过一次平移和旋转才能转换为车体坐标系。

车体坐标系以车辆后轴中心为原点 (x_O,y_O)，以车体后轴为 x 轴，右侧为 x 轴正方向，y 轴与 x 轴垂直，车头方向为正方向。将大地坐标系下坐标点 (x_G,y_G) 经过先平移后旋转变换，获得车体坐标系下对应的坐标点 (x_L, y_L)。(x_O,y_O) 是变换后坐标系的原点在原始坐标系中的坐标，转换公式如下：

$$\begin{cases} \begin{bmatrix} x_L \\ y_L \end{bmatrix} = \begin{bmatrix} \cos\theta & \sin\theta \\ -\sin\theta & \cos\theta \end{bmatrix} \begin{bmatrix} x_G - x_O \\ y_G - y_O \end{bmatrix} \\ \theta_L = \dfrac{\pi}{2} + \theta_G - \theta \end{cases} \qquad (8-20)$$

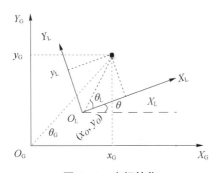

图 8-3 坐标转化

如图 8-3 所示，θ 为坐标系旋转变换时逆时针旋转的角度。θ_L 为该点与车体坐标系轴正方向的夹角，θ_G 为该点与全局坐标系 x 轴正方向的夹角。

本车数据由 GPS 直接获取，本节认为不存在跳帧情况，但可能存在测量不准确情况，需要进行均值滤波处理。前车信息由电台获得，可能存在跳帧情况，针对该情况使用卡尔曼滤波进行前车数据处理。原始数据与处理数据对比如图 8-4 所示，观察可知，卡尔曼滤波很好地处理了数据跳帧问题，也保留了大部分的数据特征；针对数据波动大问题，均值滤波平滑了本车速度，为学习系统提供了良好的学习数据。

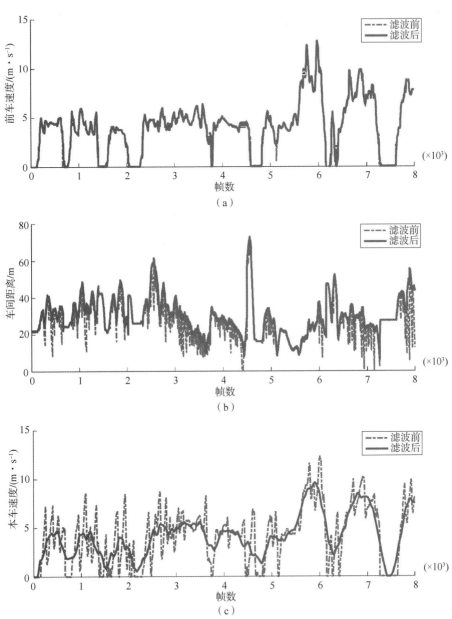

图 8-4 数据的滤波处理（附彩图）

(a) 滤波前后，前车速度；(b) 滤波前后，两车间距离；(c) 滤波前后，本车速度在实车试验过程中，为了避免由于车辆掉头等特殊原因导致的数据截断现象，拟将一段行车数据拼接起来学习人类驾驶员在一段时间内的驾驶行为。数据采集结束后，对车辆数据进行处理，如截断数据、数据选取、拼接等。完成数据处理后，对数据进行仿真测试，选取一部分数据进行学习，另一部分数据进行验证，最终观察算法学习效果。选取帧数为 1~2000 的数据进行 2^4 次拼接，学习结果将在 8.1.4.3 小节进行分析。

8.1.4.2 试验结果分析

为了减少真实场景中存在的噪声波动，对数据进行滤波处理，但保留大部分数据特征。试验结果分为测试部分和验证部分，参数选取情况与仿真工况下人类驾驶员操作相同，如表 8-2 所示。

表 8-2　前车变速行驶的各个场景均方根对比

场景	前车变速	前车由人类操控	前车数据再现
RMSE（D）	0.6545	0.7055	1.1594
RMSE（V）	0.2311	0.3196	0.4389

根据仿真试验的结论选取相应的参数，针对多变环境下该组参数工作性能良好，实车数据相较于仿真数据更为复杂，故选取仿真试验中工作性能最良好的参数进行测试。该试验分为测试部分和验证部分，测试部分和验证部分均截取人类驾驶的一段数据，测试部分试验结果如图 8-5 所示。

由图 8-5 可知，NQL 大约在 13 000 个仿真步长（实车采集数据的更新频率为 0.1 s 更新一次，在仿真复现中选取同样的更新频率，故约为 1300 s 收敛）。将 30 000 个仿真步长处的神经网络参数用以初始化验证场景，该场景为该驾驶员驾驶的另一段场景，结果如图 8-6 所示。观察图 8-6 可知，人类驾驶数据与该学习系统所学的数据几乎完全重合（除了在数据突变时变化较大）。这可以说明 NQL 算法学习到了人类驾驶数据，且该算法具有可移植性，即针对同一驾驶员在某一场景中学习获得的参数可以代入另一个相似场景中直接使用。

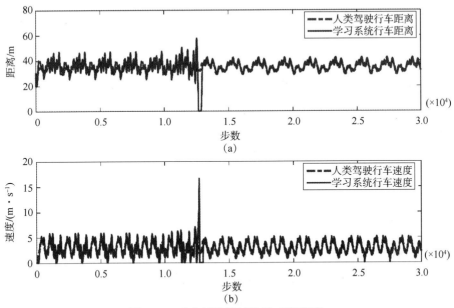

图 8-5 实车试验测试结果（附彩图）

(a) 行车距离；(b) 行车速度

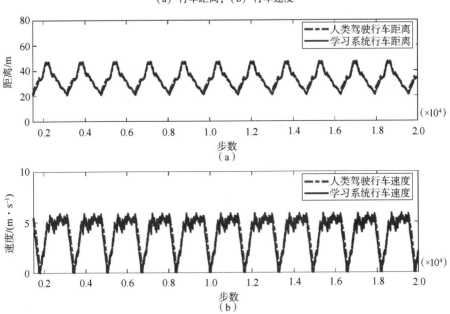

图 8-6 实车试验验证结果（附彩图）

(a) 行车距离；(b) 行车速度

计算 RMSE 值可得，距离的 RMSE 为 1.1594，速度的 RMSE 为 0.4389，根据表 8-2 可以看出，实车试验所得 RMSE 值均大于仿真试验中的 RMSE 值，这也是实车数据波动较大、变化频率较高导致算法学习精度下降所致，在实际应用中，该算法仍有很大的改进空间。

8.2 基于逆强化学习的行为决策

本节针对逆强化学习的方法进行详细阐述与分析，针对所采用的连续空间下基于最大熵逆强化学习进行详尽论述；然后，针对试验数据进行分析，得到人类的评价函数具有风险敏感的特性，并针对风险中性的情况做测试，验证风险敏感的评价函数能提升驾驶的安全性；最后，针对十字交叉路口环境下纵向决策规划问题的类人驾驶学习系统，结合仿真和实车试验平台，针对不同的驾驶场景对所开发的学习系统进行测试和对比试验，并分析试验结果，验证类人驾驶学习系统的可行性。

8.2.1 逆强化学习理论基础

在决策理论中，通常假设人类在决策时会定义一个效用函数，人类根据对世界的理解和不同行为带来的各种效果进行效用函数建模。在决策时，通过采取最大化效用函数的行为进行决策。由于这是基于人理性决策的假设，所以要研究一个人如何做出决策，得到其对应的效用函数。因此，从某种意义上说，可以用最优控制或者强化学习框架来解释或预测各种场合下的个人决策。

逆强化学习（inverse reinforcement learning，IRL）是指在给定一个策略或者一些操作示范的前提下，反向推导出马尔可夫模型的奖励函数，让智能体通过专家示范来学习奖励函数。

应用逆强化学习的领域一般具有评价函数难以准确量化,而人类能够将这些任务完成得很好的特点,在智能驾驶领域就可以应用逆强化学习。我们想让智能体学习如何开车,一个简单的案例是让智能体从多条可选路径中从点 A 开车到点 B,根据路程的长短给予奖励,然后迭代得到一个找到最短路径的算法,这是强化学习的思路。但是有一些情况没办法像寻找最短路径这样给定一个奖励,如"撞到人""撞到车""绕开交通拥堵路段"等比较难给一个奖励函数来指引智能体决策,而人类在这方面却做得很好,如出租车司机。但是设计者很难根据想象推测出一个具体的奖励函数,来指引无人驾驶汽车得出出租车司机那样的行驶策略。但我们可以反过来,让无人驾驶汽车从出租车司机的行为里面推导(估计、近似)出一个可以指导智能体模仿出租车司机驾驶策略(policy)的奖励函数。这就是逆强化学习的基本思想。

如图 8-7 所示,逆强化学习方法主要有两大类思路。一个思路是函数逼近,假设评价函数为一个线性的函数表达式($y = ax + b$),通过优化参数 a、b 来实现专家轨迹奖励最大化(结构化最大边际预测)。例如,采用支持向量机(SVM)方法找到专家策略和其他策略的最大间隔[94],找一个分割超平面,把最优解下的期望奖励和策略簇内其他所有策略的期望奖励区分,并且使得间隔最大。

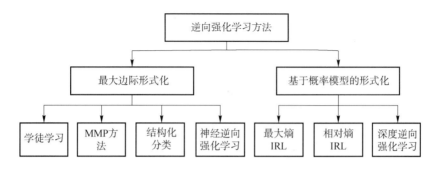

图 8-7 逆强化学习方法

不幸的是，无论是 IRL 的概念还是匹配特性计数都是模糊的。每个策略都可以是对于许多奖励功能（例如，所有零）和许多策略导致相同的特性计数。尤其是当最优行为难以证明时，需要混合策略才能匹配特征计数。在之前的研究中，没有提出任何方法解决歧义。这意味着专家策略不是最优解（或者专家策略本身包含极大的不确定性），使得线性分割值得到也是非最优解。这种方式在进行驾驶行为决策时具有一定缺陷。

另一种思路是基于概率模型的形式化。人类的示范行为中，有时并不是完全正确的行为，存在极大概率模糊性以及不确定性。所以本节采用的逆强化学习算法是基于人类次优行为使用概率图模型建模，采用最大熵原则来解决选择路径的歧义问题，并推测出奖励函数[95]。

8.2.1.1 最大熵的逆强化学习

一般情况下，根据状态转换分布 T，动作在状态之间产生非确定性转换。我们在考虑路径上的分布时必须考虑这种随机性。这里利用路径的最大熵分布（以过渡分布 T 为条件）和约束条件来匹配特征期望。考虑空间如下：

$$P(\zeta \mid \boldsymbol{\theta}, T) = \sum_{o \in T} P_T(o) \frac{e^{\boldsymbol{\theta}^T f_\zeta}}{Z(\boldsymbol{\theta}, o)} I_{\zeta \in o} \qquad (8-21)$$

式中，ζ——状态 s_i 和动作时 a_i 的路径或轨迹；

$\boldsymbol{\theta}$——奖励权重；

f_ζ——轨迹的奖励值；

$Z(\cdot)$——分配函数；

T——动作结果空间；

σ——结果样本；

$I_{\zeta \in o}$——指示函数，当 ζ 与 o 兼容时，指示函数 $I_{\zeta \in o}$ 为 1，否则为 0。

如果已知每个动作的下一个状态，马尔可夫模型计算这个分布通常是棘手的。然而，如果假设转移随机性对行为的影响是有限的，并且所有分配函数都是常数，那么可以得到路径上的一个易于处理的近似分布如下：

$$P(a|\boldsymbol{\theta},T) \propto \sum_{\zeta:a \in G_{t=0}} P(\zeta|\boldsymbol{\theta},T) \tag{8-22}$$

对于确定性马尔可夫模型，该函数为凸函数，利用基于梯度的优化方法可以得到最优解。梯度是期望经验特征数与智能体期望特征数之差，可用期望状态访问频率 D_{s_i} 表示。

$$\nabla L(\boldsymbol{\theta}) = \tilde{f} - \sum_{\zeta} P(\zeta|\boldsymbol{\theta},T) f_{\zeta} = \tilde{f} - \sum_{s_i} D_{s_i} f_{s_i} \tag{8-23}$$

式中，D_{s_i}——预期访问频率；

$\tilde{f}$——预期经验特征计数。

结果期望在受观测数据特征约束的路径上分布的熵最大化，意味着将得到的最大熵（指数族）分布下的观测数据的可能性最大化。在最大值处，特征期望匹配，能保证智能体的表现与专家的演示行为相当，而无论实际奖励权重的值多大，智能体都会尝试优化。

在实践中，通常测量基于经验的（或基于样本的）特征值期望，而不是模仿的人类的真实值。假设特征值的大小是有界的，一个标准并集和 Hoeffding 界参数可以提供特征期望误差的高概率界限，作为特征期望的个数的函数。

这些边界只依赖于 $O(\log K)$ 个特征的数量。最大熵问题的结果是给出有界不确定性特征的期望，同时添加了 L1 正则化（正则化的强度取决于特征的不确定性预期）。

给定期望的状态频率，可以很容易地通过计算梯度来进行优化。计算期望状态频率的最直接方法是枚举每个可能的路径。但是，随着 MDP 时间范围的指数增长，基于枚举的方法在计算上是不可行的。计算频率的方法见算法 8-3。

算法 8-3 状态频率计算

状态频率计算：

$Z_{s_i,0} = 1$

对于每次迭代：

$$Z_{a_{i,j}} \leftarrow \sum_k P(s_k \mid s_i, a_{i,j}) e^{\text{reward}(s_i \mid \theta)} Z_{s_k}$$

$$Z_{s_i} \leftarrow \sum_{a_{i,j}} Z_{a_{i,j}}$$

$$P(a_{i,j} \mid s_i) \leftarrow \frac{Z_{a_{i,j}}}{Z_{s_i}}$$

$$D_{s_i,t} \leftarrow P(s_i = s_{\text{initial}})$$

当 $i = 1 \to N$ 时，执行：

$$D_{s_i,t+1} \leftarrow \sum_{a_{i,j}} \sum_k D_{s_k,t} P(a_{i,j} \mid s_i) P(s_k \mid a_{i,j}, s_i)$$

$$D_{s_i} \leftarrow \sum_t D_{s_i,t}$$

结束循环

结束循环

结束算法

逆最优控制算法（inverse optimal control，IOC）使用一种类似于条件随机域的前向-后向算法的技术，能有效地计算期望状态占用频率或强化学习中的价值迭代。该算法利用一个大的固定时间域逼近无限时间域的状态频率。它递归地从每个可能的终端状态"备份"，并计算在每个动作和状态下的配分函数与每个分支关联的概率。这些分支值产生局部动作的概率，从这些局部动作概率中可以计算每个时间步中的状态频率，并对总的状态频率计数求和。

8.2.1.2 连续状态空间的最大熵逆强化学习

在实际问题中，由于车辆的状态是连续的空间，因此采用最大熵的方法会导致求解空间范围过大，进而导致函数不收敛。本节引入一种基于概率的逆最优控制算法，该算法可以很好地随任务维数伸缩，因此适用于大型连续域，计算一个完整的策略也是可行的。通过使用奖励函数的局部近似，不需要证明全局最优的假设，只需要满足局部最优[96]。

逆最优控制（IOC）算法也称为逆强化学习（IRL），从相应策略的专家演示中恢复马尔可夫决策过程（MDP）中的未知奖励函数。这个奖励函数可以用于学徒学习，将专家的行为推广到新的情况，或者推断专家的行为目标。在连续的高维域中执行 IOC 是很有挑战性的，因为 IOC 算法通常比相应的"正向"控制方法需要更多的计算能力。

在本节中采用了一种 IOC 算法，如图 8-8 所示，该算法只考虑专家演示邻域内学习奖励函数的形状，因此能有效处理具有大连续状态和动作空间的确定性马尔可夫模型。由于该方法只考虑专家示例周围的奖励函数的形状，因此不整合全局路径信息的奖励。这类似于轨迹优化方法，通过寻找局部最优解来解决前向控制问题。虽然缺乏全局最优性不利于解决正向问题，但这在 IOC 中是有利的，因为它消除了专家演示是全局最优的假设。因此，允许本文的算法使用只显示局部最优的示例。对于复杂的任务，人类专家可能会发现它更容易提供局部最优例子，例如，一名熟练的司机可能完美地完成每个转向，但仍然采取全局次优路线到达目的地。算法在参数化奖励下优化专家轨迹的近似似然。该近似假设专家的轨迹位于这种可能性的峰值附近，结果能优化找到一个奖励函数，在该函数下，该峰值最为突出。由于这种方法只示例周围的奖励形状，因此它不要求示例是全局最优的，即使在高维中也仍然有效。

本节处理连续状态 $x = (x_1, x_2, \cdots, x_T)^T$，连续动作 $u = (u_1, u_2, \cdots, u_T)^T$ 和离散时间。这类任务的特征是一个动态函数 F，本节将其定义为 $F(x_{t-1}, u_T) = x_t$ 以及奖励函数 $r(x_t, u_t)$。给定初始状态 X_0，最优动作可由下式计算：

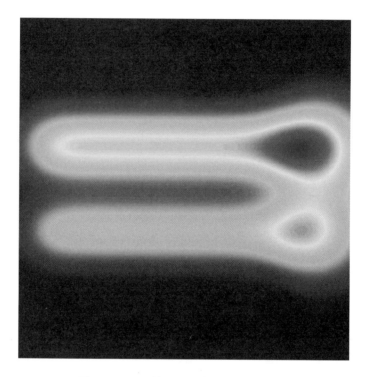

图 8-8　IOC 算法的搜索结果（附彩图）

$$u = \arg\max_{u} \sum_{t} r(x_t, u_t) \qquad (8-24)$$

IOC 的目标是找到一个奖励函数 r，在此函数下，最优行为与专家的演示相匹配，图 8-8 中显示越趋于暖色则表示获得的奖励越高。但是，实际的示例行为很少全局最优，所以需要一个专家的行为模型，可以解释为次优性或"噪声"，本节使用最大熵模型进行建模，该模型与线性求解的马尔可夫模型密切相关。在这个模型下，选择动作 u 的概率与此过程中所遇到的奖励的指数成正比：

$$P(u \mid x_0) = \frac{1}{Z} \exp\left(\sum_{t} r(x_t, u_t)\right) \qquad (8-25)$$

式中，Z——配分函数。

在该模型下，专家遵循的随机策略在风险较高时更具确定性，在所有选择值相似时更具随机性。在以往的工作中，直接将式（8-21）的对数似然值最大化。然而，计算配分函数 Z 需要使用值迭代的变体在当前奖励下找到完整的策略。在高维空间中，这变得非常棘手，因为这种计算随着状态空间的维数呈指数级增长。

下面将给出一个式（8-21）的近似值，它允许在高维连续域中进行高效学习。除了打破对维数的指数依赖外，这种近似也避免了示例轨迹是全局最优的要求，从而只需要得到近似一个局部最优的例子。一条局部最优但全局次优的轨迹（黑色）如图 8-9 所示（图中的暖色表示更高的奖励），虽然图中的全局最优轨迹（灰色）的总回报更高，但是该全局最优轨迹上的任何局部扰动都会降低总回报。

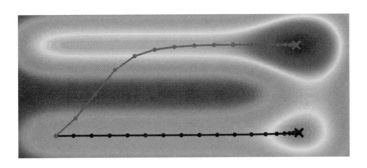

图 8-9 一条局部最优但全局次优轨迹和一条全局最优轨迹（附彩图）

本章使用拉普拉斯近似，将局部分部建模为高斯分布。这并不等同于将奖励函数本身建模为高斯函数，因为式（8-25）使用沿路径的奖励之和。

假设专家在选择动作 u 时基于局部优化，而不是全局最优。与全局最优性的假设相比，这种假设的限制性要小得多。用 $r(u)$ 表示沿着路径 (x_0, u) 的奖励和，可以把式（8-25）改写如下：

$$P(u \mid x_0) = e^{r(u)} \left[\int e^{r(\tilde{u})} d\tilde{u} \right]^{-1} \tag{8-26}$$

用奖励在动作附近的二阶泰勒展开来逼近这个概率：

$$r(\tilde{u}) \approx r(u) + (\tilde{u}-u)^{\mathrm{T}}\frac{\partial r}{\partial u} + \frac{1}{2}(\tilde{u}-u)^{\mathrm{T}}\frac{\partial^2 r}{\partial u^2}(\tilde{u}-u) \quad (8-27)$$

将梯度表示为 g，黑塞矩阵表示为 H，由式（8-26）近似得到

$$P(u \mid x_0) \approx \exp(r(u))\left(\int \exp(r(u) + (\tilde{u}-u)^{\mathrm{T}}g + \frac{1}{2}(\tilde{u}-u)^{\mathrm{T}}H(\tilde{u}-u))\mathrm{d}\tilde{u}\right)^{-1}$$

$$(8-28)$$

由此得到近似对数似然：

$$\mathcal{L} = \frac{1}{2}g^{\mathrm{T}}H^{-1}g + \frac{1}{2}\log|-H| - \frac{\tilde{u}-u}{2}\log 2\pi \quad (8-29)$$

这表明，在示例路径具有较小梯度和较大的负 Hessian 值的情况下，更有可能获得合适的奖励函数。梯度的大小对应示例与奖励场景中的局部峰值的接近程度，而黑塞矩阵描述了该峰值的陡峭程度。对于给定的奖励参数，可以通过最大化式（8-29）来学习最可能的参数。

可以用任何优化方法直接优化式（8-29）。计算主要由线性系统 $H^{-1}g$ 控制，因此成本为三次路径长度和作用维数。我们将描述两种近似算法，通过线性化动力学来评估时间线性的可能性。这将极大地加快较长例子的求解速度，但需要注意的是，现代线性求解器对对称矩阵进行了很好的优化，使得在不对中等长度路径进行线性化的情况下评估可能性变得相当可行。为了求近似的线性时间解 $H^{-1}g$，我们首先定义：

定义 8.1 $\quad g = \underbrace{\frac{\partial r}{\partial u}}_{\bar{g}} + \underbrace{\frac{\partial x}{\partial u}}_{J}\underbrace{\frac{\partial r}{\partial x}}_{\hat{g}}$

定义 8.2 $\quad H = \underbrace{\frac{\partial^2 r}{\partial u^2}}_{\bar{H}} + \underbrace{\frac{\partial x}{\partial u}}_{J}\underbrace{\frac{\partial^2 r}{\partial x^2}}_{H}\underbrace{\frac{\partial x}{\partial u}}_{J^{\mathrm{T}}} + \underbrace{\frac{\partial^2 x}{\partial u^2}}_{\tilde{H}}\underbrace{\frac{\partial r}{\partial x}}_{\hat{B}}$

由于奖励 $r(x_t, u_t)$ 仅取决于时间 t 的状态和动作，所以建立雅可比矩阵 J，对动力学进行微分：

$$\frac{\partial \mathcal{F}}{\partial u_t}(x_{t-1}, u_t) = \frac{\partial x_t}{\partial u_t} = B_t \quad (8-30)$$

$$\frac{\partial \mathcal{F}}{\partial \boldsymbol{x}_{t-1}}(\boldsymbol{x}_{t-1}, \boldsymbol{u}_t) = \frac{\partial \boldsymbol{x}_t}{\partial \boldsymbol{x}_{t-1}} = \boldsymbol{A}_t \qquad (8-31)$$

未来的动作不影响过去的状态,所以 J 是块上三角。利用马尔可夫性质,可以递归地表示非零块:

$$\boldsymbol{J}_{t_1,t_2} = \frac{\partial \boldsymbol{x}_{t_1}}{\partial \boldsymbol{u}_{t_2}} = \begin{cases} \boldsymbol{B}_{t_1}^{\mathrm{T}}, & t_1 = t_2 \\ \boldsymbol{J}_{t_1,t_1-1} \boldsymbol{A}_{t_1}^{\mathrm{T}}, & t_1 > t_2 \end{cases} \qquad (8-32)$$

因为 g 和 H 是块对角或者块三角形,所以可以将其完全写成矩阵的形式。但是,最后的二阶项 H 并不表现出这样方便结构。特别地,最后一种状态 $\boldsymbol{x}^{\mathrm{T}}$ 的黑塞粒子对于 $\boldsymbol{u}$ 的密度可以是任意的。因此,我们将不考虑这一项。

最后,针对 $\boldsymbol{\theta}$ 进行梯度求解:

$$\frac{\partial \mathcal{L}}{\partial \boldsymbol{\theta}} = \boldsymbol{h}^{\mathrm{T}} \frac{\partial \boldsymbol{g}}{\partial \boldsymbol{\theta}} - \frac{1}{2} \boldsymbol{h}^{\mathrm{T}} \frac{\partial \boldsymbol{H}}{\partial \boldsymbol{\theta}} \boldsymbol{h} + \frac{1}{2} \mathrm{tr}\left(\boldsymbol{H}^{-1} \frac{\partial \boldsymbol{H}}{\partial \boldsymbol{\theta}}\right) \qquad (8-33)$$

将梯度的方程式进行扩展,可得到表达式:

$$\begin{aligned}\frac{\partial \mathcal{L}}{\partial \boldsymbol{\theta}} =& \sum_{ti} \frac{\partial \tilde{g}_{ti}}{\partial \boldsymbol{\theta}} h_{ti} + \sum_{ti} \frac{\partial \hat{g}_{ti}}{\partial \boldsymbol{\theta}} [\boldsymbol{J}^{\mathrm{T}} \boldsymbol{h}]_{ti} + \frac{1}{2} \sum_{tij} \frac{\partial \tilde{H}_{tij}}{\partial \boldsymbol{\theta}} ([\boldsymbol{H}^{-1}]_{ttij} - h_{ti} h_{tj}) + \\ & \frac{1}{2} \sum_{tij} \frac{\partial \hat{H}_{tij}}{\partial \boldsymbol{\theta}} ([\boldsymbol{J}^{\mathrm{T}} \boldsymbol{H}^{-1} \boldsymbol{J}]_{ttij} - [\boldsymbol{J}^{\mathrm{T}} \boldsymbol{h}]_{ti} [\boldsymbol{J}^{\mathrm{T}} \boldsymbol{h}]_{tj}) + \\ & \frac{1}{2} \sum_{ti} \frac{\partial \hat{g}_{ti}}{\partial \boldsymbol{\theta}} \sum_{t_1 t_2 jk} ([\boldsymbol{H}^{-1}]_{t_1 t_2 jk} - h_{t_1 j} h_{t_2 k}) \breve{H}_{t_1 t_2 jkti}\end{aligned} \qquad (8-34)$$

8.2.2 基于逆强化学习的评价函数建模及试验分析

8.2.2.1 评价函数的制定

在逆强化学习中,评价函数需要人为设计。针对十字交叉路口无人驾驶车辆纵向决策问题,结合与车辆的安全性、舒适性和时效性,将总奖励

（评价）函数 $R(s,a)$ 定义如下：

$$R(s,a) = \mu_1 R_{\text{safety}}(s,a) + \mu_2 R_{\text{time}}(s,a) + \mu_3 R_{\text{comfort}}(s,a) \quad (8-35)$$

式中，$R_{\text{safety}}(s,a)$——安全性奖励函数；

$R_{\text{time}}(s,a)$——时效性奖励函数；

$R_{\text{comfort}}(s,a)$——舒适性奖励函数；

μ_1,μ_2,μ_3——各函数的权值。

1. 安全性

本书主要用车辆间距来评估安全性。当距离过大时，安全性高；距离小的时候，安全性低。并且当两车的距离急剧减小时，碰撞的风险非常高，所以安全性的评估对两车之间的距离非常敏感。考虑到车辆的宽度，将两车之间的安全距离假设为 2 m。采用以下指数函数来表征安全性：

$$R_{\text{safety}}(s,a) = \sum_{i=1}^{n} (d_i - 2)^2 \quad (8-36)$$

式中，d_i——本车与第 i 辆车之间的距离（m）；

n——交互中的他车数量。

2. 时效性

时效性是指通行效率，可以用如下函数定义：

$$R_{\text{time}}(s,a) = \begin{cases} (v_{\text{ref}} - v_0)^2, & v_0 > v_{\text{ref}} \\ v_{\text{ref}} - v_0, & v_0 \leqslant v_{\text{ref}} \end{cases} \quad (8-37)$$

式中，v_{ref}——期望参考速度；

v_0——期望初始速度。

由于在十字交叉路口，本车可能存在违反交通规则的情况，如果超过规定速度，以期望参考速度差值的二次方速度进行惩罚。当前的车辆速度低于期望参考车速时，以一次线性速度惩罚。由于车辆在通过十字交叉路口时，超速是不被允许的，所以惩罚需要更大。当车辆在十字交叉路口中央时，由于允许较慢的解决方案，所以惩罚小。

3. 舒适性

由于决策模块不需要进行精准的动力学建模,所以不考虑转向时左右轮转向角不同的情况。车辆转向时,可以将车辆的模型简化为一个二自由度的自行车模型。此时舒适度的评价指标主要考虑冲击度 J_{jerk} 和车辆的转角 α,表示为

$$R_{comfort}(s,a) = J_{jerk} + \alpha \qquad (8-38)$$

8.2.2.2 评价函数学习

在逆强化学习(IRL)中,通常假设人类采取行动使评价函数的期望值最小化,即人类是风险中性的。然而,在实践中人类往往远未达到风险中性。为了解决这一问题,下面将使用逆强化学习对风险敏感性进行建模,以便明确地说明驾驶员的风险敏感性。为此,我们定义了一个分层框架(图8-10),针对两种不同的环境,分别利用逆强化学习去学习评价函数。

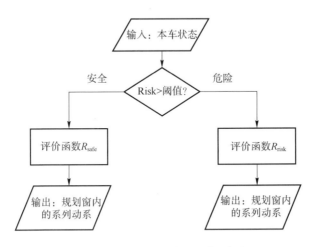

图 8-10　风险敏感逆强化学习框架

此模型能在丰富的静态和动态决策环境下,捕捉到驾驶员对于风险的偏好,采用逆强化学习方法推断人类的评价函数。在真实的交叉路口通常

包含不止一位交通参与者，并且不同交通参与者对车辆的影响也各不相同，因此实际车辆采集的数据噪声大、模糊性强。为了控制研究变量，以便更好地还原人类的驾驶偏好，我们将基于 Carla 仿真平台进行验证。本节能够以一种有效的基于数据的建模方式，推断和模拟人类的驾驶偏好。此外，将风险敏感逆强化学习方法与风险中性模型进行比较。结果表明，基于风险敏感的逆强化学习框架能更准确地捕获观察到的参与者行为，特别是在可能发生碰撞的情况下。

试验场景设计：采用 Carla 仿真平台中的十字交叉路口，Carla 的虚拟仿真引擎可以真实地再现十字交叉路口的情况，涵盖了灌木丛、遮挡等环境要素；他车的目标是左转，而本车直行通过交叉口；在试验中，采用 PID 控制器对车辆进行运动控制。

试验开始时，双方均从距离交叉点 30 m 处开始行驶。当两辆车辆穿过十字交叉路口时，视作时间结束。为了让他车的轨迹更加接近真实驾驶员的驾驶轨迹，我们从实车数据中提取了 3 条具有明显特征的驾驶轨迹作为他车的轨迹输入。

我们选用 3 种不同的速度曲线：接近匀速温和型通过十字交叉路口速度曲线；加速激进型通过十字交叉路口速度曲线；急减速避让型速度曲线。如图 8-11 所示，蓝色曲线表示接近匀速温和型通过十字交叉路口速度曲线，黑色曲线表示加速激进型通过十字交叉路口速度曲线，红色曲线表示急减速避让型速度曲线。

8.2.2.3 试验结果及分析

为了采集数据，本试验招募了 7 名参与者（2 名女性，5 名男性），所有参与者都是至少 2 年驾驶经验的驾驶员。使用 3D 驾驶模拟器进行试验，通过驾驶模拟器方向盘和踏板提供驾驶员输入，共采集了 74 组有效数据，从中选择 56 组作为测试集，将其余 18 组作为验证集。利用 56 组数据，通过逆强化学习得到评价函数，通过验证集进行验证，并将人类驾驶员的数

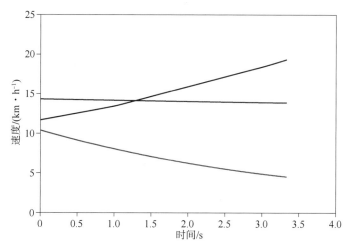

图 8-11 他车速度曲线（附彩图）

据根据风险分为危险和安全。在此试验中，将对比风险中性的评价函数。危险、安全、风险中性三种状态下的评价函数均由逆强化学习得到。

针对测试集进行验证，结果如表 8-3 所示。很明显，危险区域碰撞函数的系数高于安全情况下碰撞函数的系数和混合不区分环境下的碰撞函数系数。这说明当风险增大时，人们对于安全的偏好会明显增大。除此之外，还发现在危险场景下，人们对于高速的需求会相对较小。通常，人们在十字交叉路口会放慢速度来保障安全性，所以试验结果也符合实际情况。

表 8-3 三种状态下的评价函数

类别	R_{safety}	R_{time}	$R_{comfort}$
危险	47.677	0.198	1
安全	4.56	13.09	1
风险中性	9.45	2.09	1

由学习系统的均方根值（图 8-12）能够发现：在学习人类的行为过程中，基于风险偏好的学习系统的均方根值为 2.52 km/h，对于平均速度为 17 km/h 的驾驶行为来说，误差可控制在 10% 左右；而基于风险中性的学习系统的均方根值为 3.96 km/h，明显高于基于风险偏好的学习系统均

方根,其误差超过了15%的合理范围。

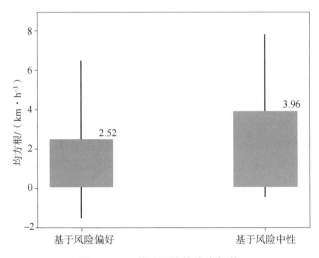

图 8-12 学习系统的均方根值

试验结果证明,相较于基于风险中性的学习系统,基于风险偏好的学习系统能更好地拟合人类驾驶员的行为,验证了驾驶员在交叉路口具有风险偏好特性的假设。针对试验数据进行分析,得到人类的评价函数具有风险敏感的特性;针对风险中性的情况进行测试,验证了风险敏感的评价函数能提升驾驶的安全性。

8.2.3 基于特定驾驶行为的类人驾驶学习系统试验及分析

在十字交叉路口场景中,智能车辆会识别周边车辆,但并不是每一辆周边车辆都与本车发生交互。为了更好地还原交互的过程,本试验首先基于离线数据回放系统回看实际的交通状况,判断其他车辆是否与本车的行驶轨迹存在潜在冲突,然后记录存在潜在冲突的车辆 ID,利用识别车辆的 ID 提取他车信息。

由于本车 GPS 得到的信息基于大地坐标系,他车的信息基于相对坐标系,因此需将他车信息转换至大地坐标系下。根据两车的大地坐标系的信息以及车辆的轨迹,计算出两车的潜在冲突区域(受车辆的形状特征影响,冲突区域一般为矩形,故计算 4 个顶点的坐标)。

8.2.3.1 实车试验数据分析

本试验主要选择了两个特征场景进行验证,一个是前方多车流通行场景,另一个是交叉口场景下他车左转对本车进行避让的场景。

如图 8-13 所示,在车辆行驶的过程中,前方遇到了大量车流。针对此情况,人类通常会选择防御性策略——在车流前停下,等待车流通过。

图 8-13 防御式行为场景(附彩图)

下面我们用防御性策略来进行验证。在试验过程中,验证模型的有效性,并与常规性策略进行对比,如图 8-14 所示。本车的动作采用离散化的动作输出,步长为 0.5 s,输出加速度的范围是 $[-2, 0]$ m/s²,其中加速度间隔是 0.5 m/s²。从图 8-14 可以看出,车辆预测速度曲线和真实场景大致吻合,车辆在面对车流较大的场景时,选择缓慢减速并在车流前停车。

相较于常规式行为,防御式行为有三个特点:

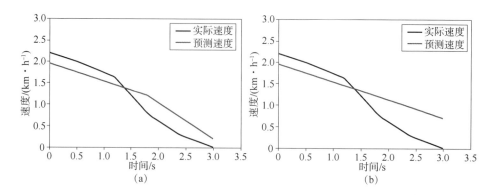

图 8-14 防御式行为与常规式行为预测曲线对比（附彩图）
(a) 防御式行为的预测速度曲线；(b) 常规式行为的预测速度曲线

（1）人类驾驶的速度曲线在减速的过程中出现了转折点，表示人类在靠近冲突区域时有一个急减速的过程。防御式行为类人驾驶模型的速度曲线也在减速过程中出现了转折点，并且转折点大致吻合，这说明防御式行为学习到了人类的防御特性。

（2）防御式行为类人驾驶模型实际上是通过设置安全区域来达到防御的效果，与常规式行为相比最后在接近冲突区域时速度仍然没有减速到 0，仍然有着极大的风险会在冲突区域发生碰撞，说明设置安全区域确实能够达到保证安全的效果。

（3）如图 8-15 所示，与防御式行为类人驾驶模型相比，常规式行为类人驾驶模型并没有学习到类似的减速行为，最后结果距离他车距离非常近，处于极端危险的情况。

防御式行为比常规式行为更好地拟合了人类的速度曲线，但从试验结果中仍然可以发现生成的速度曲线和实际的速度曲线存在偏差，其原因主要在以下 3 方面：

（1）加速度的动作是离散化输出，因此相较于实车状态下的连续输出，其输出动作本身存在着误差。

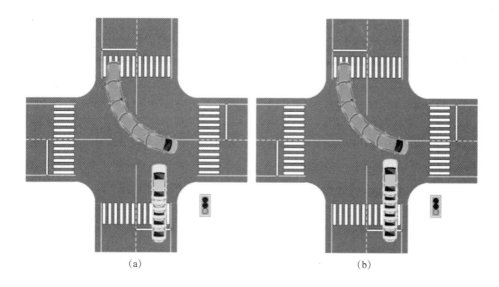

图 8-15 防御式算法与常规式算法运动轨迹对比（附彩图）

(a) 防御式行为的运动轨迹；(b) 常规式行为的运动轨迹

(2) 人类本身的行为具有模糊和不确定性，所以误差难以避免。

(3) 人类在冲突区域可能还受其他因素的影响，而在试验未考虑到，因而造成了误差。

如图 8-16 所示，在车辆行驶的过程中，最左边蓝色框选车辆在左侧等待车辆通行，针对这个情况，人类通常会选择合作性策略，加速行驶。

如图 8-17 所示，车辆预测的速度曲线和真实场景大致吻合，车辆在面对他车避让的场景，选择在接近冲突区域时加速。

相较于常规式行为，合作式行为有三个特点：

(1) 人类行为在加速的中途出现了转折点，表示人类在靠近冲突区域时有一个急加速的过程，体现了人类对他车避让行为的回应。合作式行为也在加速的中途出现了转折点，并且其速度曲线上升的转折点大致吻合，这说明合作式行为学习到了人类的合作特性。

（2）如图 8-18 所示，相较于合作式行为约束车辆 3 s 后离开冲突区域，常规式行为通过奖励函数并没有学习到这样一个行为，最后距离他车距离非常远，在车流较大的环境中，在路口处以他车驾驶员不理解的方式任意停车，将导致车辆处于极端危险的情况。

图 8-16　合作式行为场景（附彩图）

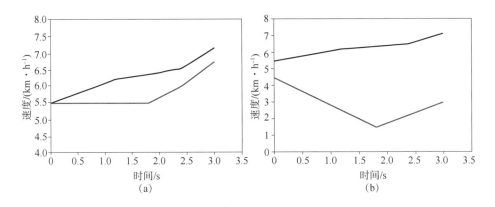

图 8-17　合作式算法与常规式算法预测曲线对比（附彩图）

(a) 合作式行为的预测速度曲线；(b) 常规式行为的预测速度曲线

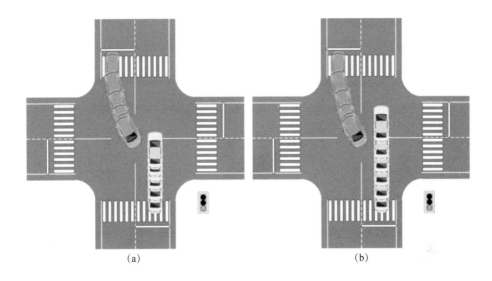

图 8-18 合作式算法与常规式算法运动轨迹对比（附彩图）

(a) 合作式行为的运动轨迹；(b) 常规式行为的运动轨迹

相较于常规式行为，合作式行为更好地拟合了人类的速度曲线，但从试验结果中仍然可以发现生成的速度曲线和实际的速度曲线存在偏差，其原因主要在以下3方面：

(1) 由于加速度的动作是离散化输出的，因此相较于实车状态下的连续输出，其输出动作本身存在误差。

(2) 由于人类本身的行为具有模糊和不确定性，所以误差难以避免。

(3) 合作式的方式没有学习到人类缓慢加速的过程。

参考文献

[1] KIM I, BONG J, PARK J, et al. Prediction of driver's intention of lane change by augmenting sensor information using machine learning techniques [J]. Sensors, 2017, 17 (6): 1350.

[2] PARK M, JANG K, LEE J, et al. Logistic regression model for discretionary lane changing under congested traffic [J]. Transportmetrica A: transport science, 2015, 11 (4): 333 – 344.

[3] PAN S J, YANG Q. A survey on transfer learning [J]. IEEE Transactions on Knowledge and Data Engineering, 2009, 22 (10): 1345 – 1359.

[4] HAN D, LIU Q, FAN W. A new image classification method using CNN transfer learning and web data augmentation [J]. Expert Systems with Applications, 2018, 95: 43 – 56.

[5] XIONG G M, KANG Z Y, LI H, et al. Decision – making of lane change

behavior based on RCS for automated vehicles in the real environment [C] // The 2018 IEEE Intelligent Vehicles Symposium, Changshu, 2018: 1400-1405.

[6] LI K, WANG X, XU Y, et al. Lane changing intention recognition based on speech recognition models [J]. Transportation Research Part C: Emerging Technologies, 2016, 69: 497-514.

[7] ZHENG Y, HANSEN J H L. Lane-Change detection from steering signal using spectral segmentation and learning-based classification [J]. IEEE Transactions on Intelligent Vehicles, 2017, 2 (1): 14-24.

[8] BOCKLISCH F, BOCKLISCH S F, BEGGIATO M, et al. Adaptive fuzzy pattern classification for the online detection of driver lane change intention [J]. Neurocomputing, 2017, 262: 148-158.

[9] BISHOP C M. Pattern recognition and machine learning [M]. New York: Springer, 2006.

[10] BUTAKOV V A, IOANNOU P. Personalized driver/vehicle lane change models for ADAS [J]. IEEE Transactions on Vehicular Technology, 2014, 64 (10): 4422-4431.

[11] LI X, WANG W, ROETTING M. Estimating driver's lane-change intent considering driving style and contextual traffic [J]. IEEE Transactions on Intelligent Transportation Systems, 2018, 20 (9): 3258-3271.

[12] LAQUAI F, GUSMINI C, TÖNNIS M, et al. A multi lane car following model for cooperative ADAS [C] //The 16th International IEEE Conference on Intelligent Transportation Systems, The Hague, 2013: 1579-1586.

[13] XING Y, TANG J L, LIU H, et al. End-to-end driving activities and secondary tasks recognition using deep convolutional neural network and transfer learning [C] //The 2018 IEEE Intelligent Vehicles Symposium,

Changshu, 2018: 1627-1631.

[14] LI Z R, WANG B Y, GONG J W, et al. Development and evaluation of two learning-based personalized driver models for pure pursuit path-tracking behaviors [C] //The 2018 IEEE Intelligent Vehicles Symposium, Changshu, 2018: 79-84.

[15] WANG B Y, LI Z R, GONG J W, et al. Learning and generalizing motion primitives from driving data for path-tracking applications [C] //The 2018 IEEE Intelligent Vehicles Symposium, Changshu, 2018: 1191-1196.

[16] LU C, WANG H, LV C, et al. Learning driver-specific behavior for overtaking: A combined learning framework [J]. IEEE Transactions on Vehicular Technology, 2018, 67 (8): 6788-6802.

[17] DAI W, YANG Q, XUE G, et al. Boosting for transfer learning [C] //The 24th International Conference on Machine Learning, Corvalis, 2007: 193-200.

[18] PAN S J, TSANG I W, KWOK J T, et al. Domain adaptation via transfer component analysis [J]. IEEE Transactions on Neural Networks, 2010, 22 (2): 199-210.

[19] BÓCSI B, CSATÓ L, PETERS J. Alignment-based transfer learning for robot models [C] //The 2013 International Joint Conference on Neural Networks, Dallas, 2013: 1-7.

[20] YIN H Y, PAN S J. Knowledge transfer for deep reinforcement learning with hierarchical experience replay [C] //The 31st AAAI Conference on Artificial Intelligence, San Francisco, 2017: 1640-1646.

[21] LU C, HU F Q, WANG W S, et al. Transfer learning for driver model adaptation via modified local procrustes analysis [C] //The 2018 IEEE Intelligent Vehicles Symposium, Changshu, 2018: 73-78.

[22] XU Z, TANG C, TOMIZUKA M. Zero-shot deep reinforcement learning

driving policy transfer for autonomous vehicles based on robust control [C] //The 21st International Conference on Intelligent Transportation Systems, Maui, 2018: 2865 – 2871.

[23] ZHAO H, WANG C, LIN Y, et al. On – road vehicle trajectory collection and scene – based lane change analysis: Part Ⅰ [J]. IEEE Transactions on Intelligent Transportation Systems, 2016, 18 (1): 192 – 205.

[24] YAO W, ZENG Q, LIN Y, et al. On – road vehicle trajectory collection and scene – based lane change analysis: Part Ⅱ [J]. IEEE Transactions on Intelligent Transportation Systems, 2016, 18 (1): 206 – 220.

[25] GAO J, MURPHEY Y L, ZHU H. Multivariate time series prediction of lane changing behavior using deep neural network [J]. Applied Intelligence, 2018, 48 (10): 3523 – 3537.

[26] TANG J, LIU F, ZHANG W, et al. Lane – changes prediction based on adaptive fuzzy neural network [J]. Expert Systems with Applications, 2018, 91: 452 – 463.

[27] DE WINTER J, VAN LEEUWEN P M, HAPPEE R. Advantages and disadvantages of driving simulators: A discussion [C] //Measuring Behavior Conference, 2012: 47 – 50.

[28] WANG J D, CHEN Y Q, HAO S J, et al. Balanced distribution adaptation for transfer learning [C] // 2017 IEEE International Conference on Data Mining, New Orleans, 2017: 1129 – 1134.

[29] ROMERA E, BERGASA L M, ARROYO R. A real – time multi – scale vehicle detection and tracking approach for smartphones [C] // The 2015 IEEE 18th International Conference on Intelligent Transportation Systems, Gran Canaria, 2015: 1298 – 1303.

[30] ROMERA E, BERGASA L M, ARROYO R. Need data for driver behavior analysis? Presenting the public UAH – DriveSet [C] // 2016 IEEE 19th

International Conference on Intelligent Transportation Systems, Rio de Janeiro, 2016: 387-392.

[31] THRUN S, MONTEMERLO M, DAHLKAMP H, et al. Stanley: The robot that won the DARPA grand challenge [J]. Journal of Field Robotics, 2006, 23 (9): 661-692.

[32] RASOULI A, KOTSERUBA I, TSOTSOS J K. Are they going to cross? A benchmark dataset and baseline for pedestrian crosswalk behavior [C] // IEEE International Conference on Computer Vision Workshop, Venice, 2017: 206-213.

[33] 凌镭, 李文权, 王炜, 等. 信号交叉口摩托车与汽车混合交通流运行特性分析 [J]. 公路交通科技, 2004, 21 (5): 113-116.

[34] 张毅, 姚丹亚, 苏岳龙. 混合交通环境下交通参与者行为分析与研究 [C] //第二届中国智能交通年会, 北京, 2006: 248-253.

[35] HOERMANN S, HENZLER P, BACH M, et al. Object detection on dynamic occupancy grid maps using deep learning and automatic label generation [C] //The 2018 IEEE Intelligent Vehicles Symposium, Changshu, 2018: 826-833.

[36] 朱峰, 罗立民, 宋余庆, 等. 基于自适应空间邻域信息高斯混合模型的图像分割 [J]. 计算机研究与发展, 2011, 48 (11): 2000-2007.

[37] 原春锋, 王传旭, 张祥光, 等. 光照突变环境下基于高斯混合模型和梯度信息的视频分割 [J]. 中国图象图形学报, 2007, 12 (11): 2068-2072.

[38] 郭伟, 高媛媛, 刘鑫焱. 改进的基于混合高斯模型的运动目标检测算法 [J]. 计算机工程与应用, 2016, 52 (13): 195-200.

[39] 杨澄宇, 赵文, 杨鉴. 基于高斯混合模型的说话人确认系统 [J]. 计算机应用, 2001, 21 (4): 7-8.

[40] 周志华. 机器学习 [M]. 北京: 清华大学出版社, 2016.

[41] 黄如林. 无人驾驶汽车动态障碍物避撞关键技术研究 [D]. 合肥: 中国科学技术大学, 2017.

[42] 庄超. 基于高斯过程回归的强化学习算法研究 [D]. 苏州: 苏州大学, 2014.

[43] RASMUSSEN C E. Gaussian processes in machine learning [C] // Summer School on Machine Learning, Berlin, 2003: 63-71.

[44] 邵壮壮, 谷远利, 姜若琳. 基于卷积神经网络的自行车骑行行为识别 [J]. 交通信息与安全, 2019, 37 (1): 72-79.

[45] HUANG L, WU J P. Fuzzy logic based cyclists' path planning behavioral model in mixed traffic flow [C] //International IEEE Conference on Intelligent Transportation Systems, Beijing, 2008: 275-280.

[46] YAGI M, TAKAHASHI S, HAGIWARA T. An evaluation method of obstacle avoidance behavior on bicycle trip using rider's gesture [C] // 2019 IEEE 8th Global Conference on Consumer Electronics, Osaka, 2019: 513-514.

[47] KAMMEL S, ZIEGLER J, PITZER B, et al. Team AnnieWAY's autonomous system for the 2007 DARPA Urban Challenge [J]. Journal of Field Robotics, 2008, 25 (9): 615-639.

[48] HOCHREITER S, SCHMIDHUBER J. Long short-term memory [J]. Neural Computation, 1997, 9 (8): 1735-1780.

[49] ALBUS J S. 4D/RCS reference model architecture for intelligent unmanned ground vehicles [C] //IEEE International Conference on Robotics and Automation, San Francisco, 2000: 3260-3265.

[50] NOH S. Decision-Making Framework for autonomous driving at road intersections: Safeguarding against collision, overly conservative behavior, and violation vehicles [J]. IEEE Transactions on Industrial Electronics, 2019, 66 (4): 3275-3286.

[51] ARDELT M, COESTER C, KAEMPCHEN N. Highly automated driving on freeways in real traffic using a probabilistic framework [J]. IEEE Transactions on Intelligent Transportation Systems, 2012, 13 (4): 1576 – 1585.

[52] ZHAO L H, ICHISE R, YOSHIKAWA T, et al. Ontology – based decision making on uncontrolled intersections and narrow roads [C] //2015 IEEE Intelligent Vehicles Symposium, Seoul, 2015: 83 – 88.

[53] KOHLHAAS R, BITTNER T, SCHAMM T, et al. Semantic state space for high – level maneuver planning in structured traffic scenes [C] //The 17th International IEEE Conference on Intelligent Transportation Systems, Qingdao, 2014: 1060 – 1065.

[54] BAKER C R, DOLAN J M. Traffic interaction in the urban challenge: Putting boss on its best behavior [C] //2008 IEEE/RSJ International Conference on Intelligent Robots and Systems, 2008: 1752 – 1758.

[55] WEI J Q, DOLAN J M, SNIDER J M, et al. A point – based MDP for robust single – lane autonomous driving behavior under uncertainties [C] //2011 IEEE International Conference on Robotics and Automation, Shanghai, 2011: 2586 – 2592.

[56] LIU W, KIM S, PENDLETON S, et al. Situation – aware decision making for autonomous driving on urban road using online POMDP [C] // 2015 IEEE Intelligent Vehicles Symposium, Seoul, 2015: 1126 – 1133.

[57] BRECHTEL S, GINDELE T, DILLMANN R. Probabilistic decision – making under uncertainty for autonomous driving using continuous POMDPs [C] // The 17th International IEEE Conference on Intelligent Transportation Systems, Qingdao, 2014: 392 – 399.

[58] ULBRICH S, MAURER M. Probabilistic online POMDP decision making for lane changes in fully automated driving [C] // The 16th International

IEEE Conference on Intelligent Transportation Systems, The Hague, 2013: 2063-2067.

[59] CUNNINGHAM A G, GALCERAN E, EUSTICE R M, et al. MPDM: Multipolicy decision-making in dynamic, uncertain environments for autonomous driving [C] //The 2015 IEEE International Conference on Robotics and Automation, Seattle, 2015: 1670-1677.

[60] ULBRICH S, MAURER M. Towards tactical lane change behavior planning for automated vehicles [C] //2015 IEEE 18th International Conference on Intelligent Transportation Systems, Gran Canaria, 2015: 989-995.

[61] AOUDE G S, LUDERS B D, JOSEPH J M, et al. Probabilistically safe motion planning to avoid dynamic obstacles with uncertain motion patterns [J]. Autonomous Robots, 2013, 35 (1): 51-76.

[62] BAHRAM M, WOLF A, AEBERHARD M, et al. A prediction-based reactive driving strategy for highly automated driving function on freeways [C] //Intelligent Vehicles Symposium, Dearborn, 2014: 400-406.

[63] GALCERAN E, CUNNINGHAM A G, EUSTICE R M, et al. Multipolicy decision-making for autonomous driving via changepoint-based behavior prediction: Theory and experiment [J]. Autonomous Robots, 2017, 41 (6): 1367-1382.

[64] 陈昕. 基于连续空间强化学习的类人纵向速度规划控制研究 [D]. 北京: 北京理工大学, 2017.

[65] QIAO Z Q, MUELLING K, DOLAN J M, et al. Automatically generated curriculum based on reinforcement learning for autonomous vehicles in urban environment [C] //2018 IEEE Intelligent Vehicles Symposium, Changshu, 2018: 1233-1238.

[66] CHEN J, WANG Z, TOMIZUKA M. Deep hierarchical reinforcement learning for autonomous driving with distinct behaviors [C] //The 2018

IEEE Intelligent Vehicles Symposium, Changshu, 2018: 1239 – 1244.

[67] BOJARSKI M, DEL TESTA D, DWORAKOWSKI D, et al. End to end learning for self – driving cars [J]. arXiv preprint arXiv: 1604.07316.

[68] SADIGH D, LANDOLFI N, SASTRY S S, et al. Planning for cars that coordinate with people: leveraging effects on human actions for planning and active information gathering over human internal state [J]. Autonomous Robots, 2018, 42 (7): 1405 – 1426.

[69] SHIMOSAKA M, KANEKO T, NISHI K. Modeling risk anticipation and defensive driving on residential roads with inverse reinforcement learning [C] //The 17th International IEEE Conference on Intelligent Transportation Systems, Qingdao, 2014: 1694 – 1700.

[70] 宋威龙. 城区动态环境下智能车辆行为决策研究 [D]. 北京: 北京理工大学, 2016.

[71] SONG W L, XIONG G, CHEN H, et al. Intention – aware autonomous driving decision – making in an uncontrolled intersection [J]. Mathematical Problems in Engineering, 2016: 1 – 15.

[72] 耿新力. 城区不确定环境下无人驾驶车辆行为决策方法研究 [D]. 合肥: 中国科学技术大学, 2017.

[73] 陈雨青. 十字交叉路口下智能车纵向行为决策方法研究 [D]. 北京: 北京理工大学, 2019.

[74] GU T Y, ATWOOD J, DONG C Y, et al. Tunable and stable real – time trajectory planning for urban autonomous driving [C] //2015 IEEE/RSJ International Conference on Intelligent Robots and Systems, Hamburg, 2015: 250 – 256.

[75] HIDAS P. Modelling vehicle interactions in microscopic simulation of merging and weaving [J]. Transportation Research Part C: Emerging Technologies, 2005, 13 (1): 37 – 62.

[76] BULLEN A G R. Development of compact microsimulation for analyzing freeway operations and design [J]. Transportation Research Record, 1982, 841: 15 - 18.

[77] WEI J Q, SNIDER J M, GU T Y, et al. A behavioral planning framework for autonomous driving [C] //2014 IEEE Intelligent Vehicles Symposium, Dearborn, 2014: 458 - 464.

[78] 王怀亮. 交叉验证在数据建模模型选择中的应用 [J]. 商业经济, 2011 (10): 20 - 21.

[79] SUTTON R S, BARTO A G. Reinforcement learning: An introduction [M]. Cambridge: MIT Press, 1998.

[80] RUMELHART D E, HINTON G E, WILLIAMS R J. Learning representation by back - propagating errors [J]. Nature, 1986, 323 (6088): 533 - 536.

[81] SEBASTIAN T. Probabilistic robotics [J]. Communications of the ACM, 2002, 45 (3): 52 - 57.

[82] 孙银健. 基于模型预测控制的无人驾驶车辆轨迹跟踪控制算法研究 [D]. 北京: 北京理工大学, 2015.

[83] ROGER M S. Introduction to probability and statistics for engineers and scientists [J]. Technometrics, 2014, 47 (3): 378.

[84] MITCHELL T M. Machine learning [M]. New York: McGraw - Hill, Inc., 2003.

[85] 赵冬斌, 邵坤, 朱圆恒, 等. 深度强化学习综述: 兼论计算机围棋的发展 [J]. 控制理论与应用, 2016, 33 (06): 701 - 717.

[86] TEN HAGEN S, KRÖSE B. Q - Learning for systems with continuous state and action spaces [C] //Proceedings of the Benelearn2000 - The 10th Belgian - Dutch Conference on Machine Learning, 2000.

[87] KONDA V R. Actor - critic algorithms [J]. Siam Journal on Control & Optimization, 2002, 42 (4): 1143 - 1166.

[88] TEN HAGEN S, KRÖSE B. Neural Q – learning [J]. Neural Computing & Applications, 2003, 12 (2): 81 – 88.

[89] BRADTKE S J. Reinforcement learning applied to linear quadratic regulation [C] //Advances in Neural Information Processing Systems, 1993: 295 – 302.

[90] MELO F S, RIBEIRO M I. Q – learning with linear function approximation [C] //The International Conference on Computational Learning Theory, Berlin Heidelberg, 2007.

[91] GARDNER M W, DORLING S R. Artificial neural networks (the multilayer perceptron)—a review of applications in the atmospheric sciences [J]. Atmospheric Environment, 1998, 32 (14/15): 2627 – 2636.

[92] BEBIS G, GEORGIOPOULOS M. Feed – forward neural networks [J]. IEEE Potentials, 1994, 13 (4): 27 – 31.

[93] WILSON D R, MARTINEZ T R. The general inefficiency of batch training for gradient descent learning [J]. Neural Networks, 2003, 16 (10): 1429 – 1451.

[94] ABBEEL P, NG A Y. Apprenticeship learning via inverse reinforcement learning [C] // The 21st International Conference on Machine Learning, New York, 2004: 241 – 276.

[95] ZIEBART B D, MAAS A L, BAGNELL J A, et al. Maximum entropy inverse reinforcement learning [C] //The 23rd AAAI Conference on Artificial Intelligence, Chicago, 2008: 1433 – 1438.

[96] LEVINE S, KOLTUN V. Continuous inverse optimal control with locally optimal examples [J]. arXiv preprint arXiv: 1206.4617.

附 录

术 语 表

中文全称	英文全称	英文简写
KKT条件	Karush–Kuhn–Tucker condition	KKTC
半监督流形对齐	semi–supervised manifold alignment	SMA
贝叶斯方法	Bayesian method	BM
贝叶斯网络	Bayesian network	BN
标定	calibration	—
部分可观测马尔可夫决策过程	partially observable Markov decision process	POMDP
车道保持	lane keep	LK
车间通信	vehicle–to–vehicle communication	V2V Communication
动态规划	dynamic programming	DP

续表

中文全称	英文全称	英文简写
动态时间规整	dynamic time warping	DTW
多策略决策方法	multi-policy decision making	MPDM
方向盘转角	steering wheel angle	SWA
分布域自适应	distribution adaptation	DA
高级驾驶员辅助系统	advanced driver assistance system	ADAS
高斯过程	Gaussian process	GP
高斯过程回归	Gaussian process regression	GPR
高斯混合回归	Gaussian mixture regression	GMR
高斯混合模型	Gaussian mixture model	GMM
规划模块	planning module	PM
行为决策系统	behavior decision-making system	BDS
核流形对齐	kernel manifold alignment	KEMA
恒定转弯率和速度模型	constant turn rate and velocity	CTRV
换道	lane change	LC
机器学习	machine learning	ML
奖励函数	reward function	RF
局部普氏分析	local procrustes analysis	LPA
卷积神经网络	convolutional neural network	CNN
决策树	decision tree	DT
均方根误差	root mean square error	RMSE
扩展卡尔曼滤波	extended Kalman filter	EKF
零均值	zero-mean	—
流形对齐	manifold alignment	MA
路径规划器	path planner	PP

续表

中文全称	英文全称	英文简写
逻辑斯谛回归	logistical regression	LR
马尔可夫决策过程	Markov decision process	MDP
马尔可夫链	Markov chain	MC
马尔可夫链蒙特卡洛	Markov chain Monte Carlo	MCMC
马尔可夫模型	Markov model	MM
马尔可夫随机场	Markov random field	MDP
逆强化学习	inverse reinforcement learning	IRL
平方指数	squared exponential	SE
平衡域自适应	balanced distribution adaptation	BDA
平均偏移误差	average differential error	ADE
评价函数	evaluation function	EF
期望最大化	expectation-maximization	EM
迁移学习	transfer learning	TL
强化学习	reinforcement learning	RL
深度强化学习	deep reinforcement learning	DRL
随机过程	stochastic process	SP
损失函数	loss function	LF
凸二次规划	convex quadratic programming	CQP
无迹变换	unscented transformation	UT
无迹卡尔曼滤波	unscented Kalman filter	UKF
序列最小优化	sequential minimal optimization	SMO
易受伤害道路使用者	vulnerable road users	VRU
隐马尔可夫模型	hidden Markov model	HMM
有限状态机	finite state machine	FSM

续表

中文全称	英文全称	英文简写
匀加速运动模型	constant acceleration	CA
匀速运动模	constant velocity	CV
噪声、振动与声振粗糙度特性	noise, vibration, harshness	NVH
长短期记忆	long-short-term memory	LSTM
支持向量机	support vector machine	SVM
指数加权移动平均	exponential weighted moving average	EWMA
智能车辆	intelligent vehicles	IV
智能交通系统	intelligent transportation system	ITS
置信空间	confidence space	CS
周围车辆	surrounding vehicles	SV
主成分分析	principal component analysis	PCA
状态机	state machine	SM
状态转移	state transition	ST
自适应巡航模型	adaptive cruise control	ACC
自适应预测控制	adaptive predictive control	APC
最大似然估计	maximum likelihood estimation	MLE

(a)

(b)

图 2-8 部分检测效果图

图 2-10 动态要素融合定位效果

图 2-11 路基数据图像标注与目标跟踪

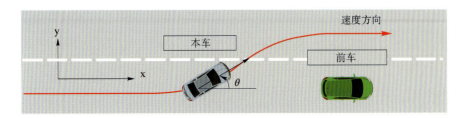

图 3-1 换道场景示意图

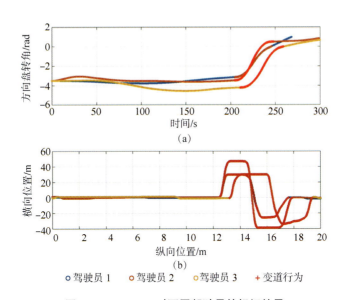

○ 驾驶员 1 ○ 驾驶员 2 ○ 驾驶员 3 + 变道行为

图 3-2 LK/LC 对不同驾驶员的标记结果

(a) 标记结果在方向盘转角维度上的投影;(b) 标记结果在横向位置维度上的投影

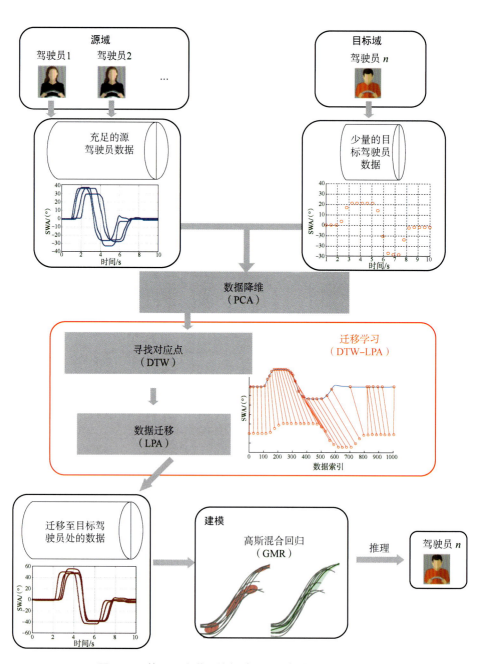

图 3-4 基于迁移学习的驾驶行为回归模型自适应框架

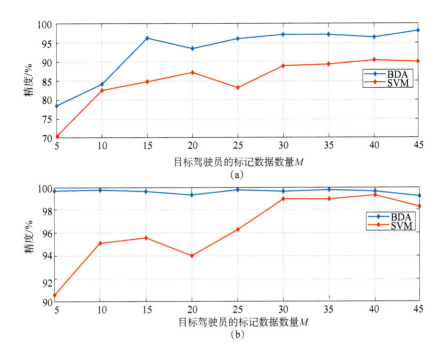

图 3-6　BDA 与 SVM 的比较
(a) 从仿真到真实的迁移；(b) 仿真驾驶数据之间的迁移

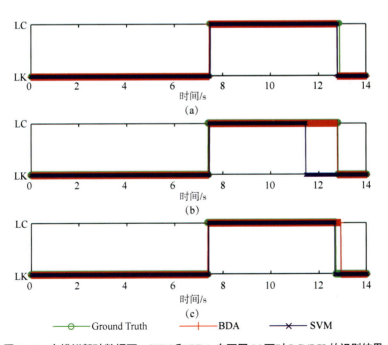

图 3-7　在模拟驾驶数据下，SVM 和 BDA 在不同 M 下对 LC/LK 的识别结果
(a) $M=10$；(b) $M=20$；(c) $M=30$

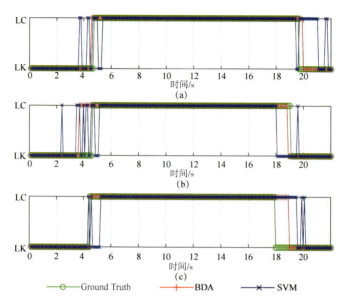

图 3-8 在自然驾驶数据下，SVM 和 BDA 在不同 M 下对 LC/LK 的识别结果

（a）$M=10$；（b）$M=20$；（c）$M=30$

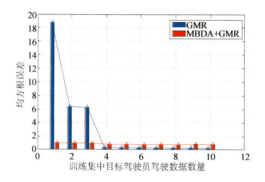

图 3-9 两种方法在不同 M 下的预测结果（驾驶员 1 和驾驶员 2）比较

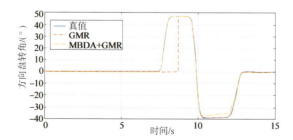

图 3-10 在 $M=10$ 时的方向盘操控量的预测结果（驾驶员 1 到驾驶员 2）

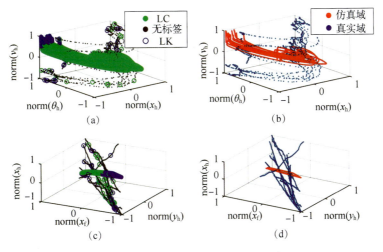

图 3-14 归一化后的原始数据示意图

(a) 原始数据标签示意图（前三维度）；(b) 原始数据域示意图（前三维度）；
(c) 原始数据标签示意图（后三维度）；(d) 原始数据域示意图（后三维度）

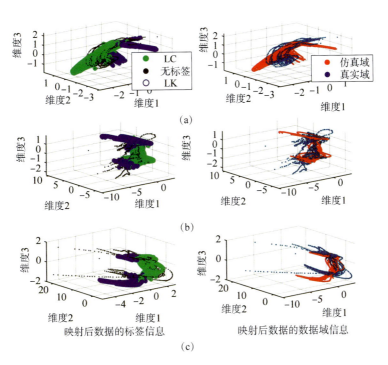

图 3-15 映射到隐藏空间中的迁移数据示意图

(a) SMA, KEMA-linear；(b) KEMA-polynomial；(c) KEMA-RBF

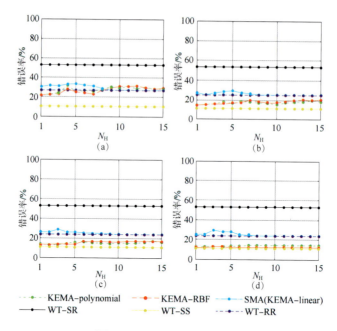

图 3-17 LR 分类结果对比

(a) 30 样本点；(b) 60 样本点；(c) 100 样本点；(d) 200 样本点

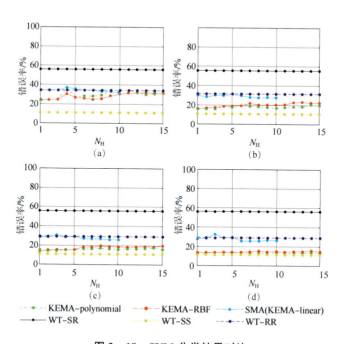

图 3-18 SVM 分类结果对比

(a) 30 个样本点；(b) 60 个样本点；(c) 100 个样本点；(d) 200 个样本点

图 3-21 基于车载传感器的真实环境数据采集平台

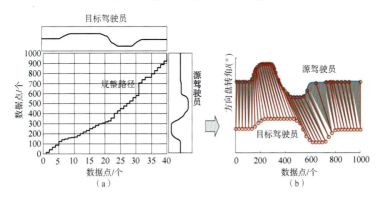

图 3-22 DTW-LPA 对应点结果示意图

(a) 源驾驶员迁移至目标驾驶员的规划路径；(b) 去除多余样本索引对后的对应点

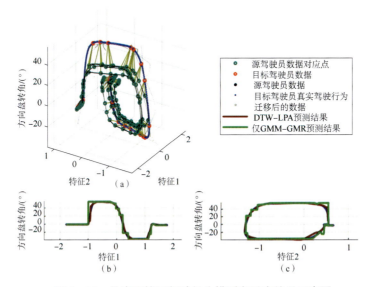

图 3-23 仿真环境下驾驶行为模型自适应结果示意图

(a) 仿真环境下 DTW-LPA 与仅 GMM-GMR 预测结果比较；
(b) 仿真环境下投影到特征 1 上的预测结果比较；(c) 仿真环境下投影到特征 2 上的预测结果比较

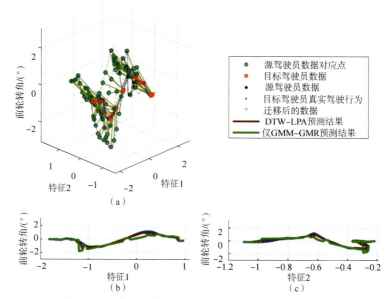

图 3−24　真实环境下驾驶行为模型自适应结果示意图
（a）真实环境下 DTW−LPA 与仅 GMM−GMR 预测结果比较；（b）真实环境下投影到特征 1 上的预测结果比较；
（c）真实环境下投影到特征 2 上的预测结果比较

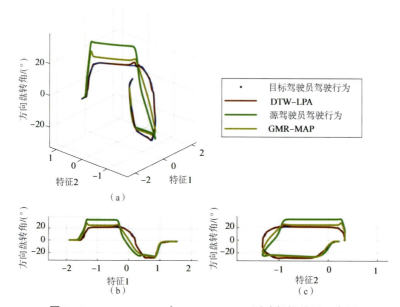

图 3−25　DTW−LPA 与 GMR−MAP 测试数据结果示意图
（a）DTW−LPA 与 GMM−MAP 预测结果比较；（b）投影到特征 1 上的预测结果比较；
（c）投影到特征 2 上的预测结果比较

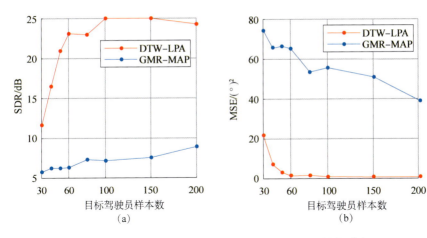

图 3-26 DTW-LPA 与 GMR-MAP 预测结果量化对比
(a) DTW-LPA 与 GMM-MAP 预测结果与真值的 SDR；
(b) DTW-LPA 与 GMM-MAP 预测结果与真值的 MSE

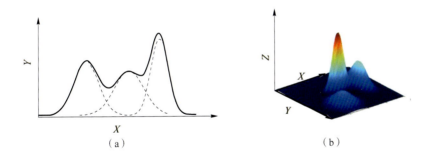

图 4-1 高斯混合模型一维和二维示例
(a) 一维；(b) 二维

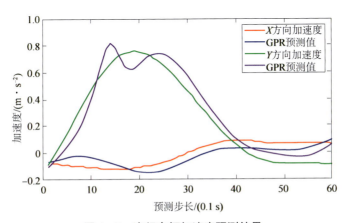

图 4-7 直行车辆加速度预测结果

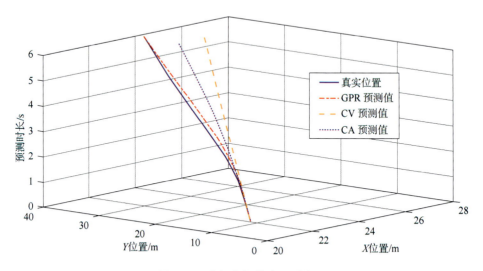

图 4-8 直行车辆轨迹预测结果

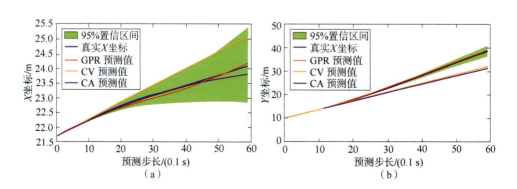

图 4-9 直行车辆位置坐标预测结果
(a) X 坐标预测结果;(b) Y 坐标预测结果

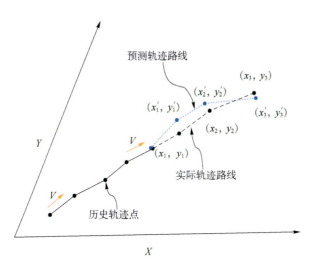

图 4-10 实际轨迹与预测轨迹

图 4-11 基准点选取
(a) 晴天;(b) 雨天

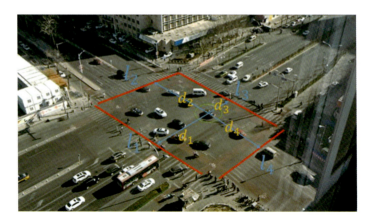

图4-12 人行横道直线

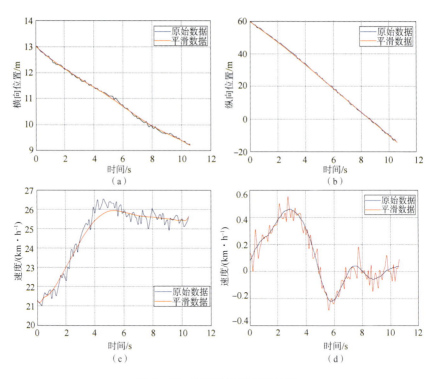

图4-13 车辆轨迹数据预处理
(a) 横向位置平滑处理；(b) 纵向位置平滑处理；
(c) 速度平滑处理；(d) 加速度平滑处理

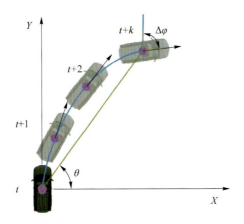

图 4-14 运动参数变化

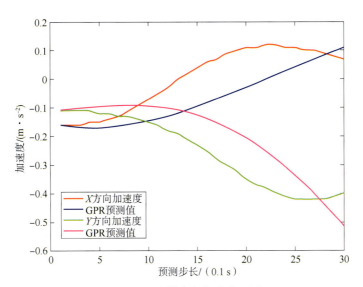

图 4-19 左转车辆加速度预测

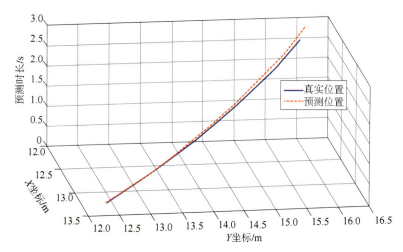

图 4-20　左转车辆轨迹预测

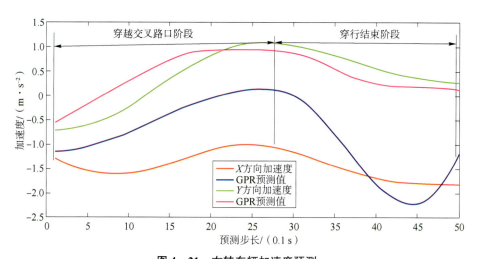

图 4-21　右转车辆加速度预测

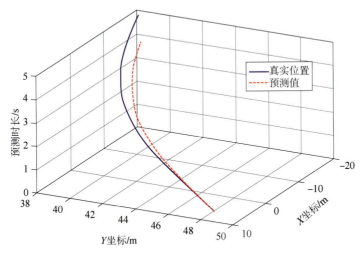

图 4-22 右转车辆轨迹预测

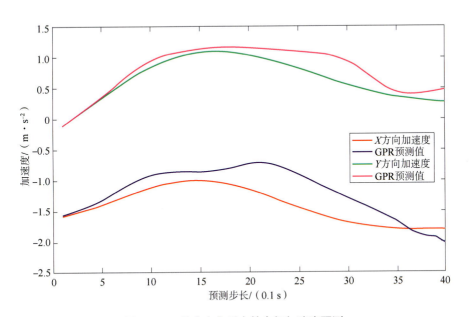

图 4-23 状态变化后右转车辆加速度预测

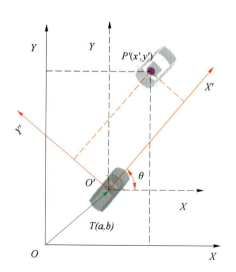

图 4-24　旋转平移变化示意图

图 4-25　编号 9357 的目标车辆

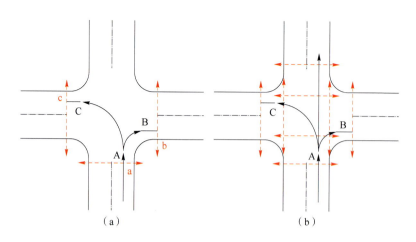

(a)　　　　　　　　　　　(b)

图 4-30　十字路口人车冲突场景

(a) 有交通灯；(b) 无交通灯

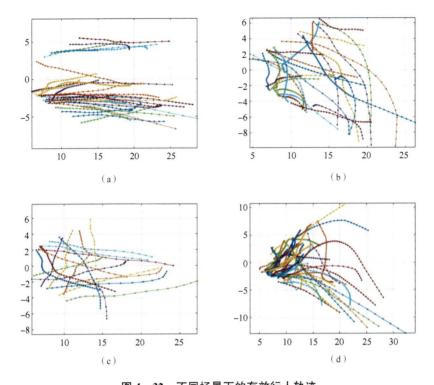

图4-32 不同场景下的有效行人轨迹

(a) 校园A; (b) 校园B; (c) 城市A-a; (d) 城市B-b

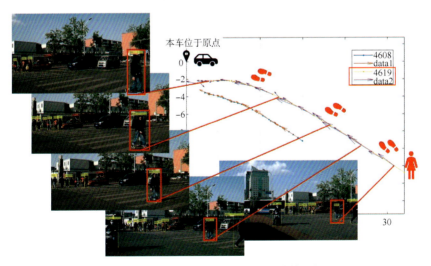

图4-34 某右转场景下遇过街行人的检测数据

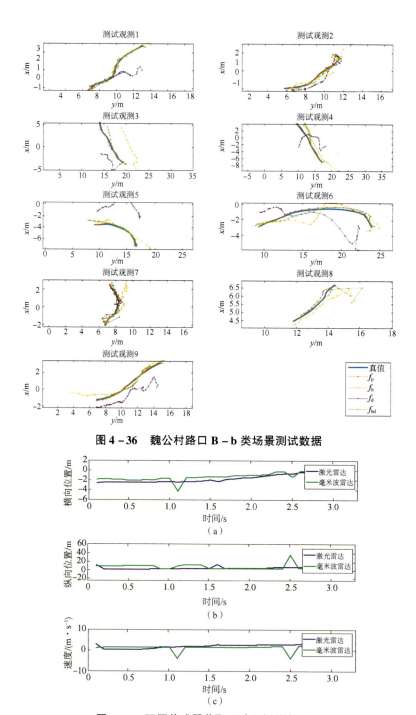

图 4-36 魏公村路口 B-b 类场景测试数据

图 6-6 不同传感器获取运动目标信息对比

(a) 运动目标相对本车横向位置；(b) 运动目标相对本车纵向位置；(c) 运动目标相对本车速度

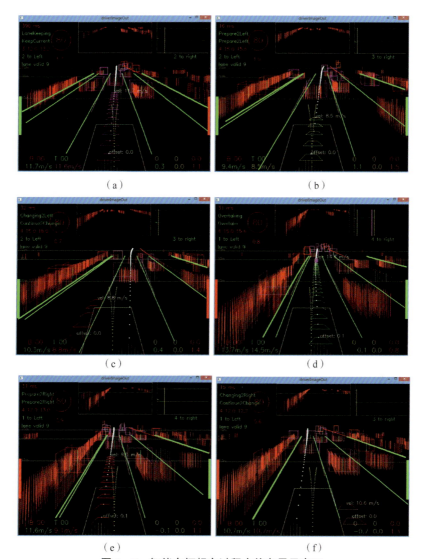

图 6-7 智能车辆超车过程中信息显示窗口

(a) 车道保持；(b) 向左换道准备；(c) 向左换道；(d) 并行超越；(e) 向右换道准备；(f) 向右换道

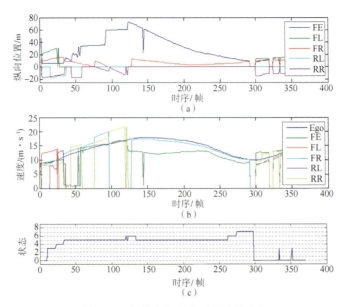

图 6-9 智能车辆超车过程决策信息

(a) 周围车辆纵向位置;(b) 周围车辆速度;(c) 层次状态机运行过程

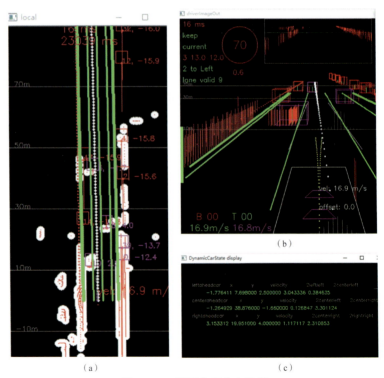

图 6-10 周围车辆分布结果

(a) 环境检测结果;(b) 障碍物结果;(c) 程序分类结果

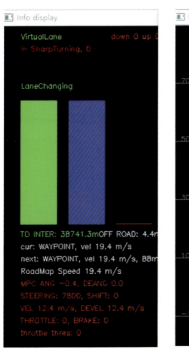
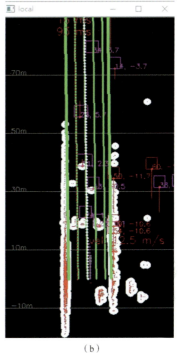

(a) (b)

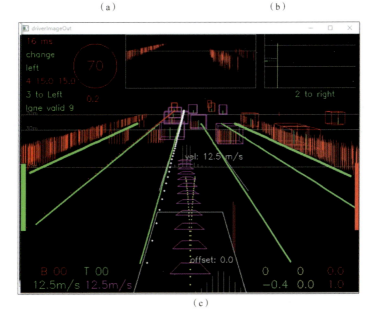

(c)

图 6-11 实车试验显示结果

(a) 决策及所选车道；(b) 环境检测结果；(c) 第一视角场景显示图

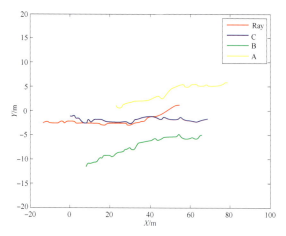

图 6-12 车辆路线图

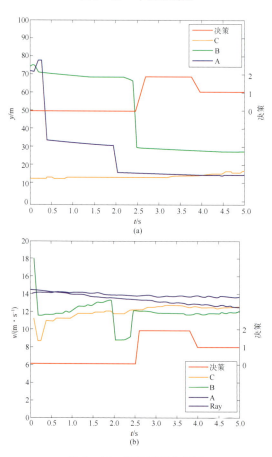

图 6-13 换道时刻分析图

(a) 各车的相对距离-时间曲线；(b) 车辆速度-时间曲线

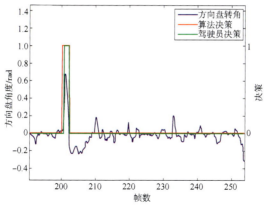

图 6-14 决策对比图

图 7-2 测试场景设计

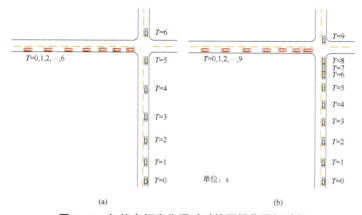

图 7-3 智能车辆率先通过时的可视化通行过程

(a) 本章方法的结果；(b) 反应式的对比方法的结果

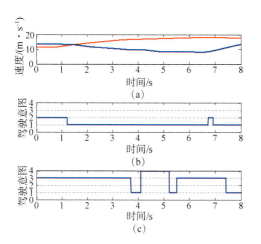

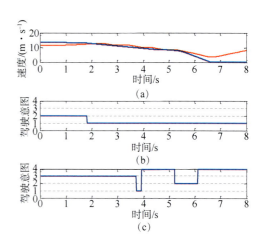

图 7-4 考虑驾驶意图的速度曲线及横纵向驾驶意图

(a) 速度曲线；(b) 纵向驾驶意图；
(c) 横向驾驶意图

图 7-5 不考虑驾驶意图的速度曲线及横纵向驾驶意图

(a) 速度曲线；(b) 纵向驾驶意图；
(c) 横向驾驶意图

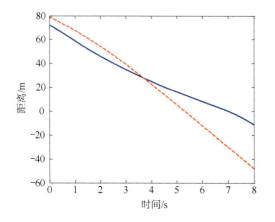

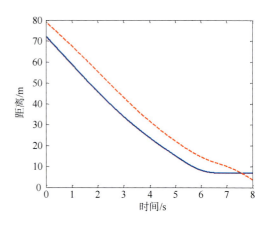

图 7-6 考虑驾驶意图的车辆距冲突区域距离

图 7-7 不考虑驾驶意图的车辆距冲突区域距离

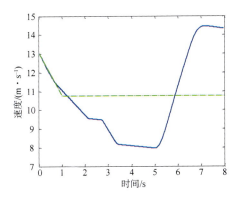

图7-8 考虑驾驶意图的对车辆驾驶动作的预测

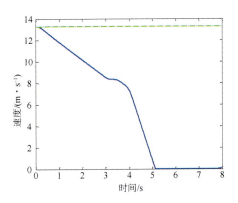

图7-9 不考虑驾驶意图的对车辆驾驶动作的预测

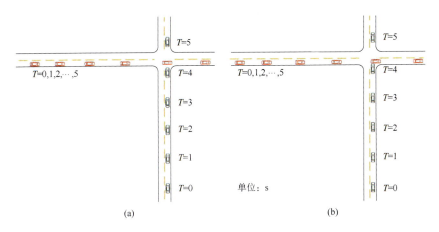

图7-10 有人驾驶车辆率先通过路口时的可视化运动结果

(a) 本章方法的结果；(b) 反应式的对比方法的结果

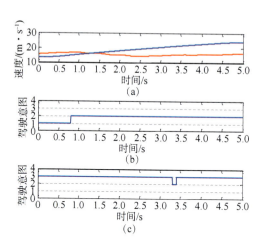

图7-11 考虑驾驶意图的速度曲线及横纵向驾驶意图

（a）速度曲线；（b）纵向驾驶意图；
（c）横向驾驶意图

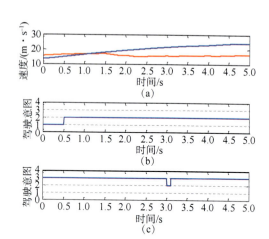

图7-12 不考虑驾驶意图的速度曲线及横纵向驾驶意图

（a）速度曲线；（b）纵向驾驶意图；
（c）横向驾驶意图

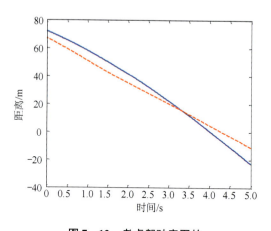

图7-13 考虑驾驶意图的车辆距冲突区域距离

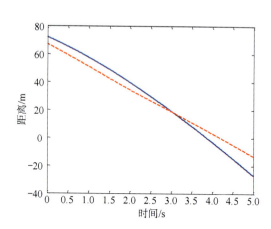

图7-14 不考虑驾驶意图的车辆距冲突区域距离

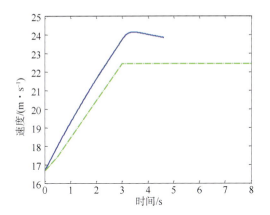
图7-15 考虑驾驶意图的对车辆驾驶动作的预测

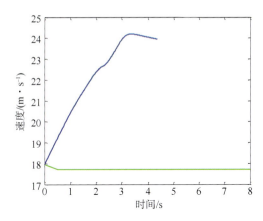
图7-16 不考虑驾驶意图的对车辆驾驶动作的预测

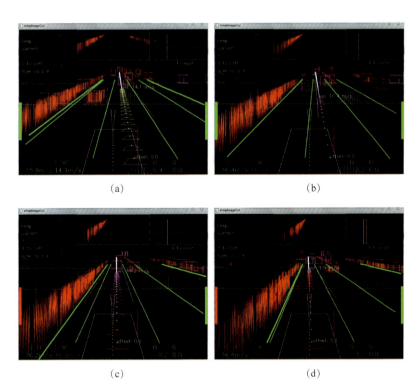
图7-18 北京市三环道路智能驾驶换道测试

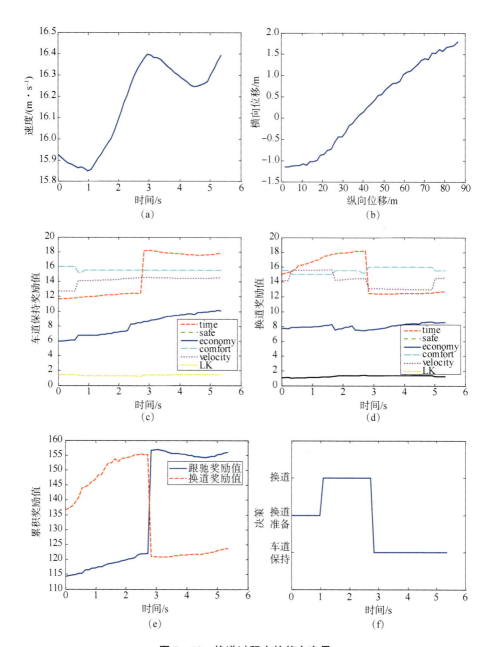

图 7-19 换道过程中的状态变量

(a) 智能车辆速度曲线；(b) 智能车辆位移曲线；
(c) "车道保持"决策各项累积奖励函数值；(d) "换道"决策各项累积奖励函数值；
(e) 总消耗累积奖励值；(f) 智能车辆横向决策状态

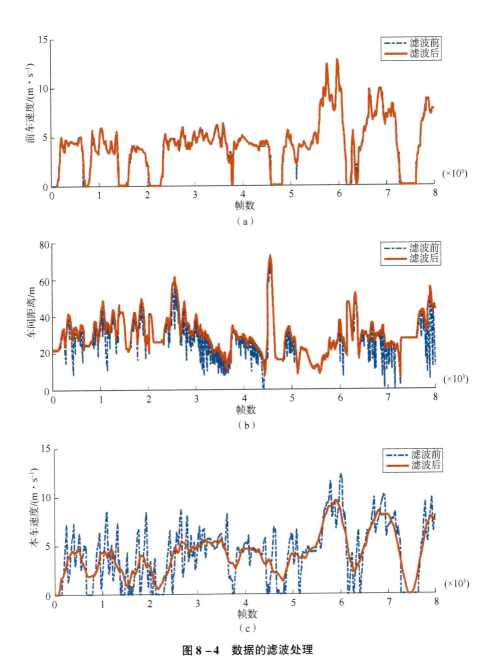

图 8-4 数据的滤波处理

(a) 滤波前后,前车速度;(b) 滤波前后,两车间距离;(c) 滤波前后,本车速度

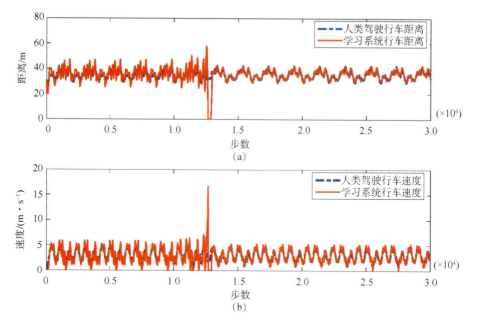

图 8-5 实车试验测试结果

(a) 行车距离;(b) 行车速度

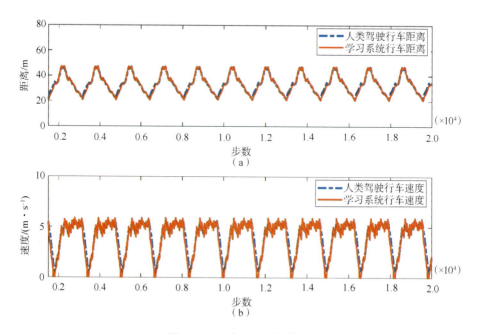

图 8-6 实车试验验证结果

(a) 行车距离;(b) 行车速度

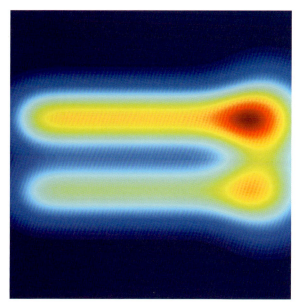

图8-8 IOC算法的搜索结果

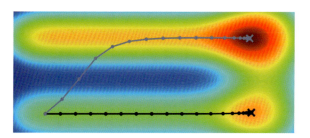

图8-9 一条局部最优但全局次优轨迹和一条全局最优轨迹

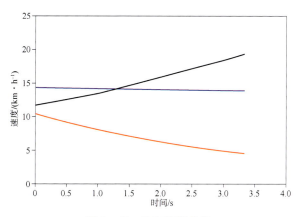

图8-11 他车速度曲线

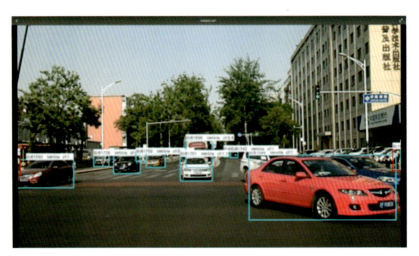

图 8-13 防御式行为场景

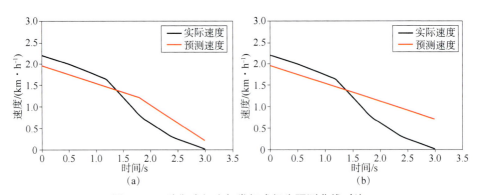

图 8-14 防御式行为与常规式行为预测曲线对比

(a) 防御式行为的预测速度曲线；(b) 常规式行为的预测速度曲线

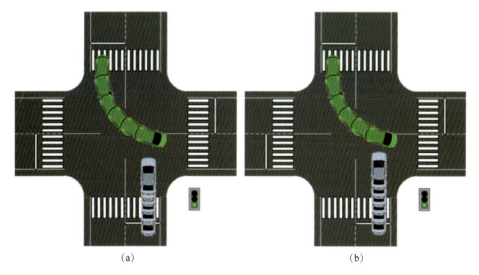

(a) (b)

图 8-15 防御式算法与常规式算法运动轨迹对比

(a) 防御式行为的运动轨迹；(b) 常规式行为的运动轨迹

图 8-16 合作式行为场景

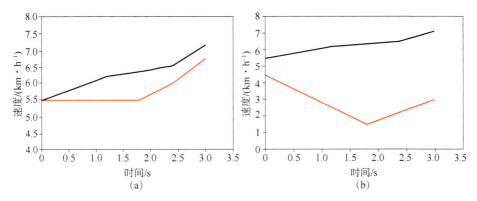

图 8-17 合作式算法与常规式算法预测曲线对比
(a) 合作式行为的预测速度曲线;(b) 常规式行为的预测速度曲线

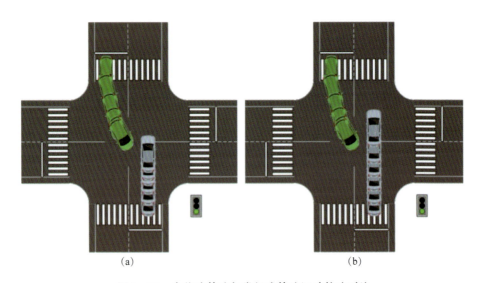

图 8-18 合作式算法与常规式算法运动轨迹对比
(a) 合作式行为的运动轨迹;(b) 常规式行为的运动轨迹